21世纪全国高等院校采购与供应链管理专业系列教材

采购供应管理

沈小静　编著

内 容 简 介

本书系统阐述了关键的采购供应活动领域及采购供应管理内涵的变迁。全书由 7 章构成，包括采购供应管理内涵、采购供应环境、采购供应管理体制、采购供应业务流程、采购决策、采购方式和采购风险管理，覆盖了采购供应管理的热点领域。

本书可作为高等院校采购管理、物流管理、工商管理及相关专业的教材，也可作为采购工作相关人员的理论指导和实践指南。

图书在版编目(CIP)数据

采购供应管理/沈小静编著. —北京：北京大学出版社，2016.3
（21 世纪全国高等院校采购与供应链管理专业系列教材）
ISBN 978-7-301-26924-4

Ⅰ.①采… Ⅱ.①沈… Ⅲ.①采购管理—高等学校—教材②物资供应—物资管理—高等学校—教材 Ⅳ.①F252

中国版本图书馆 CIP 数据核字（2016）第 029774 号

书　　　名	采购供应管理 Caigou Gongying Guanli
著作责任者	沈小静　编著
策划编辑	刘　丽
责任编辑	翟　源
标准书号	ISBN 978-7-301-26924-4
出版发行	北京大学出版社
地　　　址	北京市海淀区成府路 205 号　100871
网　　　址	http://www.pup.cn　新浪微博：@北京大学出版社
电子信箱	pup_6@163.com
电　　　话	邮购部 62752015　发行部 62750672　编辑部 62750667
印刷者	山东省高唐印刷有限责任公司
经销者	新华书店
	787 毫米×1092 毫米　16 开本　14.5 印张　327 千字 2016 年 3 月第 1 版　2016 年 3 月第 1 次印刷
定　　　价	35.00 元

未经许可，不得以任何方式复制或抄袭本书之部分或全部内容。
版权所有，侵权必究
举报电话：010-62752024　电子信箱：fd@pup.pku.edu.cn
图书如有印装质量问题，请与出版部联系，电话：010-62756370

21世纪全国高等院校采购与供应链管理专业系列教材

编审指导委员会

总 主 编　沈小静

编 委 会　（按姓氏笔画排序）

　　　　　　刘永胜　沈小静　宋玉卿　张旭凤

　　　　　　陈红丽　杨　丽　岳思红　唐长虹

　　　　　　魏国辰

丛 书 序

全球经济一体化进程的加快，促使资源在全球范围内流动和优化配置，这直接推动了全球化采购的发展。许多跨国公司纷纷建立其全球采购网络与市场，利用全球采购方式来实现资源的最佳配置和使用，以此来提高绩效和市场竞争力。采购管理作为企业价值链中的重要一环，无论从成本、质量的角度，还是从交货期和敏捷性上考虑，都对企业竞争力的提升具有重要意义。

伴随着外包的兴起以及采购管理战略性贡献提升，企业对职业采购人员的需求越来越大。采购从业人员逐步向职业化、高要求、复合型方向发展。我国目前极其缺乏专业采购人才，国内从事采购职业的人员大多为"半路出家"，未接受过系统的专业化教育。国内以往的高等教育体系中也未设立专门的采购学科，未能培养出专业采购人员的梯队。当前，采购专门人才的稀缺问题日益凸现，采购人才的市场价值存在较大上升空间。

自 2002 年开始，北京物资学院就在工商管理专业下设置采购与供应链管理方向，为社会培养了一批采购专业人才。2010 年，北京物资学院获得教育部批准设置采购管理专业，成为我国第一个设立采购管理专业的高校，这成为我国培养高端采购管理人才的一个重要里程碑。北京物资学院教师在专业建设过程中，形成了众多科研成果与教学经验，本系列教材正是这些成果与经验的转化，它将为采购管理理论与实践的知识宝库添砖加瓦。

由北京物资学院和北京大学出版社为推动新专业的发展而合作推出的"21 世纪全国高等院校采购与供应链管理专业系列教材"将陆续推出，共计 11 本，包括：《采购供应管理》《供应战略》《供应商管理》《采购洽商》《项目采购管理》《采购合同管理》《库存管理》《商品检验与质量认证》《卓越采购绩效系统》《供应链管理》《质量管理》，展现了 21 世纪的采购管理前沿理论与实践，其主要特点表现在以下几个方面。

(1) 面向采购流程。本系列教材的知识体系覆盖采购与供应链总流程，这些流程要素包括设计采购组织结构、制定采购战略、明确需求与制订采购计划、进行供应商管理、获取选择报价和谈判、采购合同管理、库存控制以及采购绩效管理等。本系列教材通过这些采购流程要素，向大家展现了采购管理知识体系的全貌。

(2) 更注重实用性。采购管理理论最终要指导企业采购实践。本系列教材在撰写过程中，除了理论阐述之外，更注重实践操作指导。通过学习，企业采购人员以及在校学生能够掌握具体的采购实践方法，提升采购操作技能，使学生更好地了解企业，使采购从业者提升采购效率与效果。

(3) 与国际化接轨。本系列教材在撰写过程中，为了规范采购专业术语与工具，对照了美国供应管理协会(Institute for Supply Management，ISM)、英国皇家采购与供应学会(Chartered Institute of Purchasing and Supply，CIPS)及世界贸易中心(World Trade Center，WTC)的采购研究成果，以确保本系列教材的研究成果与国际主流采购研究成果接轨。

(4) 丰富练习与案例。每个章节均制定了学习目标、设置了练习题并精选了案例。这些内容为读者深入掌握采购管理的理论并形成自己的专业能力提供了很大的帮助。

本系列教材是采购管理专业教师对采购管理的认识与感悟，它既是对老一辈采购管理研究的学术继承，也有对国外采购管理新理论、新观点、新方法的引入。它是在总结国内外优秀企业采购管理经验的基础上对实际运作方法的传播，可供企业管理人员借鉴使用，也可作为工商管理、物流管理与工程类专业教材使用。

在本系列教材编写过程中，参阅了国内外许多同行的学术研究成果，在此一并表示衷心的感谢！

2011 年 11 月

前　　言

随着时代的发展，采购供应管理对于企业的贡献越来越具有战略性。采购供应管理的主要任务就是充分发挥组织采购资源的潜力，优化采购业务流程，在关键绩效指标质量、成本、交付、创新、服务与管理上实现持续改进，从而提升企业的竞争力。

人们对采购内涵的理解也不断深入，美国国家采购协会更名为美国供应协会，美国物流管理协会更名为美国供应链管理专业协会，正是反映了这种认识的转变，即供应链范畴的资源优化成为采购管理的前沿方向。

采购管理内涵的变迁及对企业战略贡献的提升，对采购管理专业人才提出了更高的要求。而过去我国并无采购管理专业人才的培养机制，因此许多技术、生产、质量等领域的优秀人才转行到采购领域，承担采购管理工作。这种转变，在某种程度上促进了跨专业领域的交融，提升了采购供应管理水平。但是，这也表明了采购从业人员专业能力的不足，职业采购人员的匮乏。

北京物资学院 2010 年成功开设中国高校第一个采购管理专业，成为我国采购高等教育和高级采购管理人才培养的一个里程碑。采购管理专业培养具有管理学、经济学和商品学基本理论知识，系统掌握采购与供应链管理理论、方法和技术，能在企、事业单位及政府部门从事采购与供应链管理，具有国际化运作能力的高素质复合型专业人才。

采购与供应链管理系列教材是为采购管理专业建设而开发的，同时也对企业职业采购经理人的专业能力提升有所裨益。本书是该系列教材的第一本，将系统阐述采购供应管理内涵的变迁及关键采购供应活动领域。

本书由 7 章构成，采购供应管理内涵涉及相关概念、采购管理重要分类、采购管理发展历程、采购管理的新趋势及采购管理对企业的贡献等内容；采购供应环境研究宏观环境、产业环境及微观环境对采购管理的影响，不同采购组织类型、行业及规模体现的各自的采购特色，以及企业的文化、使命、价值观、目标和策略对采购运营的影响；采购供应管理体制研究采购供应的角色、采购供应的地位、集中采购与分散采购、采购部门与其他部门的关系、管办合一还是管办分离、采购供应部门内部关系及采购人员等关键议题；采购供应业务流程探讨采购流程管理的意义、核心采购业务流程及采购流程的优化；采购决策关注采购决策体系，以及采购物品质决策和采购物品数量决策；采购方式研究现货采购和远期合同采购，直接采购和间接采购，询比价采购和招标采购，以及新兴的国际采购、联合采购、绿色采购、第三方采购和电子采购等具体采购实践；采购风险管理构建了采购风险防范体系，重点研究内部采购风险的控制、供应链采购风险的分散与共担及外部采购风险的转移。

本书在写作过程中，具有以下几个特点。

(1) 立足采购与供应链管理系列教材全局视角。本书属于采购与供应链管理系列教材的第一本，为后续教材界定各自的范畴，避免教材之间内容的交叉，确保系列教材的系统性和完整性。

（2）侧重采购供应管理管理内涵探讨和概念界定。本书分析了采购管理概念的发展历程，界定了本系列教材中采购供应管理的内涵，避免对整套教材概念理解的歧义。

（3）关注采购供应业务流程，突出关键领域。本系列教材覆盖了采购与供应链管理总流程，本书关注采购供应管理的关键领域，避免了与本系列其他教材之间的定位冲突。

（4）精选采购供应领域前沿实践案例。编者选择近年来企业采购管理前沿实践，作为关键知识的辅助教学之用，提升读者对知识的理解并从而提高采购专业技能。

本书由北京物资学院沈小静教授负责全书的写作思路构思、结构规划和内容撰写，宋玉卿副教授参与了审订，王伟、赵欣欣、刁玮晖、逯长翔等研究生进行了资料准备、专题研究及格式整理工作，在此表示感谢，也衷心希望他们成为采购与供应链管理领域的卓越人才。

作者尽最大可能整理前人优秀的资料，并融入本人科研成果，进行关键领域内容创新，努力追求卓越。由于编著者水平所限，书中难免存在疏漏之处，敬请广大读者批评指正。

编著者

2015 年 10 月

目 录

第1章 采购供应管理内涵 1
1.1 采购供应管理概念与分类 3
- 1.1.1 采购供应基本概念 3
- 1.1.2 采购的分类 6
1.2 采购供应管理的变革 8
- 1.2.1 采购供应管理发展的历史沿革 8
- 1.2.2 影响未来采购供应管理的关键因素 12
- 1.2.3 采购供应管理发展趋势 13
1.3 采购供应管理的贡献 16
- 1.3.1 采购供应管理对竞争力的贡献 16
- 1.3.2 采购供应管理在企业价值链中的贡献 17
- 1.3.3 从扭亏增盈途径看供应管理的贡献 18
本章小结 20
习题 21

第2章 采购供应环境 24
2.1 采购供应环境概述 27
- 2.1.1 采购供应环境包含的因素 27
- 2.1.2 采购供应环境分析的意义 27
2.2 采购供应的宏观环境 28
- 2.2.1 PEST 分析 28
- 2.2.2 SWOT 分析法 32
2.3 供应市场分析 33
- 2.3.1 供应市场的结构 33
- 2.3.2 市场竞争力分析 34
2.4 供应微观环境 37
- 2.4.1 组织类型 37
- 2.4.2 企业微观环境分析 39
2.5 供应链环境下的采购 42
- 2.5.1 传统的采购模式 42
- 2.5.2 供应链管理环境下的采购 43
- 2.5.3 传统采购与供应链采购区别 44
本章小结 45
习题 45

第3章 采购供应管理体制 49
3.1 采购供应的目标和职责 51
- 3.1.1 采购供应管理的目标 51
- 3.1.2 采购与供应的职责 54
3.2 采购供应的地位 55
- 3.2.1 影响采购部等级地位的因素 55
- 3.2.2 采购机构在企业中的隶属关系 56
3.3 集中采购与分散采购 57
- 3.3.1 集中采购 57
- 3.3.2 分散采购 58
- 3.3.3 混合式的采购组织 60
3.4 采购供应的平级关系 63
- 3.4.1 采购供应职能部门与需方的关系 63
- 3.4.2 采购供应职能部门与其他部门关系 64
- 3.4.3 管办合一与管办分离 66
3.5 采购部门内部分工 69
- 3.5.1 产品定位 69
- 3.5.2 客户定位 70
- 3.5.3 流程定位 70
- 3.5.4 地区定位 71
3.6 采购人员 71
- 3.6.1 采购人员的工作内容 72
- 3.6.2 采购人员应具备的素质 73
- 3.6.3 提高采购人员素质的途径 75
本章小结 78
习题 78

第4章 采购供应业务流程 ... 81

4.1 采购业务流程概述 ... 83
- 4.1.1 采购业务流程的含义 ... 83
- 4.1.2 采购业务流程的内容 ... 84
- 4.1.3 采购业务流程的管理重点 ... 84
- 4.1.4 采购业务流程的分类 ... 86

4.2 重要采购业务流程 ... 90
- 4.2.1 明确需求与制订计划 ... 90
- 4.2.2 供应商管理 ... 93
- 4.2.3 获取报价与谈判 ... 97
- 4.2.4 招标采购 ... 99

4.3 采购业务流程再造 ... 102
- 4.3.1 采购业务流程再造概述 ... 102
- 4.3.2 协同规划、预测与补货 ... 105
- 4.3.3 反向拍卖 ... 107
- 4.3.4 自动补货系统 ... 108
- 4.3.5 代储代销 ... 111
- 4.3.6 供应商管理库存 ... 112

本章小结 ... 115
习题 ... 115

第5章 采购决策 ... 118

5.1 采购决策概述 ... 120
- 5.1.1 采购决策的实质 ... 120
- 5.1.2 采购决策的特点 ... 121
- 5.1.3 采购决策的重要作用 ... 121
- 5.1.4 采购决策的流程 ... 122
- 5.1.5 采购决策的内容 ... 123

5.2 采购物品品质的决策 ... 127
- 5.2.1 采购说明 ... 127
- 5.2.2 产品规格的确定 ... 127
- 5.2.3 价值分析/价值工程 ... 130
- 5.2.4 采购物品评价 ... 131

5.3 采购物品数量的决策 ... 132
- 5.3.1 明确采购物品量的重要性 ... 132
- 5.3.2 需求的类型及特点 ... 132
- 5.3.3 采购物品需求与计划 ... 133
- 5.3.4 采购批量的确定 ... 136

本章小结 ... 141

习题 ... 142

第6章 采购方式 ... 145

6.1 基本采购方式 ... 148
- 6.1.1 现货采购与远期合同采购 ... 148
- 6.1.2 直接采购与间接采购 ... 152
- 6.1.3 询比价采购与招标采购 ... 154

6.2 国际采购 ... 156
- 6.2.1 国际采购的内涵与特点 ... 157
- 6.2.2 国际采购发展的原因 ... 157
- 6.2.3 国际采购的基本流程 ... 157
- 6.2.4 国际采购的途径 ... 159

6.3 联合采购 ... 161
- 6.3.1 联合采购的内涵 ... 161
- 6.3.2 联合采购的基本流程 ... 161
- 6.3.3 中小企业采购联盟的运作模式 ... 161
- 6.3.4 联合采购的优点 ... 164
- 6.3.5 联合采购存在的问题 ... 165

6.4 绿色采购 ... 165
- 6.4.1 绿色采购的兴起 ... 166
- 6.4.2 绿色采购的内涵 ... 166
- 6.4.3 绿色认证 ... 166
- 6.4.4 我国绿色采购存在的问题 ... 168

6.5 第三方采购 ... 170
- 6.5.1 第三方采购的内涵 ... 170
- 6.5.2 第三方采购产生的原因 ... 170
- 6.5.3 第三方采购的流程 ... 171
- 6.5.4 第三方采购的主要模式 ... 172
- 6.5.5 第三方采购的优势与弊端 ... 175

6.6 电子采购 ... 177
- 6.6.1 电子采购的兴起 ... 177
- 6.6.2 电子采购的内涵 ... 177
- 6.6.3 电子采购的流程 ... 177
- 6.6.4 几种常见的电子采购平台 ... 178
- 6.6.5 电子采购的优势 ... 179
- 6.6.6 发展电子采购的对策 ... 179

本章小结 ... 181
习题 ... 181

第 7 章　采购风险管理 185

7.1 采购风险管理概述 187
7.1.1 采购风险的含义 187
7.1.2 企业采购风险的特点 188
7.1.3 采购风险影响因素 189
7.1.4 采购风险的分类 191
7.1.5 采购风险管理的程序 193

7.2 采购风险的内部控制 194
7.2.1 集中管理、职能分离 194
7.2.2 科学的明确需求 195
7.2.3 注重招标过程的风险防范 197
7.2.4 加强合同管理 198
7.2.5 加强采购人员和管理人员的风险防范意识 199

7.3 采购风险的分散——供应链管理 201
7.3.1 风险分散的可行性 201
7.3.2 风险分散的方法 202

7.4 采购风险的转移——期货市场中的套期保值 204
7.4.1 套期保值的内涵 205
7.4.2 物品期货套期保值 207
7.4.3 外汇期货套期保值 209

本章小结 212

习题 213

参考文献 217

第1章 采购供应管理内涵

【教学目标和要求】

- 理解采购供应管理的有关概念;
- 掌握采购供应管理的分类;
- 认识采购供应管理的历史发展过程;
- 把握采购供应管理的新趋势;
- 理解采购供应管理对企业的贡献。

【知识架构】

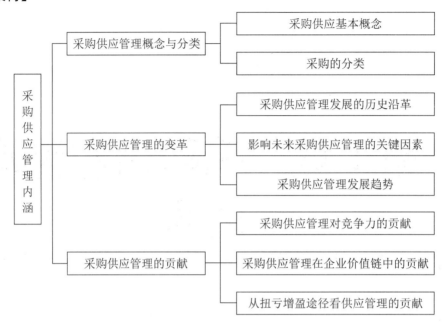

美国重要行业协会更名，诠释采购供应管理内涵变迁

2005年1月1日，有40多年历史的美国物流管理协会(Council of Logistics Management，CLM)正式更名为美国供应链管理专业协会(Council of Supply Chain Management Professionals，CSCMP)。于1963年在美国成立的物流管理协会，是全球物流和供应链管理领域最有影响的个人参与的行业组织。据CSCMP中国首席代表王国文博士介绍：美国物流管理协会正式更名为"美国供应链管理专业协会"，标志着全球物流进入供应链时代的开始。这一变化从某种意义上揭示了21世纪国际物流发展的主流趋势：供应链整合管理。协会中国代表处的更名意味着协会所服务的对象及成员结构也将有一定的调整。从此，协会会员的吸纳方向不仅仅是物流领域的专家和企业家，而且扩充到了整个供应链层面。从各级政府的相关部门领导，到各类生产制造企业的高层领导都可以通过CSCMP中国代表处加入协会。CSCMP中国代表处不仅可以为会员提供个人职业发展的产品和服务，还可通过培训、咨询、会议、交流等形式为会员所在单位提供在物流与供应链领域的全方位帮助与支持，从而帮助会员在事业上发展。

美国供应管理协会(the Institute for Supply Management，ISM)是世界上规模最大、影响最大的供应管理组织，拥有四万多会员。它关于生产、库存、订单量等变化的报告(ISM Business Report)是美国经济的风向标，被广泛引用于新闻媒体、学术研究和政策制定。它的前身是美国采购管理协会(National Association of Purchasing Managers，NAPM)。在100多年的发展过程中，伴随着供应管理在美国公司的重要性不断上升，其侧重点从采购发展到供应管理，再到供应链管理。

但是，供应管理协会的核心仍然是采购与供应管理，而不是广义上的供应链管理。在2001年从美国采购管理协会改名美国供应管理协会时，有人问，为什么不改为"供应链管理协会"？答复是供应链管理太广泛，不够确定。但毫无疑问，从采购管理到供应管理，无疑是向供应链管理迈进的一大步。

美国两大采购与供应链领域协会名称的变更，诠释了采购与供应链管理精英对于采购、物流、供应乃至对供应链的理解。这些重要的概念，对于采购供应链管理理论与实践而言，究竟有何不同呢？本章将探讨采购、供应及供应链等相关概念的异同，回顾采购供应管理的发展历程，探索其未来发展趋势，指明了采购供应管理对企业的战略贡献。

1.1 采购供应管理概念与分类

1.1.1 采购供应基本概念

1. 采购管理的定义

采购职能涉及组织为了确保以合理的成本从外部购买各种必要的产品和服务而进行的各种管理与运作活动。采购职能的作用就是满足组织不能够或者不愿意内部提供的产品或服务的需求。

采购管理就是对采购活动进行计划、组织、协调与控制，做到保质、保量、经济、及时的从外部获取生产经营所需要的各种物品和服务，以确保企业经营目标的实现。

采购的主体可以是组织和个人，而组织又包括营利性组织、非营利性组织及政府，不同采购主体的采购有相同之处，但也有各自的不同的特点。当然，本书的研究重点是营利性企业的采购。

采购的客体有很多种分类，主要可以分为有形的产品和无形的服务。传统意义上的采购更多的是指对产品的采购，但随着社会的发展，企业对服务的采购也越来越多，越来越重要。

企业满足需求的手段可以分为自制或采购。至于为什么要进行采购，主要有两个原因：第一个原因是"不能够"，即企业不具备自身加工该产品或提供该服务的能力；第二个原因是"不愿意"，即企业要把核心资源放到对企业更为重要的业务上，而一些非核心的业务更愿意采取采购的方式。后一个原因导致企业采取了外包的选择，而外包的选择也使采购活动对企业的贡献越来越具有战略性。

关于采购的目标，经典的说法是"保质、保量、经济、及时"，尽管有一些新的目标，如保持柔性、增加敏捷性等，但这些传统的目标对于采购工作来讲还是至关重要的。"保质、保量、经济、及时"实质上涉及 3 个方面：质量、成本和交付(保量和及时指的是交付)。这 3 个方面是采购管理的核心要素，在选择供应商、谈判、签订合同、进行合同管理及进行绩效考核时，都是要使用这 3 个要素作为标准。

2. 采购相关概念

尽管采购活动由来已久，但直到第一次世界大战和第二次世界大战期间，由于物资的缺乏，使得企业的成功不在于它能够销售什么，而是取决于企业从供应商那里获得原材料、用品和服务的能力，于是采购职能才作为一种独立的管理活动而出现，人们开始关注采购职能的组织、政策和程序。20 世纪 50 年代，采购职能应用的技术更加先进，采购经理人更加专业化，更有能力做出合理的采购决策。20 世纪 90 年代，经济全球化进程中的企业，越来越深刻地认识到采购职能对提高企业运作效率和增强竞争力的巨大潜力。进入 21 世纪之后，采购管理职能与企业所有的业务过程进一步整合，采购也从以交易为基础的战术职能上升为以流程为导向的战略职能。

采购职能从企业生存的必要条件变成管理的热点，人们也更深刻地探求采购领域潜在的改进机会。在这种进程中出现了一系列关于采购活动的概念，例如，购买、采购、供应、物流、供应链和价值链等。关于它们各自的定义也从来没有统一的看法，这些词汇在某种意义上可以互换，下面是对这些概念的一些基本界定。

小知识

采购与物流的联系与区别

物流最早是从营销的4P中的place发展而来，采购与销售构成了商流活动，商流即商品所有权的转移，物流即"实物的物理性流动"。采购是一项重要的经济活动，没有采购也就没有物流。

——丁俊发

(1) 购买(Buying)：用货币换取商品的交易过程。其包括了解需求、找寻供应商、处理订单、价格谈判、货物交运。

(2) 采购(Purchasing or Procurement)：比购买含义更广泛，包括购买、储存、运输、接收、检验及废料处理。

(3) 供应(Supply)：是采购部门面向增值的业务活动，强化与供应商的关系，以流程为导向整合企业内外资源的战略性活动过程。随着供应链管理的兴起，供应一词正在逐步取代采购这一职能称呼。

上述三个概念的区别与联系见表1-1。

表1-1 相关概念的比较

低		对企业的战略贡献		高
购 买		采 购		供 应
① 了解需求；		① 采购效率；		① 确保企业在采购方面的公平和公正；
② 找寻供应商；		② 批量决策；		② 创造价值和节约成本同样重要；
③ 处理订单；		③ 节约成本；		③ 参与构造并影响整个供应链；
④ 价格谈判；		④ 采购政策；		④ 与供应商建立战略合作伙伴关系；
⑤ 货物交运；		⑤ 程序管理；		⑤ 供应商的早期介入；
⑥ 文书记录；		⑥ 防止差错；		⑥ 机会最大化；
⑦ 重在交易		⑦ 重在管理		⑦ 重在关系和资源的整合
传统业务活动				面向增值的业务活动

(4) 物流(Logistics)：物流是供应链活动的一部分，是为了满足客户需要而对商品、服务及相关信息从产地到消费地的高效、低成本流动和储存进行的规划、实施与控制的过程，包括仓储、配送、运输、流通加工、信息处理、包装和装卸搬运七大职能。

(5) 供应链(Supply Chain)：供应链是围绕核心企业，通过对信息流、物流资金流的控制，从采购原材料开始，制成半成品及最终产品，最后由销售网络把产品送到消费者手中的将供应商、制造商、分销商、零售商直到最终用户连成一个整体的功能网络结构模式，如图1.1所示。供应链通过计划、获得、存储、分销、服务等这样一些活动而在顾客和供应商之间形成的一种衔接，从而使企业能满足内外部顾客的需求。

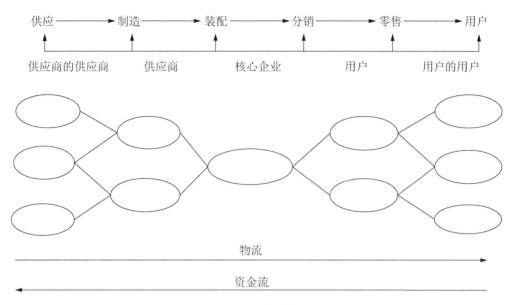

图 1.1 供应链结构模型

(6) 价值链(Value Chain)：价值链是一个企业在一定产业内的各种活动的组合，如产品设计、生产、营销、交货等各种对产品起作用的各种行为。这些行为构成企业价值的来源，进而构成竞争优势的来源。因此，我们将这些一环扣一环的企业行为称为价值链。

(7) 采购供应管理(Purchasing and Supply Management)：在采购供应的发展过程中出现了一系列关于采购活动的概念：购买、采购、供应、供应链、寻源、后勤等。从他们对企业的战略贡献及所包含的活动来说，供应比采购适用的范围更广泛。

虽然采购与供应在内涵上有所区别，但在本书中不再加以区分，只是采用采购供应管理这个总称，有时用采购管理，有时用供应管理，本质上并无太大区别。另外，本书也不去严格区分"采购"与"采购管理"的区别。

案例 1-1

海尔采购观念的转变

在新经济时代，技术进步和需求多样化使得产品寿命周期不断缩短，企业面临着缩短交货期、提高产品质量、降低成本和改进服务的压力。市场竞争将不是企业与企业之间的竞争，而是供应链与供应链之间的竞争。谁的供应链总成本最低，反应速度最快，谁就能立于不败之地。

海尔的物流改革是一种以订单信息流为中心的业务流程再造，通过对观念的再造与机制的再造，构筑起海尔的核心竞争能力。

1. 海尔的"一流三网"，为订单而采购消灭库存

海尔物流管理的"一流三网"充分体现了现代物流的特征："一流"是以订单信息流为中心；"三网"分别是全球供应链资源网络、全球配送资源网络和计算机信息网络。"三网"同步流动，为订单信息流的增值提供支持。

在海尔，仓库不再是储存物资的水库，而是一条流动的河。河中流动的是按单采购来生产必需的物资，也就是按订单来进行采购、制造等活动。这样，从根本上消除了呆滞物资、消灭了库存。

2. 全球供应链资源网的整合

海尔通过整合内部资源优化外部资源，使供应商由原来的 2 336 家优化至 840 家，国际化供应商的比例达到 74%，从而建立起强大的全球供应链网络。通用电气、爱默生、巴斯夫等世界 500 强企业都已成为海尔的供应商，有力地保障了海尔产品的质量和交货期。不仅如此，海尔通过实施并行工程，更有一批国际化大公司已经以其高科技和新技术参与到海尔产品的前端设计中，不但保证了海尔产品技术的领先性，增加了产品的技术含量，还使开发的速度大大加快。另外，海尔对外实施日付款制度，对供货商付款及时率达到 100%，这在国内，很少有企业能够做到，从而杜绝了"三角债"的出现。

3. 3 个 JIT 实现同步流程

由于物流技术和计算机信息管理的支持，海尔物流通过 3 个 JIT(Just In Time，准时制)，即 JIT 采购、JIT 配送和 JIT 分拨物流来实现同步流程。

目前通过海尔的 BBP 采购平台，所有的供应商均在网上接受订单，使下达订单的周期从原来的 7 天以上缩短为 1 小时内，而且准确率达 100%。除下达订单外，供应商还能通过网上查询库存、配额、价格等信息，实现及时补货，实现 JIT 采购。

为实现"以时间消灭空间"的物流管理目的，海尔从最基本的物流容器单元化、集装化、标准化、通用化到物料搬运机械化开始实施，实现 JIT 过站式物流管理。生产部门按照 B2B(Business to Business)、B2C(Business to Client)订单的需求完成以后，可以通过海尔全球配送网络送达用户手中，形成全国最大的分拨物流体系。

海尔物流运用已有的配送网络与资源，并借助信息系统，积极拓展社会化分拨物流业务，同时实现了零距离服务。海尔物流通过积极开展第三方配送，使物流成为新经济时代下集团发展新的核心竞争力。

4. 计算机网络连接新经济速度

计算机网络连接新经济速度在企业外部，海尔 CRM(客户关系管理)和 BBP 电子商务平台的应用架起了与全球用户资源网、全球供应链资源网沟通的桥梁，实现了与用户的零距离。在企业内部，计算机自动控制的各种先进物流设备不但降低了人工成本、提高了劳动效率，还直接提升了物流过程的精细化水平，达到质量零缺陷的目的。计算机管理系统搭建了海尔集团内部的信息高速公路，能将电子商务平台上获得的信息迅速转化为企业内部的信息，以信息代替库存，达到零营运资本的目的。

5. 流程再造是关键观念的再造

海尔实施的现代物流管理是一种在现代物流基础上的业务流程再造。而海尔实施的物流革命是以订单信息流为核心，使全体员工专注于用户的需求，创造市场、创造需求。

海尔的物流革命是建立在以"市场链"为基础上的业务流程再造。以海尔文化和 OEC 管理模式为基础，以订单信息流为中心，带动物流和资金流的运行，实施三个"零"目标(质量零距离、服务零缺陷、零营运资本)的业务流程再造。

构筑核心竞争力物流带给海尔的是"三个零"。但最重要的，是可以使海尔一只手抓住用户的需求，另一只手抓住可以满足用户需求的全球供应链，把这两种能力结合在一起，从而在市场上可以获得用户忠诚度，这就是企业的核心竞争力。这种核心竞争力，正加速海尔向世界 500 强的国际化企业挺进。

(资料来源：根据海尔宣传资料整理)

1.1.2 采购的分类

管理的科学性在于分类，为了提高采购效率，首先对采购管理进行分类。以下就是从采购对象和采购主体这两个方面分别对采购进行分类。

1. 按采购对象不同分类

1) 有形物品采购

(1) 机器设备采购：机器设备属于在企业生产经营过程中长期、反复使用而基本保持基本实物形态的劳动工具。其采购则具体表现为生产和运营所需的各类设备的购买。机器设备采购的最显著特点是金额大、技术性和专业性强，往往需要采用招标、租赁与调拨等灵活采购方式进行。

(2) 原材料采购：原材料是构成产品实体的基本部分，其在生产过程中要改变物理和化学特性，并产生较大的消耗。因此，在企业采购中，原材料采购的比例大、频度高。同时，原材料存在不同种类，可依其功能、质地、产业类别、形态和产地做出多种划分，其品种、形式、等级和特性往往有很大差异，采购过程也就比较复杂。

(3) 零部件采购：在加工装配产业，零部件是最基本的生产资料，随产业分工的日益深化，企业需要的大多数零部件需要外购。零部件种类繁多，规格、型号复杂，技术性强，生产过程中又需频繁供应，因此，其采购具有较强的专业性。

(4) MRO 采购：指原物料、零部件以外的，用于维护、修理及运营(Maintenance, Repair, Operation，MRO)的杂项物件和备品的采购。MRO 物料通常都是低值物品，品种繁多，不同行业企业的 MRO 物料需要往往差异极大，同时，单项商品的采购规模一般也不很大，但它们对企业生产经营的正常运行意义重大。因此，在企业采购中，MRO 采购有着其特殊性。

2) 无形物品采购

(1) 技术采购：一般包括专利、商标、版权和专业技术诀窍(Know How)的获取。技术采购的最主要特点是它大多采用许可贸易的方式进行，往往是使用权而不是所有权的转让，因此，支付方式也大多采用特许权使用费的方式；此外，其定价也不同于一般商品，采购过程中的讨价还价环节更为复杂。

(2) 服务采购：专业服务的获取，包括由律师、管理顾问、建筑师、电气技师、广告设计和程序设计人员等所提供的特殊服务；物流和勤务服务的提供，主要涉及物流、信息和通信服务、餐饮服务、清洁和警卫服务等。

(3) 工程发包：工程发包主要包括厂房、办公楼等的建设与修缮，以及配管工程、机械储槽建设工程、空调或保温工程、动力或网络的综合配线和仪表安装等。

2. 按采购主体不同分类

(1) 个人采购：个人采购是指消费者为满足自身需要而发生的购买消费品的行为，如买生活必需品、耐用品等。个人采购实质上是一种购买活动，购买对象主要为生活资料，其特点为单次、单品种、单一决策，购买过程相对简单。

(2) 企业采购：企业采购是现今市场经济下一种最主要、最主流的采购。企业是大批量商品生产的主体。为了实现大批量产品的生产，也就需要大批量商品的采购。生产企业的生产，是以采购作为前提条件的。没有采购，生产就不能进行。企业的采购不仅采购数量多，采购市场范围宽，而且对采购活动要求特别严格。他要对全厂的需求品种、需求量、需求规律进行深入的研究，要对国内、国外众多的供应厂商进行分析研究，还要对采购过程各个环节进行深入研究和科学操作，才能完成采购任务，保证企业生产所需的各种物资的适时适量供应。

(3) 政府采购：又称公共采购，是指各级政府及其所属实体为了开展日常的政务活动和为公众提供社会公共产品或公共服务的需要，在财政的监督下，以法定的方式、方法和程序(按国际规范一般应以竞争性招标采购为主要方式)，从国内外市场上为政府部门或所属公共部门购买所需货物、工程和服务的行为。按照《中华人民共和国政府采购法》，它具体指各级国家机关、事业单位和团体组织，使用财政性资金采购依法制定的集中采购目录以内的或者采购限额标准以上的货物、工程和服务的行为。政府采购不是一种纯商业行为，作为政府的购买性支出，它遵循着专门的法律和规则。

1.2 采购供应管理的变革

1.2.1 采购供应管理发展的历史沿革

1. 第一个阶段：初期(1850—1900 年)

有的观察者认为采购历史的初期应始于 1850 年。不过，有证据表明，在这个阶段之前采购职能就受到了关注。由查尔斯·巴比奇在 1832 年出版的有关机械和制造商经济的书中就提到了采购职能的重要性。查尔斯·巴比奇还提到了一个负责几个不同部门的"物料供给人"。他这样写道：负责运营煤矿的重要职员就是"一名负责选择、采购、接收和配送所有需求货物的物料供给人"。

采购最受瞩目的时期出现在 19 世纪 50 年代后——这段时期也见证了美国铁路的发展。1866 年，宾夕法尼亚铁路公司在供应部门之下设立了采购职能部门。几年之后，铁路公司的总采购代理商可以直接向公司总裁进行报告。采购职能对整个企业的绩效贡献之大，使得采购总经理已拥有顶级经理人的身份。

铁路行业主导了早期采购发展。这段时期对采购历史所做的主要贡献有对采购流程的早期认识及其对整个公司盈利能力的贡献。19 世纪晚期，采购部门逐步分化为一个具有专业技能的单独的职能部门。而在这之前，根本就不存在这种划分。

2. 第二个阶段：采购基本原理的发展(1900—1939 年)

采购发展过程的第二个阶段大约是 19 世纪末 20 世纪初，一直持续到第二次世界大战初。铁路贸易期刊之外的出版物上，也开始定期出现越来越多的与工业采购职能相关的文章。尤其是工程杂志，特别关注对合格采购人员的需求及物料规格的发展等。

在这个阶段，基本的采购程序和观念也得到了发展。1905 年，第二本有关采购的书出版了，这同时也是第一本与铁路无关的采购书籍。这本《采购手册》共有 18 章，每一章都由不同的作者编著。此书的第一部分主要用来陈述采购的"原则"，第二部分则描述了不同公司不同采购系统所采用的形式及程序。

因为采购在获取重要战争物资中的作用，使其在第一次世界大战期间得到了重视。这主要归结于，在那个时候，采购主要关注的是对原材料的购买(而非成品或半成品)。有点讽刺意义的是，在第一次世界大战期间没有出版过任何重要的采购方面的书籍。哈罗德·T.

刘易斯是20世纪四五十年代一位很受人尊敬的采购专家。他注意到，是否真正认识到采购对于公司的重要性这个问题存在相当大的疑问。他指出，从第一次世界大战到1945年，人们至少逐渐开始认识到良好的采购对公司运营的重要性。

3. 第三个阶段：战争时期(1940—1946年)

第二次世界大战将采购历史带入了一个崭新的发展阶段。战争时期对获得所需求的(也是稀缺的)物料的重视增加了人们对采购的兴趣。1933年，只有9所大学开设了有关采购的课程，而到了1945年，这个数量增加到了49所。美国国家采购代理协会的成员数量在1934年为3 400个，1940年增加到了5 500个，而到了1945年达到9 400个。在这个阶段进行的一项调查表明，76%的请购单没有对品牌进行详细的规格说明。这也暗示了公司的其他部门意识到了采购代理在确定供应源时所起的作用。

4. 第四个阶段：沉寂时期(20世纪中叶～60年代)

第二次世界大战期间，采购的意识有所提高但并未延续到战后。John A.Hill，一位著名的采购专家，是这样评论那一时期的采购状况的："对于许多企业来讲，采购只是它们在进行交易时无法避免的一项成本，而对它们又能做些什么。就美国工业的长度和广度而言，采购职能并未得到应有的重视和关注。"

另一位受尊重的采购专家布鲁斯·D.亨德森，也对采购所面临的问题发表了评论。他这样说："采购被认为是一项起负面作用的职能——如果做得不好会阻碍公司的发展，即使做得好，也很难为公司的发展做出贡献。"他指出，在大多数企业里采购都是被忽略的职能，因为对于主流问题而言，它并不重要。接着他还提到，企业经理们很难想象出公司会因其出色的采购绩效，而比其竞争者更加成功。

在这个阶段，开始出现一些不同的公司为了做出采购决策而安排员工收集、分析介绍数据的文章。福特汽车公司是最早成立货物研究部门的私人组织之一，部门提供货物短期和长期的信息。同时，福特还创立了采购分析部门，就产品和价格分析对买方提供帮助。

第二次世界大战后，阶段价值分析方法得到了发展。而通用电气公司是此领域的先驱。通用电气所采用的方法主要是评估，然后判定哪种物料或规格及设计上的变动能够降低产品的总体成本。尽管在这个阶段，内部采购有了很重要的发展。毫无疑问，其他领域如营销和财务的重要性都超过了采购。此外，公司面临持续的竞争并能获得充裕的物料——这些都是一直以来削弱采购整体重要性的条件。在采购历史上的这段沉寂阶段里，未发生任何通常情况下提升采购重要性的事件。

5. 第五个阶段：物料管理的成长期(20世纪60年代中期～70年代后期)

物料管理这个概念的出现要追溯到19世纪。在19世纪后半叶，美国的许多铁路公司都开始以物料管理概念为基础，它们将相关的职能如采购、库存管理、货物接收、存储等都交由同一个机构进行管理。

20世纪60年代中期，物料管理的概念得到了快速发展。外部事件的发生对企业的运营产生直接的影响，比如越南战争造成了物价上涨和物料难以获得的压力。20世纪70年代，企业经历了与石油"短缺"、禁运等相关的物料问题。企业所能做的合乎逻辑的反应就是变得更加有效率，尤其是在物料管理方面。

物料管理的整体目标是从总的体系角度，而非单独的职能或活动出发，来解决与物料相关的问题。可能属于物料范围之内的不同职能包括物料计划和管理、库存计划和管理、物料及采购研究、采购、进料运输、货物配送、进料质量管理存储、物料移动和废料处理。

这个阶段的采购行为值得注意，采购经理通过竞争性投标报价获得多个采购源，不过并不把供应商视为增值伙伴。采购方与供应商始终保持正常的交易关系。价格竞争是决定供给合同的主要因素。

6. 第六个阶段：全球化阶段(20世纪70年代后期~1999年)

全球化时代，对采购的重要性、结构和做法的影响不同于历史上其他任何时期。这些差异包括以下几个方面。

(1) 在工业史上从未出现过如此激烈、如此迅速的竞争。

(2) 来自全球的公司逐渐从美国本土公司手中赢得了市场份额，与美国公司相比，他们更强调不同的战略、组织结构及管理方法。

(3) 技术扩展的范围之广和速度之快是前所未有的，同时，产品生命周期也变得更短。

(4) 具备了利用国际数据网络和互联网协调国际采购活动的能力。

在这个竞争激烈的时代，供应链管理得到了发展；企业开始用比以往更有效率的方法来管理从供应商到客户的货物、服务、资金和信息流。管理层人员开始将供应链管理视为一种应对激烈的竞争和其他改进压力的方法。

7. 第七个阶段：整合供应链管理(2000年以来)

如今的采购供应管理反映出对供应商的日益重视，企业与供应商的关系从原来的对抗变成与选出的供应商之间建立合作关系。现在的企业采购活动与以前相比有很大的不同。如今，供应商开发、供应商参与设计、与提供全面服务的供应商合作、根据总成本选择供应商、与供应商建立长期关系、战略成本管理、整合的互联网连接及共享数据库都被看作是供应链创造新价值的方法。采购行为也发生了很大的变化，更多地为满足新阶段的绩效要求提供支持。

可以用三个结论来对这个阶段的采购情况进行说明：第一，在现代经济环境中，为了应对全球竞争和迅速变化的技术所带来的挑战，采购的作用也开始发生变化；第二，采购职能的总体重要性正在提升，尤其是对于那些在全球竞争和快速变化的行业中进行竞争的企业而言；第三，采购必须继续加强与客户需求、运营、物流、人力资源、财务、会计、营销及信息系统的整合。发展过程需要很长的时间才能完成，但整合是必然的。

采购供应管理的发展过程，虽然不是历史上最激动人心的篇章，却有助于我们了解在过去的150年里这一领域的发展和成长过程；每个历史时期都为采购的发展做出了自己独有的贡献。

案例 1-2

淮南矿业物流60年：从企业物流到物流企业

从到处求人保证供应到集中采购集中供应，从被人逼债到物资采购额超过百亿，从企业物流到物流企业。新中国成立60年以来，淮南矿业集团的物资供销的功能定位发生了巨大变化，经营方式实现历史性跨越，供销公司完成了由传统的企业物资供应向现代物流企业的蜕变。

1. 艰难的开始

20世纪80年代以前，在传统计划经济体制下，淮矿企业所需物资，特别是重要的生产物资，都是国家通过物资订货会，由主管部门按计划分配的。煤矿企业的物资供应几乎都是一个模式。你报计划，国家平衡审批。

20世纪80年代后期，随着市场价格的推进，物资计划分配量逐渐减少，市场采购量越来越多。进入90年代中期，除少数重要物资外，计划物资基本取消，淮矿所需物资，基本上都是从市场直接采购。但由于资源紧张、价格上涨，作为一个老煤炭企业淮南矿业集团表现出对市场经济的不适应和茫然无措，当时企业生存发展十分困难，面临为了保证供应到处求人、被人逼债的无奈和窘态。

随着市场经济体制的确立和国有企业改革的深入，淮南煤矿物资供应模式几经变化，企业物资供应流程也随之改变。

但无论是以前的计划经济，还是这时的市场经济，产业的弊端没有改变，一直存在。多头储备，造成物资积压，储备资金占用大，浪费惊人。为保证正常生产，集团必须常年保持大量的物资库存，"连一个小小零件都不能落下"，这样必然占用大量流动资金，一旦产品升级换代，原有库存产品或设备又面临被淘汰的尴尬，造成大量人力、物力、财力的浪费。

2. 三集中的改革

随着国内外不断兴起物流热潮，越来越多的企业已开始认识和重视物流管理的重要作用，淮南矿业集团也对此给予了充分地重视。2000年，经过充分调查论证，总结实践经验，淮南矿业集团公司做出决定，撤销各生产单位的物资供应科、车队和仓库，全面推行实现集中采购、集中储备、集中配送的"三集中"。这样的改革取得了明显的经济效益。实行集中采购统一，把有限的资金集中起来，购买生产急需的物资，最大限度地发挥资金使用效益，一年半就节约采购资金约400万元。同时，采用直达到货、集中统一配送等供应模式，减少中转环节，一年为集团公司内部生产矿节约生产成本上亿元。集中采购，稳定了进货渠道，企业物资供应部门直接与厂商打交道，减少流通环节，加快了物流速度。

但这时的淮南矿业集团仍然采用的是企业自行做物流的方式。随着企业改革的进一步深入，淮南矿业集团很快发现了自身经营物流的难处和出现的问题：一味追求储备资金的节约和降低库存，集团公司总库和供应站仓库的实物储备能力不断下降；大量的超储积压物资产生；集中配送并未直接服务到位，致使各矿物管队伍不断扩大，加大管理成本。

3. 社会物流的扩展

如果引入第三方物流，逐步外包自身物流需求即可解决上述问题。

为此，2006年淮南矿业集团成立了物流大市场，采用超市一站采购式的经营方式，引入了两百多家国内一流、国际知名的供应商，经营数万种产品。大市场为用户绘制了自选流程示意图，并为自选用户提供了导购等咨询服务，用户随用随选，一站式配齐。大市场的成立，使淮南矿业集团既实现了集中采购、集中储备、集中配送，又成功利用社会资源解决了自己进行物资采购和储备的弊端。目前，大市场已成为安徽省乃至全国煤炭企业物流向第三方物流转化的物流园区，并逐步发展成为皖西北最大的生产资料物流基地。

尝到第三方物流甜头的淮南矿业集团，于2008年10月，在整合社会物流资源的基础上正式成立淮矿现代物流有限责任公司，淮矿物流除满足淮矿物流需求外，主要职责是对外开展社会物流服务。这标志着淮南矿业集团在拓展社会物流方面迈出了巨大步伐，实现了由传统的企业物流向物流企业的成功转型。

淮矿物流与省外企业签订长期合作协议，开展物流外包业务。利用淮矿物流供应商团队、配送网络、仓储优势、分销渠道为省内外的企业提供从采购端到销售端的整体物流外包服务，极大地整合了区域资源，降低了区域内生产制造企业的整体运营成本。

4. 集团采购创新——电商化采购

2012 年，淮矿物流成功收购了上海斯迪尔电子交易市场，实现了现代物流与电商平台的高度融合，并迅速扩大了淮矿物流与斯迪尔平台的影响力。与此同时，淮南煤矿供应人也一直在思考如何利用电商平台实施对集团采购的创新变革。

（资料来源：http://finance.sina.com.cn/caijing/gsnews/20090925/22206795553.shtml）

1.2.2 影响未来采购供应管理的关键因素

1. 经济全球化

全球化、信息化是 21 世纪商务环境中最为重要的、最富于戏剧性的变化现象之一。全球化趋势不可逆转，那种认为国内企业可以孤立的存在，并可以不受全球供应环境影响的想法，已经全然地烟消云散。全球经济一体化，对资源配置方式、产业组织形式和竞争模式都产生了深刻的影响。各国经济发展从过去依赖本国的资源、技术、市场和消费者偏好，转向了开放型竞争战略和比较优势战略。在经济全球化的背景下，企业的竞争从国内市场转向了区域市场乃至全球市场。

企业参与全球采购并在与跨国公司或国际化企业合作的过程中，不仅能够建立起稳定的供销关系，而且能够按照国际市场的规则来进行生产和销售产品。同时，企业在进入全球经济领域时需要学习和尽快适应全球采购的资源配置方式，使企业能够在与国际对手竞争的过程中也建立起全球化的生产网络和采购网络，迫使国内企业采取符合国际市场规则的，更加规范的竞争手段来寻求企业发展，逐步走出以恶性价格竞争，依靠政府维持地区性或行业性的垄断而获得市场优势的低层次竞争怪圈。

全球采购实际上就是建立在全球市场化全球相同规范之下的一种全球资源配置的行为，是跨国公司和国际化企业获得竞争优势的一个重要途径。全球采购有利于企业摆脱过去单一、封闭的配套体系，建立符合国际化标准的产品质量认证体系。采购思维已不再局限于本国，而是扩展到整个区域甚至全球，这也将引领采购进行采购行为规则、采购模式及采购范围的一次深远变革。

2. 供应链管理

供应链管理与传统物流管理有明显的区别，它把供应链中所有节点企业看作一个整体，涵盖整个物流过程，即从供应商到最终用户，从采购、制造、分销到零售等各个职能领域。在供应链管理环境下，企业的采购模式和传统的采购模式有所不同。在供应链中，供应商、制造商、配送公司、销售和营销、财务、客户都在供应链中扮演重要的角色，他们强调相互沟通合作，这样才能达到协同效应。在供应链管理模式下，采购不再只强调最低的价格，而是要求合适的价格、数量、时间和服务。企业的要求也不再是简单的获利，而是双赢甚至是多赢。在这种环境之下，采购商更着眼于长远发展，他们把供应商看作是合作伙伴甚至还与其建立战略联盟，这更加有助于企业的长期稳定和发展，也有利于成本控制、质量和交货期的保证及产品开发等。另外，采购也不只是简单地为库存而采购，而是根据生产预测需求进行采购计划，减少了库存。采购商也不仅仅局限于企业内部的管理，而是放眼于整个供应链，对供应商及物流服务商等进行全面的管理。

采购商必须把采购的很多环节，如采购需求、供应商选择、订单管理、配送、仓储、质量控制及付款等联系起来，利用先进的技术来共同促进管理，提高采购效率和效果。供应链管理要求系统管理和整合这些要素，以实现资源优化。

3. 互联网与电子采购

在国际上，电子采购的发展速度也非常迅速，美国电子采购实现率已达60%左右，欧洲为40%左右。因此，中国电子采购的发展已迫在眉睫，大型企业面临很大的竞争压力，不发展电子采购将很难与跨国公司竞争。电子采购是由采购方发起的一种采购行为，是一种不见面的网上交易，如网上招标、网上竞标、网上谈判等。人们把企业与企业之间通过互联网进行产品、服务及信息的交换定义为B2B(Business To Business)电子商务，事实上，这也只是电子采购的一个组成部分。电子采购比一般的电子商务和一般性的采购在本质上有了更多的概念延伸，它不仅仅完成采购行为，而且利用信息和网络技术对采购全程的各个环节进行管理，有效地整合了企业的资源，帮助供求双方降低了成本，提高了企业的核心竞争力。现在大企业每年的电子采购总交易额多在几十亿元、上百亿元以上，虽然网上采购额占总额的比例很小，但在绝对值上也是一个惊人的数字。现在，三菱、丰田、大众、宝马和沃尔沃等公司均实现了电子采购，这些国外汽车制造商有关产品协同设计、询价、订货、物流和结算等采购业务都在网上进行。随着互联网在提升效率方面的作用越来越大，它能最大限度地推进采购与供应管理的发展。

1.2.3 采购供应管理发展趋势

面对经济全球化和竞争国际化的压力和挑战，跨国公司在采购理念、采购方法、采购手段和采购平台上不断创新，使采购领域内出现了很多新趋势。了解采购的发展趋势可以帮助企业调整采购策略，并为企业获取更大的利益。未来采购将逐渐出现以下几种发展趋势。

1. 企业中采购战略地位越来越高

进入21世纪，全球经济一体化的步伐不断加快，资源在全球范围内的流动和配置大大加强，直接推动了全球化采购的发展。采购管理作为企业价值链中的重要一环，不论从成本、质量的角度，还是从交货期和敏捷性上考虑，都对企业竞争力的提升具有重要意义。许多公司设立高级采购副总裁或首席采购官员(Chief Programming Officer，CPO)，推动采购管理对实现公司战略目标的贡献。

2. 采购战略和公司战略联系越来越紧密

毫无疑问，如今的高层管理者都意识到，采购是公司的一个重要价值来源。多年来，他们一直把采购视作形成竞争优势的一个重要组成部分，而今高层管理者试图建立跨国采购组织，并从中获利。获取这些价值的一个基本要点是要确保采购的战略地位，将采购战略与整个企业的战略联系起来。采购对于公司的贡献已不限于战术层面(照单抓药)，而是上升至战略层面(支持公司战略目标的实现)。采购成为提升公司核心竞争力的战略要素。

3. 供应商管理强调战略性与灵活性的结合

随着变革的不断深化，理论界已普遍接受这样一种观点，即与相对较少的供应商建立更具战略性的合作伙伴关系是最佳的采购实践，当然，具体实行起来不能一概而论。随着这些战略合作伙伴越来越普遍地通过合作降低供应链成本，今后不仅会看到公司间的竞争，还有供应链之间的竞争。在这种竞争中，成本是评价供应商的一个重要考虑因素，但挖掘价值潜力同样重要。

与供应商的战略合作伙伴关系将逐渐转向以价值为基础，而不是以成本为基础。供应链中各个成员得到的补偿将与其所附加的价值更加紧密地对应起来。由于公司都将重点转向能获得最大价值的领域，供应链中可能会出现一些冲突，某些供应商也可能成为新的竞争者。

从识别机会的角度看，采购和寻找资源的人员将处于独特的地位，因为他们需要了解供应链中哪个细分市场或区域存在着最大价值，以便开发和利用这些机会。从另一个角度看，采购人员可以评估竞争威胁，这些威胁不仅来自传统的直接竞争对手，而且来自于力图扩大参与范围和程度的供应链伙伴成员。

某些供应商扩大了其作用范围，直接参与争夺最终用户，这给采购人员提出了重要的战略性问题。更迫切的问题是双方是否还能够继续合作，如何交换一般的企业战略方面的信息等。最终，采购经理将需要评价与对其有潜在竞争威胁的供应商建立合作的风险和收益，确定建立合作关系的风险是否太高了。

4. 战略性成本管理越来越受重视

采购中的关键内容一直是降低成本，同时可能一直是这样。尤其是当组织不断寻找降低成本的途径以保持市场竞争优势的时候，这一点更加重要。

尽管成本降低的目标一直没有改变，发生改变的是组织如何实施成本降低战略。在20世纪80年代，企业普遍选择降低价格(赢利—损失，单方赢利)的方式；到了20世纪90年代，这种方式基本上被客户与供应商之间的协作降低成本(双赢)的方式所取代。

今后，战略性成本管理的参与范围将扩大，包括更多的供应链成员：公司、客户、供应商、供应商的上游供应商等供应链中的各个环节。所有这些成员将共同合作，寻找成本降低的机会，达到"多赢"而非双赢或一赢一败的结果。这种战略将涵盖以下内容。

(1) 对多个组织加以改进，目标是识别并消除不带来增值的成本和行为。
(2) 制定技术性和特殊性产品和服务的价格策略(确保相同的利润和 ROI)。
(3) 在不同的市场中分享成本模型和成本节约。

为了成功地进行战略性成本管理，供应链成员必须面对的主要挑战是：是否愿意合作并对其贸易伙伴敞开大门。

5. 从成本控制转向收益提高

以前，采购的重点是降低成本，然而，目前已经从关注产品成本发展到分析所有权总成本和供应链前景，这表明下一步可能是识别采购如何有助于提高收入的机会。采购通过影响最终产品的价格和规模，可以影响销售收入的增加。

从价格的角度看，如果伙伴关系有助于确保安全获得原材料，那么，精心地培育供应商关系将可以提高来自最终产品的收入。进一步地有助于改进最终产品的质量和绩效。增加最终产品的吸引力或性能，提高客户服务支持水平。从改进的数量角度看，供应商可以提高供货率(可获得性)、能力和生产产出的主要驱动因素。这种改变，如图1.2所示。

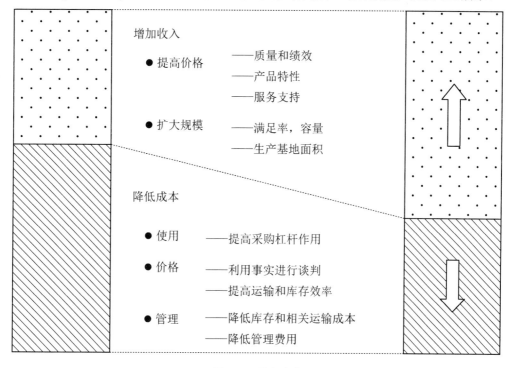

图1.2 采购改进

尽管良好的供应商关系可能提高收入，但也需要企业经营方式上做相应的调整；尤其是需要与职能部门，如新产品开发部和生产经营部门等进行更广泛的供应链互联。相互联系的程度不仅是定期召开会议，而需在一个长期时段上，进行真正的流程整合。另外，传统的成本模型公式需要进一步简化，突出反映能够增加收入的新特点。

6. 区域性采购向全球寻源发展

随着企业的跨国业务不断增加，他们将利用供应商的能力帮助自己进行业务扩张。在日益激烈的市场中，已经出现了发展世界级供应商的现象，而且将来这一趋势还要加剧，互联网将有助于这种增长。

首先，企业确定自己想要采购的部件；然后在世界上最合适的地方找到它；这些步骤与企业的总体战略紧密相连。

企业将继续向国外现有供应商采购产品和服务，但新的趋势是在以前从未发展业务的其他国家开发资源。采购组织将要求目前的全球供应商紧跟自身进步，共同完成这一任务——对现有市场渗透或通过在国外市场建立生产能力，向那些他们以前没有进入的新市场提供资源。

1.3 采购供应管理的贡献

1.3.1 采购供应管理对竞争力的贡献

除了对外购买产品、服务产生的大量成本的认知，大部分公司还没有认识到采购供应职能对于提高公司竞争力与活力所具有的关键性作用。不过，近来这种状况正在发生迅速的变化，随着公司管理理念与运营方式的改变，人们对于采购供应职能的认识也在不断地发展。

随着市场竞争的加剧，影响企业竞争力的要素也越来越多。20 世纪 70 年代以前，企业的竞争力主要体现在成本上；到 20 世纪 80 年代除了成本又增加了质量要素；而到了 20 世纪 90 年代交货期也成了竞争力的要素，即所谓的基于时间的竞争；在 21 世纪的今天，企业竞争的焦点又转移到了敏捷性上，即以最快的速度响应市场需求的能力。供应管理作为企业价值链中的重要一环，不论从成本、质量的角度，还是从交货期和敏捷性上考虑，都对企业竞争力提升具有重要的意义。

1. 加强供应管理对降低成本的贡献

从全球范围看，工业企业的产品成本构成中，采购的原材料和零部件成本占企业总成本的 30%～90%。目前，我国工业企业采购成本要占到企业销售成本的 70%左右。根据国家经贸委 1999 年发布的有关数据，国有大中型企业每年降低采购成本 2%～3%，即可增加效益 500 多亿元人民币，相当于 1997 年国有工业企业实现利润的总和。以亚星集团为例，该集团是以生产聚氯乙烯等为主的国有企业，总资产 12 亿元。该公司自 1994 年起实施比价采购，在 6 000 多种物资采购中，累计节约采购成本 7 092 万元，其采购成本与国内同行业企业相比平均低 8%。山东省 1998 年学习亚星经验，推行比价采购，其中 65 家重点企业平均降低采购成本 5.26%，相当于这些企业全年实现利润的 42%。由此可以看出，在不超出预算的情况下，采购供应部门的能力对组织成本、关键的利润目标及竞争力有相当大的影响。采购成本变化对企业利润的影响如图 1.3 所示。

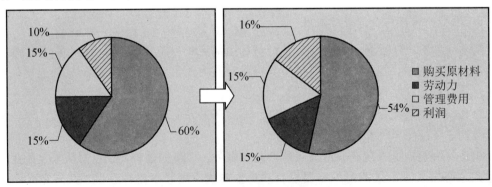

图 1.3 采购成本变化对企业利润的影响

从图 1.3 中可以看到，采购成本下降 10%，企业利润上升 60%。采购成本的一个小比例变动，可以带来利润更大比例的上升，我们称之为采购对企业利润贡献的杠杆作用。

正是采购的这种利润杠杆效应直接为企业带来了很大的节约。不仅如此，采购职能对企业利润还具有间接作用。采购的物品质量好，可以减少返工，降低保修成本，增加客户满意度，进而增加销售或能以更高的价格销售产品。供应商的参与和建议可以改进设计，降低制造成本，并加快由创意到设计生产再到完工和最终转交给消费者的循环过程。对于大多数企业，在销售受到更多的重视之后，面对微利时代的严峻挑战，采购可能成为最后一个尚未开发的"利润源"。

众所周知，公司的根本目标是追求利润最大化。增加利润的方法之一就是增加销售额。假设某公司购进 50 000 元的原材料，加工成本为 50 000 元，若销售利润为 10 000 元，需实现销售额 110 000 元。如果将销售利润提高到 15 000 元而利润率不变，那么销售额就需实现 165 000 元。这意味着公司的销售能力必须提高 50%，这是非常困难的。还有一种方法也可实现，假定加工成本不变，可以通过有效的采购管理使原材料只花费 45 000 元，节余的 5 000 元就直接转化为利润，从而在 110 000 元的销售额上把利润提高到 15 000 元。

2. 加强供应管理对保证产品质量的贡献

从以上的分析可以看出，产品价值的一半是由供应部门或者说是供应商提供的，所以，最终产品的质量在很大程度上取决于供应管理。供应环节中对质量的管理不仅体现在进货验收上，更重要的是将质量管理工作拓展到供应商的生产制造过程中，从源头抓起，才能真正地确保产品质量。

3. 加强供应管理对缩短交货期的贡献

从顾客角度看，交货期即从订货到交货所经历的时间。缩短交货期，意味着对顾客服务水平的提高。交货期的长短取决于产品的现有库存状况、生产周期、外购所需时间、交货频率等。加强供应管理，简化采购流程，降低库存水平，可以大大地缩短交货期。有资料显示，一些企业花在增值活动上的时间只占交货期的 10%，其余 90% 的时间只是增加了成本。可见，这方面的潜力还是很大的。

4. 加强供应管理对提高企业敏捷性的贡献

在当今准时制的世界中，企业对顾客需求的短时间反应能力显得尤为重要。顾客不仅希望越来越短的交货期，更看重敏捷性。敏捷性即迅速行动和更快满足顾客需求的能力。在瞬息万变的市场中，敏捷性可能比长期战略更重要，因为如今企业的运作在更大程度上以服务驱动而非以预测驱动。为提高敏捷性，靠单一企业是不行的，必须运用供应链管理的思想，使各节点企业专注于自身的一两项核心竞争力，最小化变革成本而最大化地利用其他节点企业的竞争优势，迅速适应不断变化的市场。在这种思想指导下，企业外包或外购(Outsourcing)比例逐渐增长，如苹果电脑 90% 的销售成本是外购成本；日本厂商生产一辆汽车，只有 25% 的零件由企业内部生产制造。所以，越来越多的企业将供应职能提高到战略高度来认识，与供应商建立战略合作伙伴关系是提高企业敏捷性的重要前提。

1.3.2 采购供应管理在企业价值链中的贡献

竞争优势归根结底取决于一个企业或一条供应链能够为其客户创造的价值。对于这一价值的形成和分析，美国哈佛商学院的迈克尔·波特教授采用价值链分析方法，将客户、供应商及一个企业分解成相互分离但又联系着的活动，价值由此产生。波特认为，将企业作为一个整体无法认识竞争优势。竞争优势来源于企业在设计、生产、销售、交货和维护产品等过程中所进行的许多分立活动。这些活动中的每一种都对企业的相对成本地位有所贡献,并奠定了差异化基础。企业正是通过比竞争对手更廉价或更出色地开展这些战略上相关的活动来赢得竞争优势的。

价值链活动可以分成两类:基本活动(进货后勤、生产作业、发货后勤、市场营销与服务)和辅助活动(基础设施、人力资源管理、技术开发和采购管理),辅助活动贯穿于企业内各基本活动之中,如图 1.4 所示。所有这些活动带来的总收入减去其总支出,便是这一链条所增加的价值。

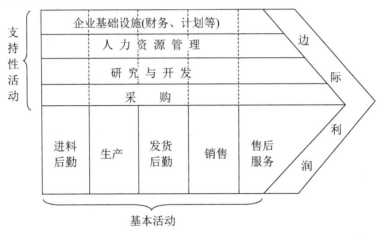

图 1.4　企业的价值链

供应管理体现在基本活动的进货后勤和辅助活动的采购管理中。进货后勤即原材料供应,包括原材料的装卸、入库、盘存、运输及退货等。采购管理是指对采购企业所需投入品(除原材料还包括其他资源,如聘请咨询公司搞策划)的全过程进行管理。加强采购管理,改进采购方式,改善与供应商的关系,对价值链的影响是巨大的。例如,供应商增加发货的频率可以降低企业的库存水平,供应商的产品包装得当可以减少搬运费用。一家巧克力生产企业同意把散装巧克力用罐装车而不是以块状形态运送到糖果糕点生产厂,使巧克力生产企业节省了成形和包装的费用,而糖果糕点厂也降低了进货处理和融化费用。

1.3.3　从扭亏增盈途径看供应管理的贡献

从计划经济向市场经济过渡过程中,我国企业面临的一个重大问题就是如何实现扭亏增盈。下面我们从量、本、利分析看扭亏增盈的途径。量、本、利分析的基本关系式如下:

$$税前利润 = 销售收入 - 总成本$$
$$= 单价 \times 销售量 - 单位变动成本 \times 销售量 - 固定成本总额$$

从公式中可以看出来,利润的增加取决于收入的增加或成本的降低,因此扭亏增盈的途径有 4 条。

1. 提高价格

如今,除非少数垄断行业可以通过涨价实现扭亏增盈,绝大多数的商品均处于买方市场，通过提价实现扭亏不仅难以奏效，而且提高价格可能会使销量减少，所以销售收入并未提高。

2. 扩大销售量

通过强化促销手段扩大销售量也可以实现扭亏增盈，但随着市场竞争的加剧，市场已趋于饱和，增加销售量的难度也越来越大，需投入大量的销售费用，如广告费。需注意一点，强化促销增加销售量带来的收入是否足以弥补销售费用的支出。

3. 降低固定成本

降低固定成本也是一条扭亏增盈的途径，如节约办公经费等；但有的固定成本是无法削减的，如固定资产折旧。减员增效是目前采用的比较多的降低固定成本的措施，但是这也是下下策，只要企业还有生存的空间，还有其他路可走，一般不会轻易裁员。

4. 降低变动成本

变动成本是在一定条件下，其总额随着业务量变动成正比例变动的成本，包括直接材料、直接人工和制造费用中与业务量成正比例变动的物品费、燃料费、包装费等。这些费用大部分都与供应管理有关，变动成本的减少直接就转化成利润，采购中节省 1 元钱，就等于利润增加 1 元钱。而在其他条件不变的情况下，若企业的利润为 5% 的话，要想依靠增加销售来获取同样的利润，则需要多销售 20 元的产品。由此可见，加强供应管理，不需要增加任何投入，即可降低变动成本，比起扩大销售量来，有事半功倍之效，这是一条最有效、最有潜力的扭亏增盈的途径。

案例 1-3

采购的改善带来 Deere 公司的快速发展

John Deere 是一家总部位于伊利诺伊州 Moline 专门生产农业和建筑设备的公司。Deere 公司的标志是鹿，但它从未有过鹿一般快速、矫捷的发展。最近有位客户订购了一件设备，要求 6 个月后交货。来自竞争者的压力使得 Deere 意识到缩短前置期迫在眉睫。并且，在 Deere 公司还存在这样一种状况，即购买货物和服务的成本占制成品总成本的 70%，由此，不难理解采购方法的改进将为 Deere 带来的潜在收益。

为提高最终效益，Deere 的供应经理们都采取了什么措施？首先，新的管理队伍很快做出如下决定：减少与 Deere 合作的供应商数目。有时，Deere 甚至要从 14 000 家供应商中进行采购，且公司的数据库中存有 80 000 多家供应商的信息。这种结果的一部分原因与 20 世纪 80 年代外包的兴起有关。公司的每个商业部门都独立做出自己的决定，很少或根本不与设计和采购中心进行协商，也很少得到公司采购团队的支持，这就出现了一个分割的不协调的供应基地。

同时，新的管理团队也意识到，和剩余的供应商建立更加亲密的合作关系对于改善供应基地起着至关重要的作用。新的发现使得供应商的发展成为新管理团队的关键战略之一。供应商的发展及改进至今仍是公司的一大战略，仅 2000 年一年，公司对其投资就达到 700 万美元。对此，Deere 公司的一位采购主管这样解释：“来自硬性资金的收益为 2 200 万美元，与此同时也有很大一笔来自软资金的收益，如低库存和减少的占地面积。但是，最大的收益却是与供应商建立了更深入且相互信任的合作关系。"

公司还实施了战略采购流程，对采购过程进行控制并制定了相关约束。如今，采购专家们开始分析公司采购需求，并把它们分成四个种类——独特产品、关键产品、一般产品及日常用品。分类有助于在采购某种产品时决定采用哪种采购途径或战略。通过与各个部门的领导者合作，采购团队还制订了一项计划，允许地方厂商购买那些以前只在特定区域使用的配件。公司区域团队负责采购地区性商品，公司供应管理团队负责检查公司内部的商品，非生产物料战略采购团队则为非生产性商品制定采购战略。

管理成本也是受关注的重点之一。管理部门认为，供应商成本管理是 Deere 公司目前做的最好的活动之一。管理流程的核心是一个三页纸的表格，表格把物料成本细分成了 3 部分。如果供应商某商品的成本比表格的高，Deere 公司可能会派供应商开发工程师去改进绩效。Deere 公司全球供应管理副总裁说："问题是，很多时候就连供应商本身都不清楚产品的确切成本，或者是他们不想与你共享信息。"这将成为成本管理的一大长期挑战。

采购领导团队也很重视教育、培训和电子采购体系的开发等活动。上述的所有努力是否发挥作用还是徒劳无功？Deere 公司总裁如此评论："我们在供应管理上所强调的一切及所做出的努力已经带来了丰硕的成果。"在这个瞬息万变的世界，只有一件事是确定不变的：随着 Deere 公司的发展，采购与供应商将会像公司制造的拖拉机一样，帮助公司扫清前进路上的障碍。

(资料来源：[美]罗伯特·蒙茨卡，罗伯特·特伦特，罗伯特·汉德菲尔德．采购与供应链管理(第 3 版)[M]．王晓东，刘旭敏，熊哲，译．北京：电子工业出版社，2010．)

如 Deere 公司的案例所说的，积极的采购方法及策略能帮助公司维持其在世界市场的领导地位。而在现实生活中，经理们最近才把"日益重要"和"采购"两个词用在同一个句子里。

本 章 小 结

采购是企业经营的一个核心环节，是获取利润的重要来源，同时也是企业的窗口和形象，是企业连接客户和供应商的桥梁。

本章主要介绍了采购供应管理的相关定义，并按采购对象、采购主体对采购进行分类，对采购供应管理有了初步的了解。介绍了采购供应管理发展的历史沿革，影响未来采购供应管理的关键因素，同时说明了采购供应管理的发展趋势。对于采购供应管理的贡献方面，主要详细介绍了采购供应对竞争力的贡献，在价值链中的贡献及从扭亏增盈方面看采购供应管理的贡献。

有效地采购与供应管理可以为大多数现代企业的成功做出显著贡献，本章主要对采购供应管理的概念做出了相应的解释，对更好地认识采购与供应管理有较大的帮助。

采购 Purchasing or Procurement
供应 Supply
供应商 Supplier
采购供应管理 Purchasing and Supply Management
核心竞争力 Core Competence

供应链 Supply Chain
供应链管理 Supply Chain Management

习　题

一、判断题

1．采购职能的作用就是满足组织不能够或者不愿意内部提供的产品或服务的需求。（　）
2．采购供应相关概念中，采购比供应对企业战略的贡献大。（　）
3．现代企业采购管理理念中，企业更倾向于选择更多的供应商以维持竞争。（　）
4．现代采购供应管理思想中，要求供应商与买方之间的信息高度共享，以保证供应与需求信息的准确性和及时性。（　）
5．采购成本小的下降会带来利润更大的上升，称为采购杠杆作用。（　）

二、选择题

1．企业的采购目标有(　　)。
　　A．保质　　　　B．保量　　　　C．经济　　　　D．及时
2．采购对象分类中按照无形物品分类采购包括(　　)。
　　A．技术采购　　B．服务采购　　C．MRO采购　　D．工程外包
3．影响未来采购供应管理的关键因素是(　　)。
　　A．经济全球化　B．供应链管理　C．互联网发展　D．电子采购
4．企业实现扭亏增盈的途径有(　　)。
　　A．提高价格　　B．扩大销售量　C．降低固定成本　D．降低变动成本
5．迈克尔·波特的企业价值链活动中，其基本活动包括(　　)。
　　A．进货和发货后勤　　　　　　B．生产作业
　　C．采购管理　　　　　　　　　D．市场营销和售后服务

三、简答题

1．什么是采购？什么是供应？
2．与采购相关的概念有哪些？
3．采购的对象分类有哪些？
4．简述采购供应管理的发展趋势。
5．影响采购供应管理的关键因素有哪些？
6．采购供应管理对企业的贡献有哪些？
7．什么是采购对利润贡献的杠杆原理？

四、讨论题

根据自己的理解，试着对采购供应管理进行重新定义，并说出自己的理由。

【案例借鉴】

让采购"创造利润"

企业采购是企业经营管理中一个比较棘手的环节。很多管理者不得不制定一套貌似严谨的采购制度，以约束企业采购中可能出现的腐败行为。遗憾的是，效果并不那么明显。

当有人说，以花钱为己任的采购环节也可以产生利润。你信吗？

1. 信息脱节，影响采购价格

2009年，一家集团公司的上海分公司和海南分公司分别购买了一批IBM计算机，型号相同，配置相差无几，但海南分公司的购买价格，却比上海分公司高出近两倍。这是为什么？

李玉新，美国Emptoris集团副总裁、大中国区总经理。据他讲，一个集团的分公司花不同的钱，采购相同产品的事情经常发生。为什么？集团的采和购两个环节是脱节的，他说："每个集团都有采购部，当所有分公司都要去买同一产品时，集团就可以将信息整合一下跟供应商统一谈判，这样做一般都可以拿到一个好的价格。但实际上，这个部门对下属分公司的控制力非常弱小。因为，很多集团采用的是分散管理，所购产品都是由各分公司单独按照所需去进行采购和结算。"上例中海南分公司的采购负责人，恰恰对IT产品不是很懂，不知道有哪些好的供应商，也不知道有哪些好的采购方式和经验，只知道IBM的品牌不错。因此，即便是对方开出了一个天价，他也认为是合理的。其实，在李玉新看来，这种问题很好解决，"如果集团有一个统一的采购知识库和管理平台，采购资源和信息共享的话，海南分公司就可以轻易了解到兄弟公司的采购价格和数据。"

除了集团分公司之间采购信息的脱节外，传统采购还有一个最大的问题，就是整个采购流程并不是很透明，效率也不是很高。

在传统采购模式下，企业采购流程非常复杂，包括采购申请、信息查询发布、招标投标评标、洽谈签约结算、物流配送交割、协调相关部门等环节全部手工操作，浪费了极大时间成本和人力成本，过程效率低下。采购部门的管理人员需要处理大量的事务工作，无法在战略的高度上，担任起所负责项目的损益分析、评估和决策，也不可能实行前瞻性的采购管理、建立供应商战略合作伙伴关系、重新审视采购模型、供应商合理化运作等。

所有的采购流程都是靠人，这样的结果往往是采购人员拿着一个最终的授标合同请老板去签字。老板看了这个合同想了又想，不知道应该不应该签，因为他不知道这个标的最终结果是怎么来的，没有一个系统可以让这个老总在签约之前，看到这个产品是以什么样的方式、从哪些供应商、通过哪些流程和什么样的评标方式选出来的。光凭口头报告，很容易有人为的因素在里面。

虚增采购成本，便是这种传统采购形式下的产物。据记者了解，就连为灾区进行的集中采购，也会时不时爆出采购环节的种种问题。

2. 两步招标，提高采购透明度

怎样才能提高采购的透明度，进而提升采购经营的整体竞争力和效率？

2001年，摩托罗拉陷入衰退困境，销售额骤降。公司要求从各个方面缩减成本，摩托罗拉采购部门当时在系统整合和协调方面已经比较成熟，但整个采购流程中，产品经理们采取的依然是面对面地与供应商进行谈判的采购形式。会议有时持续数周，买卖双方都需要承担大笔的差旅成本。同时，由于谈判条款涉及产品规格、定价、数量、日期、保修、送货细节和无数其他潜在因素，谈判过程不但常常会花费产品经理数周的时间，而且还需要使用复杂的电子表格，辛苦地进行评估直到最后拟订合同。

为了解决这个问题，摩托罗拉从8家顶级软件供应商的方案中，选择了一套Emptoris的解决方案进行测试。以采购人员评估多个合同分配方案为例，以前这种优化需要花费数日或数周时间，摩托罗拉现在只需要几个小时就可以完成。由于过程很快，采购人员有更多时间来思考从单一供应商那里采购多类产品，以获得"捆绑折扣"，或者发现和拓展新的供应商。

据李玉新介绍，借助这样的采购系统，不光可以提高工作效率，还可以提高采购环节的透明度。

2009年12月，中国某大型国有石油公司从Emptoris选择了一套解决方案，用于全球采购和运营。李玉新介绍，在这套解决方案里，系统被做成两步招标，分别是技术标和商务标。技术标是标书文件中的技术部分，包括技术方案、产品技术资料、实施计划等设计化的内容；商务标则是标书中有关商务的部分，包括商务流程、付款、合同等报价方面的内容。一般而言，企业采购是以技术标为准，商务标作参考。

"供应商将标的直接输入到系统里，在这个过程中，买方人员看不到里面的内容，直到开标。首先开技术标，技术标开出来之后，大家就可以评标了，哪个人的技术方案最好，做一个最终的技术评标的排名。如果只选择前三家供应商，剩下供应商的报价再便宜，我们也不考虑。然后再开商务标，但我们只将技术最靠前的供应商的标书打开。打开商务标时，必须通过系统走一个内部的审批流程，如果不走这个审批流程，是打不开后面的商务标的。这样的话，我们就可以先挑出技术方案比较好的供应商，然后再去看价格，如果技术方案不合格的人，我们就可以直接把他删除掉。"先选技术，后看商务，评标的过程完全通过系统进行操作，这样的结果就可以避免在采购过程中出现过多的人为因素。

3. 反向拍卖，降低采购成本

2000年9月，美国一家公司到中国进行采购，采购标底为1986万美元，采购内容为铸铁件，包含箱体、底座、盖、管等几十种零部件。最终这家公司以1251万美元完成采购任务，节约采购成本37%，计735万美元。也就是说，以中国企业的销售利润为5%计算，美国公司的采购使中国企业的利润减少了735万美元，中国企业要再销售14 700万美元的产品才能把这部分利润弥补回来。而这家公司使用的，便是被很多国外企业广泛应用的反向拍卖技术。

如今，反向拍卖的采购技术也被中国企业所应用。李玉新介绍说："反向拍卖是一种为买方采购服务的，并逐级向下竞价的一对多的商务过程。以前的传统拍卖，都是卖家等待买家来竞价，买家谁出的价格越高，谁就是最好的。现在这个反向拍卖，就是说买家等待卖家出最低价格，谁的价格越低，他就会选择谁。这种方案最大的好处，就是为采购方减少成本。"

但是，李玉新一再强调，并不是所有的采购都适合于反向拍卖这种方式："首先，反向拍卖比较适合采购非独占性的产品，也就是拥有较多供应商的产品；其次，这个产品比较容易用一些文字性和技术性的方法来界定；最后，采购量比较大，对中标者有足够吸引力。"

举个例子，公司要买1 000万件制服，很多工厂一年也就做500万件，一旦争取到部分份额，意味着这家工厂一年都可以过得很好，因此，他会拿出最好的价格来争取这个项目。在这种情况下，公司就可以应用反向拍卖的技术来进行采购，由供应商直接提供价格，买方再从最优惠的厂家中，筛选出质量等因素符合自己要求的那家。

但是，如果企业要做一个外包矿山这样一个项目的话，肯定是不能用反向拍卖的，此类采购更适合用询底价的方式。大都是需要承包商们先向企业提供一个技术方案，然后针对这些方案进行几轮甚至几十轮讨论和筛选，从中选择一种或者是两种方案，然后再基于所选方案，让所有承包商进行报价，从中再选择一个性价比最好的供应商。

"反向拍卖其实是一个非常简单的解决方案，它不只是说给你提供一个反向拍卖的采购技术，而是提供了一个从供应商到产品类别的分析，到供应商的准入和登记，包括供应商的绩效考核，以及到招投标，合同的制定等一系列信息的管理。"在李玉新看来，这类采购系统不光帮助企业解决了采购过程中遇到的问题，同样为之后的查询工作奠定了基础。"用传统的采购方式，如果有人想查询去年某一个项目在招投标过程中，第二轮发标的时候供应商是怎么回答的，很多人肯定很难想起这些细节的问题。但如果应用此类系统的话，供应商在线上回答的任何问题都有记录，可以随时到系统中查询。"

有数据表明，企业原材辅料采购成本，占企业销售额的20%左右，因此采购成本每降低1元所获取的效益相当于多销售20元产品。这样也就不难理解，为什么会有那么多的企业把注意力投向了采购模式的变革。

（资料来源：http://www.chinawuliu.com.cn/xsyj/201007/13/142897.shtml.）

问题：该案例对我们有什么启示？企业如何让采购来创造利润？

第 2 章　采购供应环境

【教学目标和要求】

☞　了解企业所面临的采购环境；
☞　掌握宏观环境分析方法；
☞　理解供应市场分析结构；
☞　掌握供应市场分析方法；
☞　掌握组织微观环境分析；
☞　掌握采购环境分析方法。

【知识架构】

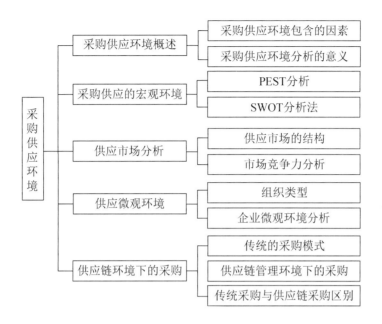

美国采购商转移中国生产订单，纺织服装业未摆脱颓势

在第十三届中国纺织品服装贸易展览会(纽约)(下称"纽约展")上，中国纺织工业联合会副会长张延恺感触颇深：参展的纺织出口企业竞争力不断提升，美国经济的回弹使人看到希望。而令张延恺更加唏嘘不已的是美国市场的一些新变化：纺织品服装的生产国已经不局限于中国，除了我们能预料到的印度、孟加拉、越南、巴基斯坦等东南亚国家外，还有一些是来自美国本土。这些因美国纺织业复苏而回流的订单是否会对我国产业造成新的威胁？面对越来越激烈的市场竞争，我国出口企业还有哪些竞争优势？

1. 美国采购商订单回流

近两年来，由于国内原材料价格和劳动力成本不断上涨，中国纺织出口企业的竞争力面临着严峻的考验。在市场需求尚未摆脱颓势的情况下，欧美采购商开始寻找生产成本相对较低的供货商。一时间，"订单转移"成为了让我国纺织出口企业有些无奈却又不得不面对的问题。谈到近期赴欧美市场考察的感受，这也是对张延恺触动最大的一点。"目前，许多美国的采购商将生产订单从中国大陆转移到其他纺织品生产国。产品种类以棉制品居多；而论及产品档次，通常是制作工艺简单、大众款式的纺织服装产品。让人颇感意外的是，这些订单不仅转移到印度、孟加拉、越南、巴基斯坦，有很大一部分是回归美国本土生产的。"张延恺说。

金融危机后，以纺织服装业为代表的美国制造业加速复苏。在此过程中，美国政府成为强有力的推动者。2009—2012年，奥巴马政府先后推出了"购买美国货"、《制造业促进法案》、"五年出口倍增计划"、"内保就业促进倡议"等多项政策来帮助美国制造业复兴，并逐渐体现出了政策效果。2011年美国制造业新增23.7万名就业岗位，制造业投资恢复明显。在从虚拟经济迈向实体经济的进程中，美国制造业的"复兴"承担了重要角色，而正是在就业机会不断涌现的大环境下，一些往日已衰落的纺织企业又逐渐兴旺起来。

"美国采购商订单的回流要综合几方面因素来看。除了该国纺织业的复苏外，最重要的原因还是在于在本土采购成本较低。目前,美国从中国进口服装要缴纳16%~17%的关税,面料的进口税则在9%~10%。从本土采购这些产品不仅可以节省这部分关税,而且由于地缘优势,产品的交货期也相对较短。"张延恺分析道。

2. 转化成本优势迫在眉睫

在张延恺看来,尽管外部市场竞争激烈,但我国企业应当抱有信心。他认为,企业当前必须要看到、看清自身在国际纺织贸易中的竞争优势。"经过20余年的发展与成长,我国纺织出口企业的综合竞争力有了显著提升。对于美国采购商而言,他们不可能将一些中等加工程度以上的纺织服装产品完全脱离中国生产。特别是和中国企业有ODM业务往来的外商,因为他们需要有设计思路和技术能力的中国制造商。在复杂的经济形势下,我国一些具备这样生产能力的大型出口企业仍能保持出口额的增长。此外,我国纺织业拥有完整的产业链,从纺纱到织布的全环节都可以在国内完成,这种优势也是其他纺织品生产国不能比拟的。"张延恺说道。

凭借产业转型升级而走出去的出口企业不计其数,对于国内企业的转型之路,张延恺也道出了自己的想法:"大企业与小企业可以结成生产联盟。大企业的优势在于拥有稳定的接单渠道,小企业的长处在于生产的灵活性。当前,欧美订单呈现出批量小、交货期短的特点。双方可以取长补短,互相借势。这样一来,小企业的产能得到正常运转,大企业的接单范围也更广了。"

3. 更好地应对市场环境

张延恺几番叮嘱记者,要将更多的国际市场的一线信息传递给国内企业。而对于企业自身来说,除了通过媒体、业界同行外,最重要的获取信息的渠道就是参与国际展会。自纽约展开办以来,一批业内知名企业已开始把它作为开拓美国市场的载体,通过与海外买家接触,了解美国市场需求与变化,及时调整产业结构与产品设计,争取长远的发展。

张延恺表示,如今,企业获取市场信息的主动性增强。今年展会上,中小企业参展比例明显提升。在这些企业中,有一部分是过去并没有做过美国市场,现在发展得比较好,能够独立接单了,所以想来看看市场情况;还有一部分是因为欧洲市场不景气,他们想来看看美国市场恢复程度如何,有没有新的变化。

据了解,纽约展举办13年来,一直注重从美国市场和消费习惯的变化上引导参展企业,展会的平台作用也不仅限于商贸洽谈。今年,纽约展邀请到专业的趋势发布机构2G2L助阵发布服装和面料的流行趋势。此外,主办方还邀请服装、家纺设计师及相关贸易机构代表与参展商进行交流,通过这种形式的对接,提高参展企业的产品附加值与时尚度,提高应对美国市场和把握市场需求与走势的综合能力。

(资料来源: http://www.acs.gov.cn/sites/aqzn/fzC.jsp?contentId = 2690822825652.)

服装行业市场的变化,对于企业生产经营决策提出了挑战。现代企业的生产经营活动日益受到环境的影响,供应管理活动也不例外,既受到外部宏观环境和供应市场的制约,也受到企业内部部门间协调配合程度的影响。所以,企业要想改善采购管理,首先必须全面、客观分析供应环境的变化。过去,很多企业重视产品销售市场环境的分析,而忽视对供应环境的分析与研究。随着供应管理在企业价值链中地位的提高,越来越多的企业开始认识到供应环境分析的重要性和必要性。供应环境分析可以增强企业供应工作的适应性、保证供应战略决策的正确性和提高企业构建竞争力的现实性。本章将深入探讨影响采购供应的宏观环境、市场环境、微观环境及供应链环境。

2.1 采购供应环境概述

2.1.1 采购供应环境包含的因素

企业是环境中的一个子系统,各种外部因素都会对企业产生影响。但是,企业不可能也没有必要对于企业相关的所有外部环境因素都进行详细的分析研究。不同产业类型的企业,有不同的外部相关环境因素,对环境研究的需要也不尽相同。因此,各类企业在进行环境分析时,应该抓住关键环境因素,找出对本企业现在和未来具有较大影响的潜在影响因素,然后科学地预测其发展的趋势,发现环境中蕴含着的有利机会及主要威胁。

采购供应环境分析,就是要对供应环境进行全面系统的分析和预测,目的在于为供应决策提供客观依据。这里的供应环境,是与企业的供应管理活动有关的宏观环境因素、供应市场及企业内部微观环境因素的总和。

1. 宏观环境

所有企业,无论其所属任何产业,都会受到宏观环境的影响。例如,宏观经济形势的变化、税率的变化、政治局势的变化和民族矛盾的产生等。这些因素的影响没有产业特征,它对一定范围内的所有企业都会产生影响。对一般战略环境的分析可以采用 PEST 分析,即从政治(法律)的、经济的、社会的和技术的角度分析环境变化对企业的影响。

2. 供应市场

该环境因素一方面是供应商因素,包括供应商的组织结构、财务状况、产品开发能力、生产能力、工艺水平、质量体系、交货周期及准时率、成本结构与价格等;而从长远影响上看,更重要的另一方面是供应商所处行业环境因素,包括该行业的供求状况、行业效率、行业增长率、行业生产与库存量、行业集中度及供应商的数量与分布等。

对某一个产业内的企业来说,产业环境比宏观环境更有直接影响的环境因素,它的特点是对产业内的所有企业都有影响,但对产业外的企业几乎没有影响。20 世纪 80 年代初,由迈克尔·波特提出的波特五力模型中提到行业中存在着决定竞争规模和程度的五种力量,这五种力量综合起来影响着产业的吸引力。五种力量分别为进入壁垒、替代品威胁、买方议价能力、卖方议价能力及现存竞争者之间的竞争。

3. 微观环境

微观环境是企业的内部环境。内部环境是与外部环境相对应,与之有关的内容很多,主要的因素是企业内部的物质、文化环境的总和,包括企业资源、企业能力、企业文化等因素,也称企业内部条件。即组织内部的一种共享价值体系,包括企业的核心竞争力、组织文化、组织氛围及领导素质等。

2.1.2 采购供应环境分析的意义

现代企业的生产经营活动日益受到环境的作用和影响,采购管理活动也不例外,既受到外部宏观环境和供应市场的制约,也要受到企业内部部门间协调配合程度的影响。因此,全面、客观地分析采购供应环境至关重要。企业对采购供应环境的分析的重要意义主要体现在以下3个方面。

1. 增强企业采购工作的适应性

采购供应环境是企业供应管理工作的约束条件,特别是外部环境,是不以我们的意志为转移的不可控因素。只有正确认识并客观分析错综复杂、变化多端的供应环境,能动地适应环境的变化,把握有利的市场机会,及时防范供应市场中的威胁,才能使企业的采购工作得以顺利进行。

2. 保证采购战略决策的正确性

采购供应环境是一个动态的大系统,各种环境因素时时刻刻发生着变化并相互制约、相互影响。所以,企业必须重视采购供应环境,分析了解各种环境因素的变化趋势,及时调整供应战略,以防止采购战略决策偏离正确的轨道。

3. 提高企业竞争力的现实性

通过对外部环境的分析,使企业能够敏锐地洞察环境的变化,把握有利时机;但要把客观上存在的机会变成企业现实的利益,还需通过微观环境分析,找出制约采购管理工作的"瓶颈",积极寻求企业内部各部门对采购工作的理解与支持,主动协调与各部门的关系,共同为提升企业竞争力做出贡献。

2.2 采购供应的宏观环境

PEST 分析是指宏观环境的分析,宏观环境又称一般环境,是指影响一切行业和企业的各种宏观力量。其中 P 是政治(Political),E 是经济(Economic),S 是社会(Social),T 是技术(Technological)。在分析一个企业集团所处的背景的时候,通常是通过这 4 个因素来进行分析企业集团所面临的状况,根据不同行业和企业自身特点和经营需要,分析的具体内容会有所差异。

通过 PEST 分析,确认并评估可能对企业产生影响的相关因素,企业就可以制定适当的策略,减少潜在的风险所造成的影响,利用可能的机会以实现自己的目标。

2.2.1 PEST 分析

1. 政治和法律

政治因素是指企业经营所涉及的政治的稳定性、政府间的关系、国际政治局势、商务法律环境等方面的影响因素,这些影响因素范围广泛。

(1) 政治的稳定性:所有的组织都是依赖一定的政治环境而运行,政治环境的变动给组织带来很多的不确定性。很多跨国企业由于政治变动和动荡不得不改变其战略方向。缺乏政治稳定性将导致多方面的不确定性,并可能影响你所需要的产品或服务的长期供给。例如,政府或政治制度的变更可能会导致开放国际贸易的态度变化或导致对商业条件(如税收和投资优惠条件等)的干扰。相反，政治的稳定是保证长期供给和与供应商建立长期合同关系的基础。

(2) 政府间的关系：政府间的关系直接影响着企业的贸易往来。如果政府间关系紧张将给国家间的贸易带来困难。例如：中国与日本关于钓鱼岛的争端，就可能导致发货的延迟或者贸易禁运等。政府间的良好关系将促进贸易的顺利进行并保障供给。

(3) 国际政治局势：国际政治局势的变化对企业的影响越来越大，随着交通运输的日益便利，通信手段、方法的日益增加，国家、地区之间的联系越来越密切，世界已从独立的个体转变成为相互影响的整体。因此，一个国家或地区的政治、经济、财政等状况会随着国际局势的变动而变化，比如，供应国是否与其邻国关系紧张或者是否有历史的冲突。战争的威胁会干扰生产或导致更高的采购成本。同时，冲突的威胁还会吓走其他潜在的购买者，对交易造成影响。

(4) 商务法律环境：任何组织，无论是私人部分或是公共部门，都必须遵守法律框架下的有关组织运作的规定。法律是否组织垄断和禁止诸如卡特尔这类限制竞争的做法，与其他供应市场相比，该国是否有会增加管理成本的特殊的法规和限制，税收政策是否会促进或阻碍供应市场的竞争。如果垄断和卡特尔不受到限制，价格便可能被人为抬高。过度的官僚程序会增加成本，延长前置期。良好的商务法律环境将鼓励竞争并对供应商的产品质量、可获得性、成本及服务产生积极的影响。

2. 经济与基础设施

经济因素是指企业在制定战略过程中必须考虑的国内外经济条件、经济特征、经济联系等方面的因素。在此，我们主要考虑经济制度、经济政策与汇率、贸易政策与法规、全球化水平与出口趋势、金融与银行、基础设施等。

(1) 经济制度：各国经济制度不一，对采购管理产生影响不同。例如，在纯粹的市场经济中，供求关系决定生产的产品、生产数量和产品价格。该经济制度下的供应商可以自由展开竞争，可以自由定价，而不会受到政府的较多的干预。在计划经济中，企业的运营将更多的为政府计划所影响。

(2) 经济政策与汇率：经济政策的改变不仅对政治环境而且对企业所面临的经济、社会和技术环境都将产生巨大的影响。例如，高利息会抑制经济活动，导致高失业率，减少对政府的政治支持，还会影响在新技术的研究与开发产品的投资水平。汇率的变化反映了经济的变化，同时汇率的变化又对经济产生重要影响。一国货币的汇率发生变化后，该国商品与其他国家商品的比价也就发生了变化。如果一国货币价值上升，该国从商品出口中所获得的外汇流入会减少，对外国产品的购买将增加。

(3) 贸易政策与法规：国家实行自由贸易还是限制贸易的政策，出口环境是否良好，本国的进口法规是否有利于从该国进口。限制贸易的政策会给该国的出口者在商品出口和原材料进口两方面都带来困难。鼓励出口的政策会导致更低的出口价格。政府是否鼓励与该国进行贸易，例如，通过实行会影响采购成本的差别关税率。

(4) 全球化水平和出口趋势：国家与全球经济的契合度，其出口情况和出口经验怎样。一般情况下，有大量出口经验的国家往往拥有更为有效的贸易体制，并更加易于协调不同的文化、语言和商业环境。

(5) 金融与银行：金融体系是否稳定和高效，银行系统是否有利于支付。融资条件不佳会影响供应能力，并导致交货延迟或要求得到购买者支持。不健全的银行体系将降低支付速度并增加支付风险和成本。

(6) 基础设施：国家的基础设施(电信、供电、供水等)是否现代和高效，是否有特定的风险，电子商务设施和服务是否运行良好。国家的基础设施会影响到交货，设施不良会降低总体的竞争优势，通信设施不佳可导致交货延迟，当需要进行频繁通信时尤其如此。互联网环境可以使企业实现电子采购，并降低管理成本。

3. 社会因素

社会因素主要考虑的是环境、道德和社会责任及劳资关系和文化宗教等问题。

(1) 环境、道德和责任：企业应该关注国家环境保护、商业道德、工作环境、工人权利及健康和安全等记录。如果一个国家在这些方面不能满足企业的要求，应当避免从该国采购。良好的道德将极大地促进双方的关系并有利于降低成本。而且要求企业承担相应社会责任的呼声越来越高，有关这方面的法规也在增加，企业被要求重视工作中的公平，并致力于消除歧视、保护环境，照顾社会、客户、消费者等各利益有关者的利益等。

(2) 劳资关系：随着人口寿命的改变，人口年龄结构也会发生改变。对政府来说，会更加关注退休金计划和健康问题，而人口改变也必须影响企业产品线、新产品开发和员工招募等。企业需要考虑到国家或供应市场是否受到紧张的劳资关系的影响，是否有罢工的风险。劳资关系会影响到供货时间及产品的质量和成本，尤其是罢工会导致推迟交货和成本上升的风险。

(3) 文化、语言及宗教：文化环境主要指一个国家、地区或民族的文化传统，语言是"文化的镜子"。文化和语言的类似性和互相理解可提高沟通、服务和供应商响应的质量，还可以加强与供应商的关系从而降低采购成本。文化对人们的价值观与行为方式有着重要的影响。对文化的不熟悉会导致难以预料的困难或交付延迟，沟通的限制将影响交付和产品质量。宗教对人类生活有着深远的影响；据估计，全世界有20多亿的宗教信徒。受宗教影响的消费者，他们的生活理想、消费愿望、追求的目的及购买什么、以什么方式购买等细节都带有一定程度的宗教色彩。

案例 2-1

俄罗斯采购选择的变化

乌克兰紧张局势所引发的俄罗斯与美欧间的"经济冷战"愈演愈烈。欧盟委员会主席巴罗佐2014年8月30日表示，准备加强对俄制裁。针对西方的制裁威胁，俄罗斯自然不会服软。从8月初开始，俄罗斯就实施了针对西方的反制措施，禁止进口美欧多类农产品。而随着与西方的渐行渐远，俄罗斯开始从中国采购更多农业、工业产品。这轮由大国关系调整带来的"卢布大采购"，给不少中国企业带来了新的机遇。中国商务部新闻发言人沈丹阳表示，"中俄是全面战略协作伙伴，我们愿在平等互利的基础上大力发展中俄双边经贸关系，不断为扩大两国在能源、农业、基础设施建设、高新技术等领域的合作创造条件……中国企业扩大对俄罗斯的农产品出口和安排投资经营活动都是正常的商业行为"。

西方制裁与俄罗斯的回击，已对俄罗斯经济和民众生活造成一定影响。俄罗斯《晨报》援引俄副财长谢尔盖·斯托尔恰克的话称,制裁对俄经济的"间接影响正在变成直接影响"。俄联邦统计局公布的数据显示,1~6月俄罗斯GDP增长0.8%。专家表示,扣除季节因素,GDP在4~6月呈现下降趋势,俄处在技术性衰退阶段。俄罗斯民众则面临食品价格上涨问题。俄联邦统计局公布的数据显示,8月12~18日,鸡肉价格上涨0.9%,猪肉价格上涨0.5%,牛肉价格上涨0.2%,鱼类价格上涨0.3%,苹果和奶酪价格上涨0.2%。

为弥补食品缺口,平抑食品价格,俄罗斯将目光投向了中国。俄罗斯联邦动植物卫生监督局局长谢尔盖·丹克韦尔特宣布,来自中国和印度的供应商将取代美国、澳大利亚及加拿大等国企业,向俄出口肉类。他表示:"(俄罗斯)远东曾严重依赖从美国和加拿大进口的肉类,如今联邦动植物卫生监督局与中国相关部门积极合作,确保中国大型企业向俄罗斯提供放心猪肉。"

在黑龙江省绥芬河公路口岸,满载各种中国新鲜果蔬的货车通过"中俄海关监管结果互认"程序查验后驶向俄罗斯。这些果蔬到达俄波格拉尼奇内口岸后将被直接放行入境,运往俄滨海边区各大超市及果蔬市场。香港《商报》报道称,今年上半年,经满洲里口岸对俄罗斯出口的蔬菜总量达16万吨,较上年同期急升50%。一位莫斯科市民接受《世界新闻报》记者采访时表示:"制裁对我们国家的经济算不上致命打击,我们能克服……俄罗斯可以和中国、印度保持友好关系,把美国和欧盟忘了吧!"

中俄电子信息设备和高技术装备贸易同样得到了加强。俄联邦通信与大众传媒部部长尼基福罗夫表示,俄方将加大对中国产服务器及电信设备的采购量。俄航天火箭工业和国防工业企业则计划从中国采购价值数十亿美元的电子元件基座。

(资料来源:http://news.ifeng.com/a/20140902/41832456_0.shtml。)

4. 技术因素

技术因素是指企业业务所涉及的国家和地区的技术水平、新产品开发及技术发展等方面的因素,企业必须关注所在行业的技术能力与创新、技术的选择、产品生命周期等方面的因素。

(1) 技术能力与创新:新技术会给某些企业带来新的市场机会,因而会产生新行业,也会给某些行业造成威胁,使这些行业受到冲击。我们需要考虑的是国家总体技术水平先进与否,是否拥有良好的研究设施,是否拥有保护技术创新的良好的专利制度及是否有公认的教育与培养专业技术人员的能力。拥有先进技术和创新能力的国家可及时开发出企业所需要的产品或服务,进而增强企业本身的竞争优势。同时,企业必须考虑到,过于先进的技术不一定是最适合的技术。

(2) 对技术的选择:如果企业正在购买的产品与服务,应考虑在该国是否存在替代技术,或者现有技术是否已经标准化,国家是否以法规鼓励使用与你相关的特定技术。替代技术可以给企业带来更多的选择,同时标准化技术可以降低成本,进而十分有利于企业进行价格竞争。靠法规支持特定技术则意味着该国是该领域的领先者和很好的供应国。

(3) 产品生命周期:技术更新加快,使许多行业的产品生命周期缩短。这对生产产品的投入品产生了直接影响。我们需要考虑产品的相关技术是否陈旧及技术的更新情况。如果技术已经相对陈旧,采购价格可能会非常低,因为全部的研究与开发成本可能早已被分摊完毕。然而,陈旧的技术可能会过时,这会导致难以得到供应商支持或产品供给的减少。

2.2.2 SWOT 分析法

所谓 SWOT 分析，即基于内外部竞争环境和竞争条件下的态势分析，就是将与研究对象密切相关的各种主要内部优势、劣势和外部的机会和威胁等，通过调查列举出来，并依照矩阵形式排列，然后用系统分析的思想，把各种因素相互匹配起来加以分析，从中得出一系列相应的结论，而结论通常带有一定的决策性。运用这种方法，可以对研究对象所处的情景进行全面、系统、准确的研究，从而根据研究结果制定相应的发展战略、计划及对策等。S(Strengths)、W(Weaknesses)是内部因素，O(Opportunities)、T(Threats)是外部因素。按照企业竞争战略的完整概念，战略应是一个企业"能够做的"(即组织的强项和弱项)和"可能做的"(即环境的机会和威胁)之间的有机组合。SWOT 分析模型如图 2.1 所示。

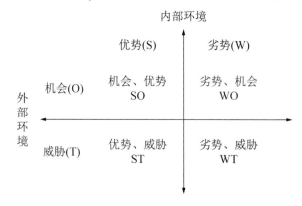

图 2.1　SWOT 分析模型

1. 优势与劣势分析

当两个企业处在同一市场或者说它们都有能力向同一顾客群体提供产品和服务时，如果其中一个企业有更高的盈利率或盈利潜力，那么，我们就认为这个企业比另外一个企业更具有竞争优势。换句话说，竞争优势是指一个企业超越其竞争对手的能力，这种能力有助于实现企业的主要目标——盈利。但值得注意的是，竞争优势并不一定完全体现在较高的盈利率上，因为有时企业更希望增加市场份额，或者多奖励管理人员或雇员。

竞争优势指消费者眼中一个企业或它的产品有别于其竞争对手的任何优越的东西，它可以是产品线的宽度，产品的大小、质量、可靠性、适用性、风格和形象及服务的及时，态度的热情等。虽然竞争优势实际上指的是一个企业比其竞争对手有较强的综合优势，但是明确企业究竟在哪一个方面具有优势更有意义，因为只有这样，才可以扬长避短，或者以实击虚。

由于企业是一个整体，并且由于竞争优势来源的广泛性，所以，在做优劣势分析时必须从整个价值链的每个环节上，将企业与竞争对手做详细的对比，如产品是否新颖、制造工艺是否复杂、销售渠道是否畅通及价格是否具有竞争性等。如果一个企业在某一方面或几个方面的优势正是该行业企业应具备的关键成功要素，那么，该企业的综合竞争优势也许就强一些。需要指出的是，衡量一个企业及其产品是否具有竞争优势，只能站在现有潜在用户角度上，而不是站在企业的角度上。

企业在维持竞争优势过程中，必须深刻认识自身的资源和能力，采取适当的措施。因为一个企业一旦在某一方面具有了竞争优势，势必会引起竞争对手的注意。一般来说，企业经过一段时期的努力，建立起某种竞争优势；然后就处于维持这种竞争优势的态势，竞争对手开始逐渐做出反应；而后，如果竞争对手直接进攻企业的优势所在，或采取其他更为有力的策略，就会使这种优势受到削弱。

影响企业竞争优势的持续时间，主要是 3 个关键因素：①建立这种优势要多长时间；②能够获得的优势有多大；③竞争对手做出有力反应需要多长时间。如果企业分析清楚这 3 个因素，就会明确自己在建立和维持竞争优势中的地位了。

2. 机会与威胁分析

随着经济、社会、科技等诸多方面的迅速发展，特别是世界经济全球化、一体化过程的加快，全球信息网络的建立和消费需求的多样化，企业所处的环境更为开放和动荡。这种变化几乎对所有企业都产生了深刻的影响。正因为如此，环境分析成为一种日益重要的企业职能。

环境发展趋势分为两大类：一类是环境威胁，另一类是环境机会。环境威胁指的是环境中的不利发展趋势所形成的挑战，如果不采取果断的措施，这种不利趋势将导致公司的竞争地位受到削弱。环境机会是指对公司发展富有吸引力的领域，在这一领域中，公司业务有可能迅速成长。

将调查得出的各种因素根据轻重缓急或影响程度等排序方式，构造 SWOT 矩阵。在此过程中，将那些对公司发展有直接的、重要的、大量的、迫切的、久远的影响因素优先排列出来，而将那些间接的、次要的、少许的、不急的、短暂的影响因素排列在后面。SWOT 矩阵在识别内部、外部关键因素的基础上，判断内部的优势与劣势、外部的机会与威胁，并相互匹配，形成不同的战略组合。

2.3　供应市场分析

供应市场分析是采购的前期工作，也是供应商审核、选择和确定的基础。供应市场分析是指为了满足企业目前及未来发展的需要，针对所采购的商品，系统地进行供应商、供应价格、供应量、供应风险等基础数据的搜集、整理和分析，为企业的采购决策提供依据。

2.3.1　供应市场的结构

根据产业组织理论，供应商所处行业的市场结构通常可以分为完全竞争市场、垄断竞争市场、寡头垄断市场和完全垄断市场。

1. 完全竞争市场

供应商处于完全竞争市场时，市场信息完备，透明度高，产品结构、质量、性能和价格在不同的供应商之间几乎没有差别，如农副产品。

当供应商处于这样的行业中时，企业最佳的战略选择是市场交易战略，因为企业只需要采用公开竞价的方式就可以得到质量良好的供应产品。这时合作和联盟的意义不大，但如果企业为了某种战略目的也是可行的，例如，企业为了培育特定的供应商而取得规模效益、技术创新，乃至尝试形成垄断。

2. 垄断竞争市场

供应商处于垄断竞争市场的比例最高，这样的市场上有大量供应商存在，各供应商提供的物品品质不同，企业进出的门槛很低，供应商讨价还价的能力不强，多数日用消费品、耐用消费品和工业产品的市场属于此类。

企业在供应商处于这样的行业中时，市场交易战略仍然可行，但应更加重视各种合作和联盟战略，因为供应产品的差异化存在可能影响企业最终产品的质量和性能，企业应通过与供应商建立稳定的关系来予以保证。同时，这样的行业中供应商间竞争较为激烈，多数供应商有和下游企业合作的意愿。至于采用短期项目合作战略、功能联盟战略和创新联盟战略中的哪一种则应根据企业的具体情况来定。

3. 寡头垄断市场

供应商处于寡头垄断市场时，即少数大的供应商占据绝大多数市场份额，企业进入门槛高，供应商的讨价还价能力强，钢铁和石油市场是典型的寡头垄断下的竞争市场。

这时，企业采用市场交易的战略将很难降低供应成本，因为供应商的垄断地位使之具备很强的提价优势。同时，供应商因为具有优势地位和为保持这种优势，不希望采取临时性的举措和追求创新，因而采用短期项目合作战略和创新联盟战略也有较大的难度。企业最佳的选择是采用战略联盟，通过较大和稳定的购买量与一定数额的共同投资来驱动供应商给予较低的差别价格。

4. 完全垄断市场

完全垄断可分为自然资源垄断(如一些国家造币所需专有木材的市场)、政府垄断(如铁路、邮政)及控制垄断(如拥有专利权的微软)3 种。在这类市场上，供应商只有一家，所以在交易中占有绝对优势，完全控制了价格。这类市场的供应商在价格上占有完全的控制权，企业必须采取两端的战略，即要么接受供应产品的价格，仅与供应商保持市场交易的关系，要么就在有一定新的市场机会或技术创新可能时与之进行短期或投资有限的合作和联盟。

2.3.2 市场竞争力分析

市场竞争力分析主要是运用波特的五力模型(图 2.2)进行分析，波特五力模型将大量不同的因素汇集在一个简单的模型中，以此分析一个行业的基本竞争态势。五力模型确定了竞争的五种主要来源，即供应商和购买者的讨价还价能力，潜在进入者的威胁，替代品的威胁，以及来自在同一行业的公司间的竞争。

产业指的是一群产品替代性极高的公司所形成的集合；在这一群公司中，为了产品销售与利益彼此争夺因而形成了竞争，但产业内的竞争不仅限于既有参与者，还需要考虑到环境的因素，这些因素包括了产业的规模、成长性、资金的需求、原料供应问题、客户、技术的变化、替代品的出现与潜在进入者等，这些因素组成称为产业结构，产业内任何一家公司在参与竞争的同时必先了解产业结构，以了解产业之中是否存在超额利润及个别厂商的定位。

不同产业决定其竞争及获利程度的五力来源各有不同，这五股竞争作用力加总起来就可以决定产业竞争的激烈程度及获利多寡；最强的一种或多种作用力将主宰全局，因而变得非常重要。不同的作用力,对不同的产业的竞争态势,分量也不同,分析者在进行产业结构分析时,要对主要的作用力进行解析,并不需要每次都将五种作用力分别说明。

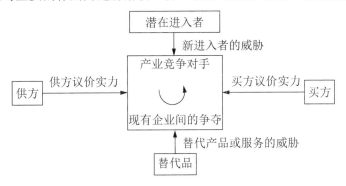

图 2.2 波特五力模型

1. 供应商的议价能力

供方主要通过提高投入要素价格与降低单位价值质量,来影响行业中现有企业的盈利能力与产品竞争力。供方力量的强弱主要取决于他们所提供给买主的是什么投入要素,当供方所提供的投入要素其价值构成了买主产品总成本的较大比例,对买主产品生产过程非常重要,或者严重影响买主产品的质量时,供方对于买主的潜在讨价还价力量就大大增强。一般来说,满足如下条件的供方集团会具有比较强大的讨价还价力量。

(1) 供方行业为一些具有比较稳固市场地位而不受市场剧烈竞争困扰的企业所控制,其产品的买主很多,以至于每一单个买主都不可能成为供方的重要客户。

(2) 供方各企业的产品各具有一定特色,以至于买主难以转换或转换成本太高,或者很难找到可与供方企业产品相竞争的替代品。

(3) 供方能够方便地实行前向联合或一体化,而买主难以进行后向联合或一体化。

2. 购买者的议价能力

购买者主要通过压价与要求提供较高的产品或服务质量,来影响行业中现有企业的盈利能力。其购买者议价能力影响主要有以下原因。

(1) 购买者的总数较少,而每个购买者的购买量较大,占了卖方销售量的很大比例。

(2) 卖方行业由大量相对来说规模较小的企业所组成。

(3) 购买者所购买的基本上是一种标准化产品,同时向多个卖主购买产品在经济上也完全可行。

(4) 购买者有能力实现后向一体化,而卖主不可能前向一体化(注:简单地按中国说法是客大欺主)。

3. 新进入者的威胁

新进入者在给行业带来新生产能力、新资源的同时,希望能在已被现有企业瓜分完毕的市场中赢得一席之地,这就有可能会与现有企业发生原材料与市场份额的竞争,最终导致行业中现有企业盈利水平降低,严重的话还有可能危及这些企业的生存。竞争性进入威胁的严重程度取决于两方面的因素,这就是进入新领域的障碍大小与预期现有企业对于进入者的反应情况。

进入障碍主要包括规模经济、产品差异、资本需要、转换成本、销售渠道开拓、政府行为与政策,不受规模支配的成本劣势(如商业秘密、产供销关系、学习与经验曲线效应等),自然资源(如冶金业对矿产的拥有),地理环境(如造船厂只能建在海滨城市)等方面,这其中有些障碍是很难借助复制或仿造的方式来突破的。预期现有企业对进入者的反应情况,主要是采取报复行动的可能性大小,则取决于有关厂商的财力情况、固定资产规模、行业增长速度等。总之,新企业进入一个行业的可能性大小,取决于进入者主观估计进入所能带来的潜在利益,所需花费的代价与所要承担的风险这三者的相对大小情况。

4. 替代品的威胁

两个处于同行业或不同行业中的企业,可能会由于所生产的产品是互为替代品,从而在它们之间产生相互竞争行为,这种源自于替代品的竞争会以各种形式影响行业中现有企业的竞争战略:第一,现有企业产品售价及获利潜力的提高,将由于存在着能被用户方便接受的替代品而受到限制;第二,由于替代品生产者的侵入,使得现有企业必须提高产品质量,或者通过降低成本来降低售价,或者使其产品具有特色,否则其销量与利润增长的目标就有可能受挫;第三,源自替代品生产者的竞争强度,受产品买主转换成本高低的影响。总之,替代品价格越低、质量越好、用户转换成本越低,其所能产生的竞争压力就强;而这种来自替代品生产者的竞争压力的强度,可以具体通过考察替代品销售增长率,替代品厂家生产能力与盈利扩张情况来加以描述。

5. 同业竞争者的竞争程度

大部分行业中的企业,相互之间的利益都是紧密联系在一起的,作为企业整体战略一部分的各企业竞争战略,其目标都在于使得自己的企业获得相对于竞争对手的优势,所以,在实施中就必然会产生冲突与对抗现象,这些冲突与对抗就构成了现有企业之间的竞争。现有企业之间的竞争常常表现在价格、广告、产品介绍、售后服务等方面,其竞争强度与许多因素有关。

一般来说,出现下述情况将意味着行业中现有企业之间竞争的加剧,包括行业进入门槛较低,势均力敌的竞争对手较多,竞争参与者范围广泛;市场趋于成熟,产品需求增长缓慢;竞争者企图采用降价等手段促销;竞争者提供几乎相同的产品或服务,用户转换成本很低;一个战略行动如果取得成功,其收入相当可观;行业外部实力强大的公司在接收了行业中实力薄弱企业后,发起进攻性行动,结果使得刚被接收的企业成为市场的主要竞争者;退出门槛较高,即退出竞争要比继续参与竞争代价更高。在这里,退出门槛主要受经济、战略、感情及社会政治关系等方面考虑的影响,具体包括资产的专用性、退出的固定费用、战略上的相互牵制、情感上的难以接受、政府和社会的各种限制等。

行业中的每一个企业或多或少都必须应付以上各种威胁,同时客户必须面对行业中的每一个竞争者的举动。除非认为正面交锋有必要而且有益处,例如要求得到很大的市场份额,否则客户可以通过设置进入壁垒,包括差异化和转换成本来保护自己。 当一个客户确定了其优势和劣势时(参见 SWOT 分析),客户必须进行定位,以便因势利导,而不是被预料到的环境因素变化所损害,如产品生命周期、行业增长速度等,然后保护自己并做好准备,以有效地对其他企业的举动做出反应。

根据上面对于五种竞争力量的讨论,企业可以努力从自身利益需要出发影响行业竞争规则，先占领有利的市场地位再发起进攻性竞争行动等手段来对付这五种竞争力量，以增强自己的市场地位与竞争实力。

2.4 供应微观环境

2.4.1 组织类型

一个组织的性质与类型决定了它的目的、目标及运作方式，同时这又影响到这个组织采购产品和服务的数量、类型及采购的方式。了解某个特定组织的类型是一个起点，这可使我们了解哪些是采购供应职能有效运营的必要活动。

世界上所有国家都有私营企业、公共部门和非营利机构这 3 种类型的组织，在不同产业部门内，采购供应职能的性质是不同的。不同类型企业的规模在不同国家之间存在很大的差别，规模由其所在国家经济的性质所决定，自由的市场经济拥有相对较小的公共部门，由计划经济(即整个经济领域都是公共部门)向市场经济过渡的国家，一般都拥有相对较大的公共部门，并且公共部门的规模随着私营企业的发展而不断下降。下边分别介绍各种类型企业中的采购供应。

1. 私营企业

私营企业是由独立的个人或一些独立个人所构成的组织所建立和拥有。尽管就像我们将要看到的，不同的企业可能有很多不同的目的，但是，一般而言，建立一个企业的最初目的都是获取利润，私营企业成功的标准就是获利性。

大多数私营企业是在竞争性市场中经营的，在激烈竞争的市场中，消费者可以自由地在大量竞争性的产品与服务中进行选择。只要在法律允许的范围内，私营企业可以按照自己的意愿采用任何方式进行经营。

私营企业的性质与规模具有相当大的差别。在这一领域的一端是中小型企业，另一端是大型的跨国集团，中间是大型的本土化企业。企业采购供应职能的设置，通常随着企业规模的不同而有所区别。

1) 中小型企业的采购供应

不同国家关于中小企业(Small and Medium Enterprises，SME)的定义并不相同，有代表性的分类是以雇员数量的多少为基础进行的，一些国家也将企业的营业额和资本规模纳入分类标准。从相当殷实的中型企业到通常一些行业内由家庭所拥有和经营、规模非常小的小型企业，SME 的分类包括相当广泛的领域。即使是对于那些小型企业，要想取得成功，专业化的采购供应职能都是相当重要的。

在许多国家，作为 SME 分类中的企业享有一定的特权，例如，减免税收和获得特定的贷款。然而，中小企业往往不能像大型跨国集团那样吸引较多的注意，它们的重要性经常被忽视。在世界范围内，中小企业对国民生产总值和就业的贡献都在 50%以上，在发展中国家，中小企业在国内工业生产总值中所占的比例为 60%～70%，所解决的就业人数在工业领域的比例则高达 90%以上。相对较小的规模，给中小企业带来了一定的优势，例如，更加直接的人员管理、更低的管理费用及迅速的应变能力。但是，与大企业相比，中小企业也面临着大量的不利因素。它们通常拥有较小的产业规模和较窄的细分市场，这将使它们在与其相关的下游行业处于低迷的发展阶段时更加脆弱。特别是，由于小企业通常是由个体或家庭所拥有，这将限制它募集资金和向银行申请用于投资及发展的贷款的能力。而且，由于较小的规模和缺乏担保，供应商可能只提供有限的信用和没有吸引力的条款或者甚至要求提前付款定货。在中小企业特别是小企业中，通常是由一个或几个所有者执行所有的决策。在这种情况下，企业的成功高度依赖于所有者的能力。

许多中小企业内部，并没有建立完善的采购供应职能。采购供应的职能大多是由没有接受过专门培训的企业所有者或经营者自己来承担，再加上与大公司相比较低的采购价值，这些都降低了供应商的兴趣，进而使得中小企业对供应商不能形成杠杆作用。中小企业相对有限的采购能力，一些中小企业不能直接进口，而且常常只能从中间商而不是制造商处采购原材料，这些都经常导致相对较为昂贵的采购成本。

一些中小企业为了提高经济订货批量和它们对于供应商的杠杆作用，会联合起来组成一个组织，共同进行采购。但是对于为数众多的需要降低采购供应成本的企业来说，这样的采购组织是太少了。

2) 跨国公司的采购供应

企业类型的另一端是跨国公司。与中小企业相比，它们拥有更多的产品与服务，进入更多的消费者细分市场，表现出了更多的变化。跨国公司与中小企业的优势与劣势刚好相反：跨国公司拥有大量的渠道可以用于筹集所需要的资金。在高素质专家、战略分析家和管理信息系统方面它们拥有大量的资源。跨国公司也经常有一些不利的因素，如缺乏灵活性及非常严格烦琐的运作规则。

采购供应职能在跨国公司通常都得到了很好的发展。采购供应的专职人员是由部门内的专家构成，并且可以避免中小企业所面临的那些束缚，制定出最佳的采购供应战略。

3) 大型本土化公司的采购供应

除了中小企业和跨国公司外，在一个国家的私营企业中，还有许多大型地方企业。它们的优势与劣势通常是介于中小企业与跨国公司之间。

2. 公共部门的供应采购

在一些不能有私人企业经营的领域，将由政府提供服务。例如，那些商业经营者认为无利可图的领域，以及那些关系到普通大众与经济部门长远利益的领域。由公共部门提供的服务，在不同的国家有所不同，但一般包括道路建设、教育、司法机构、医疗服务和应急服务。政府组织包括大量不同层次与不同类型的组织机构，包括中央政府及所属的部、委、局；中央政府下属省级或市级政府部门及自治与半自治的公共部门。

公共部门的采购组织必须遵守国家适用的公共采购法规，尽管这些法规的内容在不同的国家有所不同，但是其中也有许多基本条款是相同的。在使用一种赠款或专项贷款时，采购部门对捐助者与公众负有同样的责任，捐助者将规定使用资金的具体原则，这些原则在采购过程中是必须坚持的。有时公共采购也被政府用于实现一些社会经济目标，而这样的目标有可能限制公开的竞争。例如，一些特定的采购订单可能只接受一些特定的投标企业。公共采购法规一般都要求采购者按照特定的方式运作，这些规定往往使与供应商建立伙伴式的合作关系受到限制，而这种伙伴式合作关系在私营企业中正在变得越来越普遍。公共部门必须遵守这些法则，这给采购人员增加了较大的负担。同时私营企业也需要考虑一定的采购程序和审计政策，但通常这些程序和政策没有公共部门那么具体和明确。遵守复杂烦琐的采购程序会给公共部门的采购活动带来时间上的拖延和成本上的提高,而这必将导致与有效运作和实现货币价值的矛盾与冲突。今天很多国家都需要公共采购在效率与责任之间寻求一种最佳的平衡。

3. 非营利组织的采购供应

非营利组织是指不以营利为目的的组织,它的目标通常是支持或处理个人关心或者公众关注的议题或事件。非营利组织所涉及的领域非常广,包括艺术、慈善、教育、学术、环保等。它的运作并不是为了产生利益,这一点通常被视为这类组织的主要特性,同时具有非营利性、民间性、自治性、志愿性、非政治性、非宗教性等重要特征。

非营利组织的资金主要来源于它的成员与发起者,许多组织也拥有来自各种不同渠道的赠款。例如,来自政府机构的拨款或来自其他公共机构和个人的捐款。非营利组织自身也可以通过对其提供的服务收取费用来产生一部分收入。

竞争的概念通常与非营利组织无关。当建立在相同信仰与价值观念基础上为同一个目标而工作的非营利组织超过一个时,这些组织总是将此种状况看作是积极的,而不是相互竞争。非营利组织的采购供应管理与私营企业的运作方式基本一致,例如,它们都独立于制约着公共部门采购供应管理里的法律与法规之外。然而,它们也有与公共部门类似的情况,当采购是由捐助者提供资金支持时,采购活动可能需要按照捐助者提出的原则运作。

2.4.2 企业微观环境分析

企业管理就是实现企业目标的过程,采购管理无疑应对企业战略目标的实现做出贡献。企业的愿景、使命、文化与战略,势必会对企业的采购供应工作产生影响,这些方面构成了影响采购供应的企业微观环境。

1. 企业愿景

企业愿景是指企业区别于其他类型组织而存在的原因或目的。绝大多数的公司愿景是高度抽象,公司愿景不是企业经营活动具体结果的表述,而是为企业提供了一种原则、方向和哲学。过于明确的公司愿景会限制企业战略目标制定过程中的创造性,宽泛的公司愿景会给企业管理者留有细节填补及战略调整的余地,从而使企业在适应内外环境变化中有更大的弹性。

2. 企业使命

企业使命是指企业存在的理由与所追求的价值。企业使命为企业的生产经营活动提供了一系列的原则和方向;它指明了组织发展的方向和成长的道路,规定了组织所开展的业务,并把组织员工紧密结合起来为共同的目标而奋斗。

3. 企业文化

企业文化是在一定的条件下,企业生产经营和管理活动中所创造的具有该企业特色的精神财富和物质形态,它包括文化观念、价值观念、企业精神、道德规范、行为准则、历史传统、企业制度、文化环境、企业产品等,其中价值观是企业文化的核心。广义上说,文化是人类社会历史实践过程中所创造的物质财富与精神财富的总和；狭义上说，文化是社会的意识形态及与之相适应的组织机构与制度。而企业文化则是企业在生产经营实践中，逐步形成的，为全体员工所认同并遵守的，带有本组织特点的使命、愿景、宗旨、精神、价值观和经营理念，以及这些理念在生产经营实践、管理制度、员工行为方式与企业对外形象的体现的总和。它与文教、科研、军事等组织的文化性质是不同的。

企业文化是企业的灵魂，是推动企业发展的不竭动力。它包含着非常丰富的内容，其核心是企业的精神和价值观。这里的价值观不是泛指企业管理中的各种文化现象，而是企业或企业中的员工在从事商品生产与经营中所持有的价值观念。

4. 组织氛围

组织文化的衍生品之一便是组织氛围。成功的组织常拥有开放的组织氛围，能够有效地激发个体的斗志和创新意识并吸引员工广泛地参与到组织经营中。在这种组织中员工被充分地授权，即使员工大胆尝试自己想法的结果是失败了，组织也会宽容地接受并继续予以支持和鼓励。员工会很自然地产生主人翁意识，将自己作为组织系统中不可缺少的组成部分，为组织而奋斗。

5. 组织结构

一个组织的正式结构是内部环境的组成部分，它决定着组织决策是如何被执行的。组织的 3 个不同层次的管理层——高层管理者、中层管理者、一线管理者，分别组成不同的团队来完成诸如设计、生产、市场营销、财务、人力资源管理等不同的工作。组织结构还决定了权利和沟通的流动方向。

公司采用怎样的组织架构，以及采购供应职能在这种结构中的地位如何对企业有重要的影响。以前，采购部门地位很低，尽管它控制着公司半数以上的费用。近年来由于竞争的加剧，许多公司都提高了采购部门的级别，将部门的领导任命为主要管理者之一。采购部门的职能已经由过去的用最低成本完成任务，转变为从较少数量但更优的供应商那里采购价值较高的产品与服务。

6. 企业战略

企业战略是对企业各种战略的统称，其中既包括竞争战略，也包括营销战略、发展战略、品牌战略、融资战略、技术开发战略、人才开发战略、资源开发战略等。企业战略是层出不穷的，如信息化就是一个全新的战略。企业战略虽然有多种，但基本属性是相同的，都是对企业整体性、长期性、基本性问题的谋划。各种企业战略有同也有异，相同的是基本属性，不同的是谋划问题的层次与角度。总之，无论哪个方面的谋划，只要涉及的是企业整体性、长期性、基本性问题，就属于企业战略的范畴。

企业战略的很多方面对采购供应职能具有重要的影响，并且这一过程是双向的。

首先，采购供应职能应该为制定战略做出贡献，因为它可以在这方面做很多工作；其次，应该保证在采购供应部门的工作过程中，企业战略本身得到了充分重视和贯彻执行。

决定销售什么产品与服务时，确定生产所需要的投入品的来源非常重要。采购供应部门具有资源供应及相关条件的各种知识，这些将直接影响公司的决策。通过与供应商密切接触，采购人员还可以在需要的时候将供应商引入新产品的设计过程；考虑向哪些市场销售时,采购供应部门需要有为进入新市场进行生产提供各种不同的原材料与零部件的能力,并且可以解决企业在购买所需要的设备和服务时遇到的问题。在提供什么样的产品和服务时,企业应该考虑到在供应链方面将会遇到的风险,为了缩短交货时间,控制与保证质量,以及降低总的供应成本,企业在供应管理方面可以采取的哪些措施?在进入和开发市场方面,采购供应部门需要指出企业的供应链管理能力如何与所选择的进入市场模式相配合,如果现在不能按照某种方式进入市场,对于如何才能实现这一目标及为此需要什么样的人才和相关的其他资源向管理人员提出建议等。在如何提高运作成本有效性上,应该考虑到采购供应职能承担的任务,采购供应职能与公司其他职能和其他过程之间的关系。

案例 2-2

国家电网基于内部环境的物资集约化

国家电网公司以建设和运营电网为核心业务,承担保障安全、经济、清洁、连续电力供应的基本使命。高效稳健的电网物资供应是电网安全运行、工程建设和营销服务顺利进行的重要保障,与国计民生息息相关。科学合理的物资管理,也对提高公司资源利用率,降低成本,加速资金周转,提升企业管理水平,至关重要。

1. 物资管理发展历程

随着社会主义计划经济到社会主义市场经济的变革,电网物资管理也由计划统配发展到自主经营。20 世纪 80 年代,随着主辅分离、人员分流改革的实施,物资供应打破计划经济的供应模式,各单位相继成立物资公司,自负盈亏、独立经营。自 2002 年国家电网公司成立后,将物资管理从分散向集约转变,将"单一招标"采购向"供应链"全过程管理转变,先后经历了集中规模招标和物资集约化管理两个阶段。

2. 实施物资集约化的背景

1) 实施物资集约化是建设"一强三优"现代公司的需要

从电网发展角度看,公司加快坚强智能电网建设步伐,物资供应任务十分繁重。公司通过全面物资计划管理,建立全员参与的计划管理机制,提高计划的准确性、及时性、全面性;通过公开招标采购,发挥规模优势,以合理的价格采购高质量设备;通过加强合同管理,规范合同签订和履约,建立现场需求与供应商生产协调机制,提高物资供应的及时性和准确性;通过开展产品质量监督,开展主设备监造及设备材料抽检,保证采购设备的质量;通过建立统一的物资采购标准,增强设备通用性、互换性,提高建设和运行维护效率;通过加强供应商关系管理,开展供应商绩效评估,形成闭环管控机制。因此,实施物资集约化管理,将为建设坚强智能电网提供安全、可靠的物质基础。

从公司发展角度看,通过实施物资集约化管理,不断提高物资管理的效率效益。物资集约化管理可扩大采购规模,发挥规模效益,有效降低采购成本;物资集约化管理加强了物资采购集中管控,有效防范物资管理中的廉政风险。物资集约化管理能实现组织机构的扁平化、资源配置的集约化、业务环节的专业化,促进公司全面提高物资资源的集中度和调控力,符合公司体制改革、提高管理水平的客观要求。

2) 实施物资集约化,符合国际现代企业发展方向

随着信息技术的不断普及和应用,供应链理论的不断发展,国内外大型集团企业的物资管理不约而同地走上了集约化管理的道路,实行集中规模采购,实施物资标准化,开展统一的仓储配送,推行电子商务平台建设,打造高效的供应链体系,物资集约化已成为企业降低采购成本,提升经济效益和竞争优势的重要途径。

> 与管理先进的国际集团企业相比，公司物资管理水平还存在较大的差距。作为全球最大公用事业单位之一，必须通过实施物资集约化管理，大幅提升物资管理效率效益，推动物资资源实现更大范围、更高效率的优化配置，达到国际领先的管理水平。要解决公司物资管理存在的问题，紧跟物资专业最新发展趋势，弥补与世界先进管理企业的差距，适应建设现代公司的发展需要，其根本途径就是运用现代物资管理理念，实施物资集约化。
>
> (资料来源：国家电网公司. 国家电网公司物资集约化管理[M]. 北京：中国电力出版社，2012.)

2.5 供应链环境下的采购

2.5.1 传统的采购模式

传统采购的重点放在如何和供应商进行商业交易的活动上，特点是比较重视与之交易的供应商的价格比较，通过供应商的多头竞争，从中选择价格最低的作为合作者。传统的采购模式的主要特点表现在以下几个方面。

1. 传统采购过程是典型非信息对称博弈过程

在传统的采购活动中，采购方为了能够从多个竞争性的供应商中选择一个最佳的供应商，往往会保留私有信息，因为如果给供应商提供的信息越多，供应商的竞争筹码就越大，这样对采购方不利。因此，采购方尽量保留私有信息，而供应商也在和其他的供应商竞争中隐瞒自己的信息。这样，采购、供应双方都不进行有效的信息沟通，这就是非信息对称的博弈过程。

2. 验收检查是重要的事后把关工作，质量控制的难度大

采购与交货期是采购方要考虑的另外两个重要因素，但是在传统的采购模式下，要有效控制质量和交货期只能通过事后把关的办法。因为采购方很难参与供应商的生产组织过程和有关质量控制活动，相互的工作是不透明的。因此，需要通过各种有关标准进行检查验收。缺乏合作的质量控制会导致采购部门对采购物品质量控制的难度增加。

3. 供需关系是临时的或短时期的合作关系，而且竞争多于合作

在传统的采购模式中，供应与需求之间的关系是临时性的，或者短时性的合作，而且竞争多于合作。由于缺乏合作与协调，采购过程中各种抱怨和扯皮的事情比较多，很多时间消耗在解决日常问题上，没有更多的时间用来做长期性预测与计划工作，供应与需求之间这种缺乏合作的气氛增加了许多运作中的不确定性。

4. 响应用户需求能力迟钝

由于供应与采购双方在信息的沟通方面缺乏及时的信息反馈，在市场需求发生变化的情况下，采购方也不能改变供应一方已有的订货合同，因此采购方在需求减少时库存增加，需求增加时，出现供不应求。重新订货需要增加谈判过程，因此供需之间对用户需求的响应没有同步进行，缺乏应付需求变化的能力。

2.5.2 供应链管理环境下的采购

采购部门负责对整个采购过程进行组织、指挥、协调,它是企业与供应商联系的纽带。生产和技术部门通过企业内部的管理信息系统根据订单编制生产计划和物资需求计划。供应商通过信息交流,处理来自企业的信息,预测企业需求以便备货,当订单到达时按时发货,货物质量由供应商自己控制。这个模型的要点是以信息交流来实现降低库存,以降低库存来推动管理优化,畅通的信息流是实现该模型的必要条件。实现此模型的关键是畅通无阻的信息交流和企业与供应商制定的长期合作契约。

供应链管理是一种现代的、集成的管理思想和方法,是利用计算机网络技术全面规划供应链中的物流、信息流、资金流等,实行计划、组织、协调与控制,采用系统方法整合供应商、生产制造商、零售商的业务流程,提高成员企业的合作效率,使产品及服务以正确的数量、质量,在正确的时间、地点,以最佳的成本进行生产与销售。在供应链管理的环境下,企业的采购方式和传统管理下的采购方式有所不同,呈现出以下特点。

1. 从采购管理转变为外部资源管理

传统采购管理的不足之处在于与供应商缺乏交流合作,缺乏柔性地、对需求快速响应的能力。准时制采购和准时制生产的思想出现后,为企业的供应链管理带来了挑战和机遇。将原来传统的单纯为库存而采购的管理模式,转变为提高采购的柔性和市场响应能力,增加与供应商的沟通联系,使原材料的库存为零、缺陷为零,建立新的供需合作模式。

由于传统的采购模式单纯地重视企业内部资源的管理,即孤立地追求采购流程的优化、监控采购环节等,而没有与供应商进行有效的合作。而在供应链管理模式下,采购管理不但加强内部资源的管理,还转向对外部资源的管理,加强了与供应商在信息沟通、市场应变能力、产品设计、产品质量、交货期等方面的合作,真正实现零库存达到双赢的目的。

2. 从为库存采购转变为为订单采购

在传统的采购中,其采购部门并不关心企业的生产过程,不能掌握生产的进度、用料规律、产品需求的变化,因而无法安排好进货周期。采购部门目的很简单,只要正在进行的生产不发生"停工待料"的现象就行了,为此而储备的保险库存,就是我们常说的为库存而采购。

在供应链管理的模式下,采购活动是以订单拉动生产的方式进行的,即生产订单是在用户需求订单的拉动下产生,生产订单拉动采购订单,采购订单再拉动供应商。这种准时化的订单拉式控制策略,使物流系统得以快速响应用户的需求,从而提高了物流的速度和库存的周转率,降低了库存成本。

3. 从一般买卖关系发展成战略合作伙伴关系

在传统的采购模式中,供应商与生产企业之间是一般的买卖关系,不能解决全局性、战略性的供应链问题,企业与企业之间无法共享库存信息,企业间所获取的信息就会出现偏差、失真导致信用风险、产品质量风险、库存资金积压等风险;而在供应链环境下,供应商与生产企业从一般的短期买卖关系发展成长期合作伙伴关系直至战略协作伙伴关系，采购决策变得透明，双方为达成长远的战略性采购供应计划而共同协商，从而避免了因信息不对称造成的成本损失。

2.5.3 传统采购与供应链采购区别

在供应链管理思想下，企业采购和传统采购相比有了很大的变化，见表 2-1。

表 2-1 传统采购与供应链采购的比较

项 目	传 统 采 购	供应链采购
采购目标	完成采购计划，降低采购成本	保证生产需要，开发外部资源，寻找或培育优质供应商，保障竞争优势
工作重点	价格谈判，签订合同，安排运输、检验，处理纠纷	考察评估供应商，物资验收，信息反馈与交流
部门性质	辅助	外拓部门，资源开发管理
采购环境	利益对抗	友好合作
采购驱动力	基于库存采购，需方主动	基于需求采购，供应方主动
供需关系	责任自负，利益独有	友好合作，责任共担，利益共享
信息关系	信息保密，不交流	信息交流、共享
库存控制	主要由需方掌握，高库存量	主要由供方掌握，低(零)库存量
补货方式	大批量、少频次	小批量、多频次连续补货
需求变化响应	迟钝	敏捷
交易成本	多轮谈判、磋商，成本高	持续简化，成本降低
采购质量监控	接受验货，事后监控	事前控制，信息反馈
确定供应商依据	最低价格	严格选择，定期考核，综合评估

案例 2-3

戴尔供应链管理模式的成功经验

戴尔公司以"直接经营"模式著称，其高效运作的供应链和物流体系使它在全球 IT 行业不景气的情况下逆市而上。戴尔公司在全球的业务增长在很大程度上要归功于戴尔独特的直接经营模式和高效供应链，直接经营模式使戴尔与供应商、客户之间构筑了一个称之为"虚拟整合"的平台，保证了供应链的无缝集成。

事实上，戴尔的供应链系统早已打破了传统意义上"厂家"与"供应商"之间的供需配给。在戴尔的业务平台中，客户变成了供应链的核心。直接经营模式可以让戴尔从市场得到第一手的客户反馈和需求，生产等其他业务部门便可以及时将这些客户信息传达到戴尔原材料供应商和合作伙伴。这种在供应链系统中将客户视为核心的"超常规"运作，使戴尔能做到 4 天的库存周期，而竞争对手大都还徘徊在 30~40 天。这样，以 IT 行业零部件产品每周平均贬值 1%计算，戴尔产品的竞争力显而易见。

在不断完善供应链系统的过程中，戴尔公司还敏锐捕捉到互联网对供应链和物流带来的巨大变革,不失时机地建立了包括信息搜集、原材料采购、生产、客户支持及客户关系管理,以及市场营销等环节在内的网上电子商务平台。在 valuechain.dell.com 网站上,戴尔公司和供应商共享包括产品质量和库存清单在内的一整套信息。与此同时,戴尔公司还利用互联网与全球超过 113 000 个商业和机构客户直接开展业务,通过戴尔公司先进的网站,用户可以随时对戴尔公司的全系列产品进行评比、配置,并获知相应的报价。用户也可以在线订购,并随时监测产品制造及送货过程。

戴尔公司在电子商务领域的成功实践使"直接经营"插上了腾飞的翅膀,极大地增强了产品和服务的竞争优势。今天,基于微软视窗操作系统,戴尔公司经营着全球规模最大的互联网商务网站,覆盖 80 个国家,提供 27 种语言或方言,40 种不同的货币报价,每季度有超过 9.2 亿人次浏览。

随着中国全面融入全球贸易体系进程的加快,激烈的国际竞争对中国企业提出了前所未有的挑战。在信息化为显著标志的后工业化时代,供应链在生产、物流等众多领域的作用日趋显著。戴尔模式无疑对中国企业实施供应链管理有着重要的参考价值,我们在取其精华的同时,还应根据自身特点,寻找提升竞争力的有效途径。

(资料来源:http://old.chinawuliu.com.cn/oth/content/200512/200519338.html.)

本 章 小 结

企业是环境中的一个子系统,现代企业的生产经营活动日益受到环境的作用和影响,采购供应管理活动也不例外,既受到外部宏观环境的影响,也受到供应市场的制约,同时也受到企业微观环境的影响。企业处于供应管理环境中,应该全面、客观分析环境的变化来制定采购供应战略。

本章主要对宏观环境中的政治(法律)、经济、社会和技术角度分析环境变化对企业采购的影响,并利用 SWOT 分析法对宏观环境进行分析。对供应市场的结构进行分类并运用了波特五力模型分析供应市场。企业现在处于供应链管理环境中,传统的采购模式与供应链管理环境有什么区别。影响微观环境的因素也很多,本章主要对不同类型的企业中采购供应地位分别说明,并体现出愿景、文化、使命、战略等对采购供应职能的影响。

 关键术语

政治、经济、社会与技术分析 PEST
优势、劣势、机遇与威胁分析 SWOT
供应市场 Supply Market
五力模型 Five Forces
供应链管理 SCM

习 题

一、判断题

1. 只要在法律允许的范围内,在本质上私营企业可以按照自己的意愿采用任何方式进行采购。( )

2．供应商处于寡头垄断市场中有大量供应商存在，各供应商提供的物品品质不同，企业进入和退出的门槛很低，供应商讨价还价的能力不强。（　　）

3．SWOT 分析中，优势和机遇来源于企业内部，风险和劣势来源于企业外部。（　　）

4．在供应链环境中，企业中大部分采购活动是以推动生产的方式进行的。（　　）

5．供应链环境下的采购是典型的非信息对称博弈过程。（　　）

二、选择题

1．宏观环境分析的主要方法有（　　）。
　　A．SWOT 模型　　　　　　　　B．PEST 分析法
　　C．波特五力模型　　　　　　　D．平衡计分卡

2．波特五力模型主要包括（　　）。
　　A．潜在进入者　　　　　　　　B．供方议价能力
　　C．替代产品　　　　　　　　　D．买方议价能力

3．新企业进入一个行业的可能性大小，主要取决于（　　）。
　　A．进入者主观估计进入所能带来的潜在利益
　　B．其所处的环境
　　C．所要承担的风险
　　D．所需花费的代价

4．供应商处于（　　）时，市场信息完备，透明度高，产品结构、质量、性能和价格在不同的供应商之间几乎没有差别。
　　A．垄断竞争市场　　　　　　　B．完全竞争市场
　　C．寡头垄断市场　　　　　　　D．完全垄断市场

5．供应链管理的环境下，企业的采购方式和传统管理下的转变有（　　）。
　　A．从采购管理转变为外部资源管理
　　B．从为订单采购转变为为库存采购
　　C．从一般买卖关系发展成战略合作伙伴关系
　　D．从为库存采购转变为为订单采购

三、简答题

1．影响采购环境的因素主要有哪些？

2．根据产业组织理论，供应商的所处行业的市场结构有哪几种？各市场的特点是什么？

3．市场竞争力的分析方法主要是什么？

4．传统采购与供应链采购有什么区别？

四、讨论题

阐述供应链环境下采购采购管理的转变。

【案例借鉴】

风神汽车供应链管理案例

1. 引言

今天的汽车制造业正面临着前所未有的市场竞争环境。一方面，国内汽车市场中的消费需求日趋个性化，且消费者要求能在任何时候、任何地点，以最低的价格及最快的速度获得所需要的产品，从而使市场需求不确定性大大增加。在捉摸不定的市场竞争环境中，有的企业能够长盛不衰，有的只能成功一时，还有的企业却连一点成功的机会都没有。另一方面，伴随中国加入世界贸易组织(WTO)，中国整个汽车工业不仅将受到国外汽车制造商的冲击和挤压，而且随着市场经济的发展，中国企业原有的经营管理方式早已不适应剧烈竞争的要求。在这内外交困的环境下，企业要想生存和发展下去，必须寻求新的出路。

经济全球化、制造全球化、合作伙伴关系、信息技术进步及管理思想的创新，使得竞争的方式也发生了不同寻常的转变。现在的竞争主体，已经从以往的企业与企业之间的竞争转向供应链与供应链之间的竞争。因而，在越来越激烈的竞争环境下，供应链管理成为近年来在国内外逐渐受到重视的一种新的管理理念和管理模式，在企业管理中得到普遍应用。风神汽车有限公司就是其中一个典型范例。

风神汽车有限公司是东风汽车公司、台湾裕隆汽车制造股份有限公司(裕隆集团为台湾省内第一大汽车制造厂，其市场占有率高达51%，年销量20万辆)、广州京安云豹汽车有限公司等共同合资组建的，由东风汽车公司控股的三资企业。在竞争日益激烈的大环境下，风神公司采用供应链管理思想和模式及其支持技术方法，取得了当年组建、当年获利的好成绩。通过供应链系统，风神汽车有限公司建立了自己的竞争优势：通过与供应商、花都工厂、襄樊工厂等企业建立战略合作伙伴关系，优化了链上成员间的协同运作管理模式，实现了合作伙伴企业之间的信息共享，促进物流通畅，提高了客户反应速度，创造了竞争中的时间和空间优势；通过设立中间仓库，实现了准时化采购，从而减少了各个环节上的库存量，避免了许多不必要的库存成本消耗；通过在全球范围内优化合作，各个节点企业将资源集中于核心业务，充分发挥其专业优势和核心能力，最大限度地减少了产品开发、生产、分销、服务的时间和空间距离，实现对客户需求的快速有效反应，大幅度缩短订货的提前期；通过战略合作充分发挥链上企业的核心竞争力，实现优势互补和资源共享，共生出更强的整体核心竞争能力与竞争优势。风神公司目前的管理模式无疑是成功有效的，值得深入研究和学习借鉴。

2. 风神公司的供应链系统

1) 风神供应链结构

在风神供应链中，核心企业风神汽车公司总部设在深圳，生产基地设在湖北的襄樊、广东的花都和惠州。"两地生产、委托加工"的供应链组织结构模式使得公司组织结构既灵活又科学。风神供应链中所有企业有效的连接起来形成一体化的供应链，并和从原材料到向顾客按时交货的信息流相协调。同时，在所有供应链成员之中建立起了合作伙伴型的业务关系，促进了供应链活动的协调进行。

在风神供应链中，风神汽车公司通过自己所处的核心地位，对整个供应链的运行进行信息流和物流的协调，各节点企业(供应商、中间仓库、工厂、专营店)在需求信息的驱动下，通过供应链的职能分工与合作(供应、库存、生产、分销等)，以资金流、物流和服务流为媒介，实现整个风神供应链不断增值。

2) 风神供应链的结构特征

为了适应产品生命周期不断缩短、企业之间的合作日益复杂，以及顾客的要求更加挑剔的环境，风神供应链中的供应商、产品(整车)制造商和分销商(专营店)被有机组织起来，形成了供应—生产—销售的供应链。风神的供应商包括多家国内供应商和多家国外供应商(KD件：国外原装进口的零件)，并且在全国各地设有多家专营店。供应商、制造商和分销商在战略、任务、资源和能力方面相互依赖,构成了十分复杂的供应—生产—销售网链。

3. 风神供应链的管理策略

风神供应链在结构上具有层次性、双向性、多级性、动态性和跨地域性等特点,在管理上涉及生产设计部门、计划与控制部门、采购与市场营销部门等多个业务实体,因此在实现供应链的目标、运作过程和成员类型等方面存在较大的差异。面对如此复杂的供应链系统,如何选择恰当的管理策略是非常重要的。

(1) 供应链核心企业的选址战略。风神汽车供应链中的核心企业设在广东的深圳,这是因为深圳有优惠的税收政策和发育的资本市场,并且可为今后的增资扩股、发行企业债券等提供财力支援,此外,在便利的口岸、交通、技术引进及资讯便利等方面,具有无可替代地理优势,这些都是构成风神供应链核心竞争力的重要要素。

(2) 业务外包战略。风神公司"总体规划、分期吸纳、优化组合"的方式很好地体现了供应链管理中的业务外包(Outsourcing)及扩展企业(Extended Corporation)思想。这种组合的优势体现在充分利用国际大平台的制造基础,根据市场需求的变化选择新的产品,并且可以最大限度降低基建投资及缩短生产准备期,从而减少了供应链整体运行的总成本。

(3) 全球性资源优化配置。风神公司的技术引进战略及KD件的采购战略体现了全球资源优化配置的思想。风神公司大部分的整车设计技术是由日产和台湾裕隆提供的,而采购则包括了KD件的国外进口采购和零部件的国内采购,整车装配是在国内的花都和襄樊两个不同地方进行,销售也是在国内不同地区的专营店进行,这就实现了从国内资源整合到全球资源优化配置的供应链管理,大大增强了整个供应链的竞争能力。

(4) 供应商管理库存(Vendor Managed Inventory,VMI)的管理方式。在风神供应链的运作模式中,有一点很值得学习和借鉴的就是其VMI的思想。风神公司的VMI管理策略和模式,通过与风神公司的供应商之间建立的战略性长期合作伙伴关系,打破了传统的各自为政的库存管理模式,体现了供应链的集成化管理和"双赢"思想,能更好地适应市场的要求。VMI是一种供应链集成化运作的决策代理模式,它把用户的库存决策权代理给供应商,由供应商代理客户行使库存管理的决策权。

(5) 战略联盟的合作意识。风神公司通过业务外包的资源整合,实现了强强联合,达到了共赢的目的。风神供应链中的合作企业都已经认识到,它们已经构成了相互依存的联合体,各方都十分珍惜这种合作伙伴关系,都培育出了与合作结成长期战略联盟的意识。可以说,这种意识才是风神供应链真正的价值!

4. 结束语

一个一体化的、协调的供应链"超级组织"具有对市场需求变化的高度反应力,能迅速支持一个伙伴公司的快速发展,这已经为事实所证明。之所以能取得这样的成效,得益于供应链上的伙伴能够共同分享它们所需要的各种信息,从而使它们能够协调运作。当供应链中每个成员企业的活动都像乐队队员按乐谱演奏那样时,供应商就知道何时增加或减少生产,物流公司能够掌握何时提供准时物流服务,分销商也可及时进行调整。这样,就能够把传统经营中经常出现流通中断或库存积压过长等问题消除,或者降低到最低限度,真正实现精细生产。这就是供应链管理的魅力!

(资料来源:www.sinotf.com/GB/Trade_Finance.)

问题:风神汽车供应链管理案例对你有什么启示?在风神汽车供应链管理中,需要注意哪些问题?

第3章 采购供应管理体制

【教学目标和要求】
- 认识采购供应的目标与职责;
- 了解采购部门的地位;
- 掌握集中采购和分散采购优缺点和适用;
- 认识采购供应的平级与内部关系;
- 掌握采购人员应该具备的基本素质。

【知识架构】

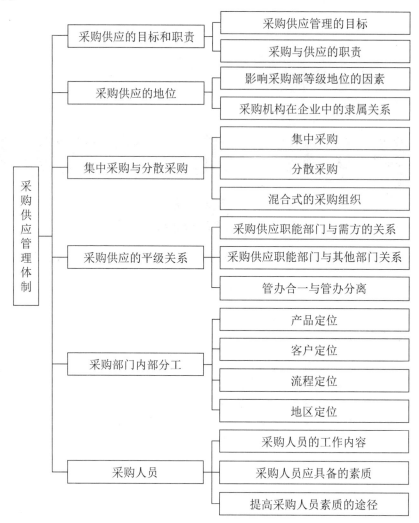

海尔集团采购体制改革

与大型国有企业相比,一些已经克服了体制问题,全面融入国际市场竞争的企业,较容易接受全新的采购理念,这类型的企业中,海尔走在前沿。

海尔采取的采购策略是利用全球化网络,集中购买。以规模优势降低采购成本,同时精简供应商队伍。据统计,海尔的全球供应商数量由原先的2 336家降至840家,其中国际化供应商的比例达到了71%,目前世界前500强中有44家是海尔的供应商。

对于供应商关系的管理方面,海尔采用的是SBD(Suburban Business District)模式:共同发展供应业务。海尔有很多产品的设计方案直接交给厂商来做,很多零部件是由供应商提供今后两个月市场的产品预测并将待开发产品的形成图纸,这样一来,供应商就真正成为了海尔的设计部和工厂,加快开发速度。许多供应商的厂房和海尔的仓库之间甚至不需要汽车运输,工厂的叉车直接开到海尔的仓库,大大节约运输成本。海尔本身则侧重于核心的买卖和结算业务。这与传统的企业与供应商关系的不同在于,它从供需双方简单的买卖关系,成功转型为战略合作伙伴关系,是一种共同发展的双赢策略。

与胜利油田相似,由于企业内部尤其是大集团企业内部采购权的集中,使海尔在进行采购环节的革新时,也遇到了涉及"人"的观念转变和既得利益调整的问题。然而与胜利油田不同的是,海尔在管理中已经建立起适应现代采购和物流需求的扁平化模式,在市场竞争的自我施压过程中,海尔已经有足够的能力去解决有关人的两个基本问题:一是企业首席执行官对现代采购观念的接受和推行力度,二是示范模式的层层贯彻与执行,彻底清除采购过程中的"暗箱"。

(资料来源:http://www.chinadmd.com/file/rviz3wt663rispuoxozzsx3x_1.html.)

"体制",从管理学角度来说,指的是国家机关、企事业单位的机构设置和管理权限划分及其相应关系的制度。采购供应管理体制可以从"上下""左右"和"内部"3个层面来概括。"上下"是指采购供应部门在企业组织架构地位的高低,以及采购管理的权力是集中于企业集团总部还是分散在二级单位;"左右"是指采购部门与其他职能部门在供应链中的分工,以及采购部门是一分为二的管办分离还是管办合一;"内部"是指采购管理部门内部是产品定位、客户定位、流程定位、地区定位,以及采购人员的职责划分等。详细内容将在本章详细阐述。

3.1 采购供应的目标和职责

考虑到供应链管理获得竞争优势的各种方式时,我们经常听到的是诸如信息技术、外包、成本管理技术或战略性伙伴关系等一系列令人振奋的举措,而很少会提及不起眼的组织设计是如何促进或阻碍采购和供应管理目标实现的。组织设计是指管理者将组织内各要素进行合理组合,建立和实施一种特定组织结构的过程。其中包括供应管理目标对交流、分工、协调、权利和责任的结构和正规系统所进行的评估与选择。

要想构建科学合理的采购与供应组织结构,要求采购部门首先明确采购与供应的目标和职责。

3.1.1 采购供应管理的目标

采购供应管理的总目标可以概述为以最低的成本为企业提供满足其需要的物料和服务。总目标的实现不仅仅是采购部门的事情,它需要整个企业的共同努力。但在某一个阶段,企业可能会专注于某一具体的目标。

1. 采购供应管理的传统细分目标

在传统的采购管理中,包含着多种具体的细分目标。了解他们将有助于我们理解采购部门设置的原因及采购管理的最终目的。

1) 提供企业所需的物料和服务

这是采购供应管理最基本的目标。最初,采购部门就是为此目标而设立的。为了使企业能够正常运转,提供不间断的物料和服务,这是采购部门的首要任务。所需原材料和零部件的缺货,由于必须支出的固定成本而带来的运营成本的增加及无法向顾客兑现做出的交货承诺,这都将对企业造成很大的损失。例如,没有外购的轮胎,汽车制造商不可能制造出完整的汽车；没有外购燃料，航空企业不可能保证其航班按时起飞；没有外购的手术器械，医院也不可能进行手术。可见，采购部门首先必须要保证企业所需物料和服务的提供。

2) 降低成本

在一家典型的企业中，跟其他职能部门相比，企业采购部门消耗的资金是最多的。除此之外，企业采购活动的经济杠杆效用也是非常明显的。尽管"价格购买者"这个词由于意味着其在采购时所关注的唯一因素是价格，但是当确保质量、发送和服务方面的要求得到满足时，采购部门还是应该全力以赴地以最低的价格获得所需的物料和服务。

3) 降低存货和损失

保证物料供应不间断的一个方法是保持大量的库存。而保持库存必然会占用大量的资金，使这部分资金不能得到周转。保持库存的成本一般每年要占库存商品价值的20%～50%，如果采购部门可以用价值1 000万元的库存(而不是原来的2 000万元)来保证企业的正常运作，那么1 000万元库存的减少不仅意味着多了1 000万元的流动资本，而且也意味着节省了200万～500万元的存货费用。

4) 保持并提高产品或服务的质量

企业为了获得产品或提供服务，每一种物料的投入都要达到一定的质量要求，否则最终产品或服务将达不到期望的要求，或是其生产成本远远超过可以接受的程度。纠正低质量物料投入产生的内部成本的数额可能是巨大的。例如，一个质量较低的弹簧安装到柴油机的刹车系统中，其成本仅仅是93美分，但是如果这台机车使用过程中，这个有缺陷的弹簧出了毛病，那么必须进行拆卸来重装弹簧；再考虑到机车在订货方面的损失，总成本可能达到上万美元。

2. 供应链中采购供应管理的细分目标

在认同传统采购供应管理的细分目标的基础上，供应链管理环境中，企业的采购供应管理被赋予了更多和更新的目标。

1) 支持运营需要

采购部门必须执行一系列的活动以满足内部客户需求，这正是传统角色。通常，采购通过购买原材料、配件、维修及服务等来满足所有的运作需求。采购还可以通过向配送中心的仓储、补货及成品配送等功能提供服务来满足配送中心的需要。采购部门同时也能帮助工程和技术团队，特别是在产品开发阶段。

过去许多企业采用垂直整合作为管理资源供应的方式。垂直整合意味着一个组织控制(拥有)支持供应链的输入系统。垂直整合意味着公司的价值链与其供应商、经销商价值链之间的整合水平。对垂直整合企业的供应商而言，它们相当于供应链的内部供应者而不是外部供应商。这种一家企业与其上游的供应商进行联合的商业行为称为后向整合，也叫后向一体化。例如，随着流水线技术的发展，亨利·福特在物料流水似的输入他的工厂时面临着不确定性，他依靠垂直整合来缓冲需求和价格的不确定性。20世纪20年代福特通过大量的并购交易，沿产品价值链向上、下游不断纵向一体化，以追求生产的规模经济。实现了从原材料、生产到销售的一体化。不幸的是，超负荷地扩大对价值链的控制使其难于管理。亨利·福特的整合努力从长远来看并不成功。亨利·福特将如此多的资源加入垂直整合过程中，使得他难以开发新型汽车。现在，许多工厂已经从垂直整合转为越来越多的依靠外部供应商。采购部门必须通过满足内部客户所需要的不间断的高质量货物流和服务来支持这一转变。支持这种转变，采购部门需要完成以下工作目标：①在合适的价位购买，②找到合适的供应源，③有恰当的数量，④有所需要的规格，⑤在适当的时间配送，⑥送至正确的内部客户。

小知识

采购的 5R 原则

采购的 5R 原则包括适时（Right time）、适质(Right quality)、适量(Right quantity)、适价(Right price)、适地(Right place)。

2) 使采购流程有效率及有效果

要完成以上工作目标采购部门必须采取措施使它的内部管理更有效率，包括确定职员水平，确定及坚持全面预算管理；提供职业培训并为雇员增加机会；采用能改进生产率和提供更好抉择的采购系统。

3) 选择、发展与保证供应源

采购部门的重要目标之一就是对供应商的选择、开发和保证，这正是战略供应的全部内容。采购部门必须建立一个包含所有供应商的供应库，以形成在产品成本、质量、配送或新产品开发等方面的信息优势。企业通过与供应商在共享产品时间表和预测上更为紧密的合作，与供应商一起减少进程中的无价值时间，帮助供应商改进配送时间安排等一系列行为。

供应库管理需要采购部门寻求与供应商的更好联系，并发展可靠的、高质量的供应来源。这项目标还需要采购部门直接与外部供应商合作，以改进现有能力继而发展新能力。供应的有效维护和新源泉的开发经常需要采购部门首先确定哪些供应商有潜力达到杰出绩效，然后与这些供应商联系以实现发展更紧密关系的目标。

4) 与其他工作团队发展紧密的联系

20 世纪 90 年代，企业加强各部门之间联系的要求已经变得十分明确。采购部门应与作为采购内部客户的其他部门进行更为密切的交流。例如，如果制造部门的人员抱怨从某一供应商处收到的零部件有问题，那么采购部门就应该与该供应商密切联系以改进质量。为了达到这个目标，采购部门必须与诸如市场、制造、机械、工程和财务等部门之间发展一种恰当的沟通与联系，即横向的在企业内部的联系。

5) 支持总体的目标与目的

采购部门最重要的一个目标就是支持企业总体的目标与目的。虽然听起来简单，但实际上采购部门的目标并不一定与企业的目标完全一致。在实际工作中，这涉及单个成本与总成本的关系，即采购的单独绩效好，并不代表企业的总体绩效最好，因为这里存在着采购与仓储成本的二律背反关系。采购批量大，必然采购批次就少，采购的成本也低，但是这样会导致企业的仓储量变大，仓储成本变高。而企业的总成本中必然包括采购成本和仓储成本之和。这说明采购部门能直接影响(正面或负面)企业总绩效，同时采购部门需要从整体的角度来看待它自己。例如，假设一个企业确立了减少其供应链中存货数量的目标，采购部门就应与供应商一起多批次的配送小数量货物，从而实现降低库存的目标。这类方针将作为改进绩效的方法出现在企业的平衡表和收入报告中。然而，支持整体组织目标的能力需要行政管理层在如何看待采购部门这一点上有重大的转变。采购不仅仅是一个辅助部门,而应被看作是能够在市场上提供有力的竞争优势的战略资源。为了实现企业的目标,采购部门必须协助供应商做到及时配送,从而为实现总体目标和目的做出贡献。

6) 发展能支持企业总体目标的完整采购战略

有时采购部门规划的战略和计划并不能支持总体的战略或与其他部门的计划相违背。这是因为采购人员过多关注本部门绩效,或者是因为行政管理层对采购工作战略贡献认识不足。采购部门支持企业战略目标应该采取以下行动:监控供应市场及其趋势和解释这些趋势对企业目标的影响;确定对企业战略的关键绩效方面有重要影响的原材料与服务,特别是在新产品开发上;制订使供应具有选择性和偶然性的计划以支持企业的计划。

3.1.2 采购与供应的职责

采购与供应的管理职能是指将企业应该具备的各项采购与供应管理方面的基本职能细化为独立的、可操作的具体业务活动。其任务包括提高质量、控制成本、建立供应配套体系、与供应商建立合作关系、树立企业形象和信息管理等。而具有采购与供应职能的相关部门的职责主要是负责采购企业所需物资,保证企业生产经营的顺利进行。具体的工作职责见表 3-1。

表 3-1 采供职能部门的工作职责

工 作 职 责	说　　明
制订采购计划	① 根据产销计划及存料、耗用等资料,编制采购计划; ② 制订年、月采购计划; ③ 编制采购预算; ④ 分析采购需求; ⑤ 制订采购战略规划和原材料的采购计划
市场调查	① 调查采购市场,包括资源分布情况、供应商情况、品种质量、价格情况、交通运输情况等; ② 寻找新材料,为改良产品寻找替代品; ③ 收集相关政策、法规; ④ 调查和掌握供货渠道; ⑤ 撰写调查报告
供应商管理	① 正确选择供应商; ② 供应商的评估,对供应商的价格、质量、交货期等做出评估; ③ 供应商绩效考核; ④ 与供应商洽谈,安排参观工厂,建立供应商档案; ⑤ 开发新供应商; ⑥ 建立良好的供应商合作关系
组织采购	① 根据采购规划,组织人、财、物实施采购计划; ② 采购谈判管理包括确定价格、交货期及相关条件; ③ 询价、比价、议价、订购及交货的催促与协调; ④ 制定完整的采购合同; ⑤ 采购订单的制定、发放、跟进及保存; ⑥ 采购货款的请款预付款; ⑦ 物料品质管理

续表

工作职责	说　　明
库存管理	① 进行物料验收入库、保管、保养和发货； ② 确定合理的库存量，并对库存量进行实时监控； ③ 呆料与废料的预防与处理
信息管理	① 采购人员的档案管理； ② 采购信息管理； ③ 采购合同管理； ④ 供应商信息管理； ⑤ 采购预测； ⑥ 物料信息管理
人员管理	① 规划和配置采购部的人员岗位及职责； ② 招聘、培训采购人员； ③ 监控采购工作进度； ④ 采购人员绩效考核； ⑤ 推动采购人员的晋升和职业生涯发展； ⑥ 约束和规范采购人员的行为
财务管理	① 控制物料采购价格、采购成本； ② 分析采购物料的成本结构； ③ 评估产品成本、分析竞争情况； ④ 核定与控制储备资金
部门协作管理	向相关部门定期或不定期地反馈采购信息，实现采购部的支持职能

3.2　采购供应的地位

采购供应部门在企业中的地位直接反映了该部门的地位和影响力。最高采购责任执行官是部门经理的企业和最高责任执行官是采购副总裁的企业，后者采购供应部门地位一定比前者在企业中更重要。而在有些企业组织中，我们必须经过询问，才能找出负责采购的执行人员。本节重点讲述影响采购供应职能部门在组织结构中地位或位置的因素及采购供应职能部门在企业中的隶属关系。

3.2.1　影响采购部等级地位的因素

1. 历史因素

对采购部地位影响最大的可能就是历史因素了。对于一个已成立的企业而言，早期采购活动自然演变的历史，确定了采购部门在组织中处于何等地位。长期以来，很多人都认为从事采购部的工作就意味着升迁机会少或决策机会少。然而，最近几年情况发生变化，采购部日益受到管理层的重视。

2. 行业类型

相比较成熟行业或那些长期认为采购部只是下级部门的行业来说，有些行业主要驱动力来自物料或外部技术的变革,必须不断创新和改进,这些行业把物料相关的采购活动置于了一个更加重要的位置。在变化迅速的行业及那些采购的商品和服务占产品或服务成本比例很高的行业中,管理层一般都会认识到在组织框架中将采购部放在重要位置的必要性。

3. 货物和服务的总价值

诸如迪尔、本田和戴姆勒—克莱斯勒汽车公司,一般会花费其60%~70%的销售额来购买产品和服务。在计算机和通信行业,如北电网络、旭电(Solectron)、IBM、思科(Cisco)和惠普(HP),一般依赖供应商为其提供零部件和最新技术——这意味着采购部起着关键性作用。一般来说,一个只需花费10%~20%销售额来购买所需产品和服务的企业,与需要花费60%销售额的企业相比,对采购部的态度会完全不同。

4. 其他因素

企业创始人所持有的管理思想(特别是创始者还起着积极作用时)将对组织的正式设计产生巨大影响,对于最近25年内兴起的高科技企业尤其显著。如果创始人非常关注市场销售部,该企业通常会拥有一个强有力的营销视角。如果创始人关注工程部,则重点就会突出在产品和流程开发。当然,如果企业创始人认为外部资源的优化配置很重要时,采购部在组织中的地位也将自然处于更高位置。

采购的物料种类也将影响采购部的组织地位。采购日常货物与采购尖端技术是完全不一样的。而对快节奏的变化环境,采购部往往与其他部门保持紧密的联系,或需要做更高一级的组织报告。对公司绩效的影响能力是影响采购部地位的另一因素。当采购部对企业竞争力产生重要影响时,采购部在组织结构中处于较高的地位。

3.2.2 采购机构在企业中的隶属关系

过去的时间里一个显著的发展趋势是采购部汇报对象的行政级别已经得到了提升。布鲁姆和纳顿报告中说:"20世纪50年代到60年代早期,很多采购部是以二级部门的身份向部门经理汇报的,并且通常是向生产部和业务部汇报。"

由美国高级采购研究中心(CAPS Research)进行的研究反映了20世纪80年代采购部汇报级别的变化。研究发现,在约35%的被调查企业中,采购部汇报的最高行政级别是高级或集团副总裁,或更高职位,截至1995年,该比例达到50%。今天,由于小型公司简单的组织结构,其最高采购或供应经理将向更高级领导部门汇报,有90%的小型公司采购部门向最高执行官或处于相同级别的人员汇报。而65%的大中型公司(根据销售量分类)的采购部向最高执行官或处于相同级别的人员汇报。

图3.1描述了采购部在组织结构中可能处于的3种不同级别。图3.1(a)描述的是采购部是一个较高级别的部门,并直接向执行副总裁汇报。图3.1(b)描述的采购部是一个中等级别的部门,并向低于执行副总裁一个级别的执行官汇报。图3.1(c)描述的采购部向低于执行副总裁至少两个级别的人员汇报。

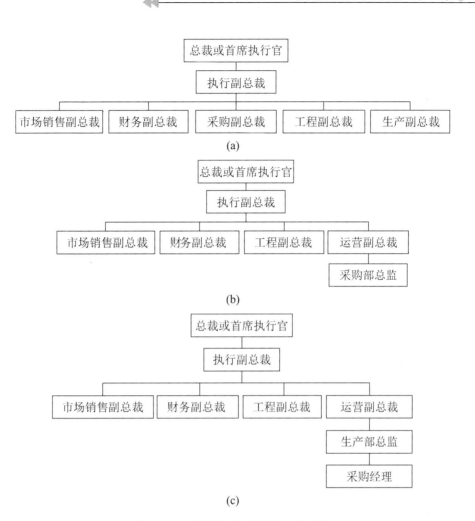

图 3.1 处于不同组织级别的采购部门

经研究发现，有高级采购官定期向总裁或 CEO 汇报是组织设计的一个特征，它与能否成功实现采购或供应目标具有非常大的关系。总之，采购部在组织机构中的地位越高，其在支持企业实现目标的过程中所起的作用就越大。

3.3 集中采购与分散采购

在多工厂与多部门的大型公司中，集中采购与分散采购是一个重要的抉择。它需要确定采购管理权限更多人集中于集团总部还是分散到二级单位。目前，更多企业倾向于推行更为集中的采购管理模式。

3.3.1 集中采购

集中采购是指将集团所有采购工作集中到集团层面办理，在组织结构上是为了建立综合的物料管理体系而设立的管理责任一元化结构，体现了经营主体的权力、利益、意志、品质和制度，是经营主体赢得市场，控制节奏，保护产权、技术和商业秘密，取得最大利益的战略和制度安排，如恒基伟业、麦当劳等企业都在这一层面上通过集中采购实现了自身的利益。

在这种制度下，各分公司、各部门都无采购权利，只在公司的总部设有一个中心采购部门，其主要完成以下工作。

(1) 公司的采购专家决定主要的采购策略和方针政策，如外包还是自营，单一渠道组织货源还是和合作伙伴组织货源，以及与客户、供应商建立互惠互利业务关系等。

(2) 供应商选择的决策。

(3) 对采购产品的市场状况进行分析，并在战略上决定产品所属的业务类别，以此制订相应的采购计划等。例如，运用波士顿顾问公司的象限图，通过对产品市场增长率和市场份额来分析产品的业务类别。

(4) 对与采购有关的市场状况、易受损的风险及类似问题进行调查研究。

(5) 与供应商之间的合同准备和洽谈。

1. 集中采购的优点

(1) 通过对大额产品的集中采购，增强了与供应商的谈判能力且形成规模经济，可得到优惠的价格和服务。

(2) 采购集中，有利于降低人力资源的消耗，易于实现员工的专业分工，有利于降低采购成本。

(3) 有利于采购作业流程及作业规则标准化，从而提高采购效率。

(4) 易于稳定与供应商的关系，实现长期稳定的合作。

(5) 便于采购活动的协调与控制。

(6) 进行公开集中采购可防止个人暗箱操作，有效防止腐败。

2. 集中采购的缺点

(1) 采购流程较长，手续较多，耗费时间较多，不利于进行紧急、临时的采购。

(2) 采购绩效很难评估。

(3) 容易出现采购物品与使用单位所需不符的现象。

3. 集中采购的适用范围

(1) 大宗和批量物品的采购。

(2) 价格较高的物品的采购。

(3) 关键的零部件、原材料或其他战略资源，保密程度高，产权约束多的物品采购。

(4) 定期采购的物品的采购。

3.3.2 分散采购

从传统意义上讲，分散采购是指采购工作通过组织结构中的分公司或分部门来完成，通过把采购相应的职责和工作予以授权下放来实现的。这样，各分公司或分部自己负责完成自己的采购任务，无须向总公司汇报。这种制度下，企业集团总部没有统一集中的采购部门，而是在下属的各分部或分公司中设立相应的采购执行部门，这一执行部门需要完成的主要工作与集中式采购中采购部门的工作类似，只是相应的规模及数量范围要小些。企业下属单位的生产研发人员根据生产、科研、维护、办公的需要，填写请购单，由基层主管审核、签字，到指定财务部门领取支票或汇款或现金，然后到市场或厂家购买、进货、检验、领取或核销、结算即可。采购时一般借助于现货采购方式。

1. 分散采购的优点

(1) 采购时间较短,手续简便,使采购工作紧凑,有效应付紧急之需。
(2) 采购物品分散储存,分散经济责任,占用资金和空间小,仓储管理方便。
(3) 有利于地区性采购,各采购部门可因地制宜,灵活制定采购规则。
(4) 问题反馈快,针对性强,方便灵活。

2. 分散采购的缺点

(1) 采购数量分割,难于与供应商形成长期稳定关系,不利于获得优惠的价格和服务。
(2) 采购分散,不利于企业统一核算,采购活动的协调和监控较为困难。
(3) 采购作业分散,人员配备增加,使得整个采购成本增加,企业运作效率下降,不利于专业人才的培养。

3. 分散采购的适用范围

(1) 小批量、低价值、总支出在产品经营费用中占比例小的物品的采购。
(2) 适用于需要因地制宜地采用不同采购活动的企业。

集中采购是一种权力高度集中的模式,而分散采购则是权力的分散与下放。集中采购与分散采购各自的优点,见表3-2。

表3-2 集中采购与分散采购优点比较

集中采购的优点	分散采购的优点
① 形成经济规模,提高对供应商的讨价还价能力; ② 易于企业整体战略目标的实现; ③ 便于管理,控制采购成本,促进供应流程的规范化; ④ 易于物品标准化与材料的综合利用; ⑤ 统筹调度使用,降低安全库存; ⑥ 集中储存,节省仓位	① 易于调动各利润中心或成本中心的积极性; ② 接近内部用户,对需求的反应速度快; ③ 采购程序简洁,官样文章少; ④ 易于内部协调,扯皮少; ⑤ 更好地应付紧急需用; ⑥ 密切物品使用方与供应商的关系

案例 3-1

HY 集团集中采购管理变革

HY集团有限公司是国有控股的中外合资企业,由两家在上海证券交易所上市的公众公司和27家全资、控股及参股公司组成,旗下公司拥有五件中国驰名商标,居行业领先地位。集团属于典型的"先有儿子、后有老子"的企业。1989年经地方政府批准,在原地方医药管理局所属的31家国有企业的基础上组建成立。整合之后,集团按照财务管控模式进行管理,各下属企业始终拥有较强的经营自主权,总部对下属企业的整体协调与管控力度较弱,形成"小集团、大企业"的管理局面。

近年来,面对来自基药招标、药品降价、抗生素限用政策等市场环境持续带来的销售压力,以及原材料大幅涨价、人工成本不断提高带来的成本压力,集团发展面临前所未有的严峻考验。"集而不团,诸侯割据"的经营管理现状已明显影响了企业的资源整合与整体发展,如采购供应商资源分散、资金利用率低、销售渠道重叠、产品重复规划、集团内部同类产品激烈竞争等管理弊端逐渐浮出水面。

从供应链分散管理向集中管理转变已成为企业未来发展的必由之路。

1. 明确变革目标与实施策略

针对企业采购管理现状，HY集团董事会首先明确集中采购管理工作目标与经济指标。在2012年内完成集团采购组织体系建设与信息平台规划。其次，确立"标准化管理、集中化采购、分层级负责"的实施模式。标准化管理是选择集团内部优秀企业作为蓝本，在其采购管理经验基础上，参考国内外同行业先进标准制定统一的采购管理规范，包括供应商管理、物料管理、招标比价管理等；集中化采购是逐步上收分散于各分子公司的采购职能，降低自采物资比例，扩大集采物资数量与金额；分层级负责指重新规划集团与分子公司采购职能权限界面与责任体系，实现供应商选择权、采购决策权、资金支付权上移，以及计划、招标、采购执行与付款行为的各司其职在具体操作层面，提出"四个统一"的工作内容，即统一物资标准、统一供应商管理、统一业务流程、统一信息平台。

2. 构建集中采购组织体系

根据HY集团实际，最终确定目前阶段采用采购中心模式作为过渡方式，即将集团采购业务划分为集采业务和自采业务两类。物资是否进入集采目录按金额大小或是否为关键物资两项标准确定。集团总部采购中心年内设招标办、计划办、采购办与标准化办。其中采购计划办公室负责集团分子公司采购计划申请汇总，并提报集团总体采购计划；招标管理办公室负责供应商谈判、招标活动的组织管理、采购合同的签订标准化办公室负责集团各类物资的标准化管理工作与后期的成本管理工作；采购办公室则负责集团总部的各类物资采购活动。各分子公司保留采购部，主要负责物资的采购执行工作及非集采物资的招标、询价和采购工作。

在业务流程操作上，首先由各企业根据各自需求提报采购计划，如果为集采物资，则由集团汇总形成集采采购计划，否则形成自采采购计划；其次，进行招标、询价、竞价等过程，确定供应商、质量和价格等关键因素，并签订采购协议；最后，由成员单位与供应商签订具体合同，形成采购订单。合同或订单的供应商、价格等因素受采购协议的制约，然后根据各分子公司出具的集中采购物资结算通知单与供应商通过集团资金集中管理平台进行结算。

3. 建立战略采购模式，完善供应商管理机制

HY集团各分子公司供应商数量众多、资质标准各异，采购物资的价格、供货、质量等关键控制要素均存在较大的不确定性。集采模式下，集团采取了新的供应商战略，即建立与大型、知名供应商长期稳定的战略采购体系，将外部供应商虚拟为企业供应链上重要的组成部分，同一企业与供应商的经营目标与管理要求，形成共生共荣的利益综合体。

建立供应商会员制度，根据"二八法则"，将供应商分成伙伴型、优先型、交易型进行管理。除极少数独家供货企业外，取消供应商终身制。建立明确的评价标准体系，对伙伴型与优先型供应商做定期的考核监督，制定供应商综合绩效评分标准，成立专门的评审小组，对供应商综合绩效进行全面、准确的评价，并根据评价结果对供应商级别进行调整。由集团采购中心标准化办公室负责建立科学的成本评估体系。同时，由集团审计部建立集团采购物资行业价格信息库，搜集有价值的市场信息，了解相关动态。

(资料来源：http://www.docin.com/p-695004447.html.)

3.3.3 混合式的采购组织

大多数企业并不采取完全的集中采购或者完全的分散采购模式，而是采用了集中与分散相结合的混合模式。混合式采购组织集合了集中管理采购组织和分散管理采购组织的特点，采购通过组织机构中实行决策集中，执行分散，通过二者的协调运用，实现整个机构的有效运作。目前，许多大中型企业和集团企业普遍采用"多头、多级采购"的模式，即省、市各级建设部门、运维部门、市场部门等物资需求部门自行进行采购。这种制度下，

企业在总公司或集团总部设立中心采购部门,负责采购决策;而在各个地区或分公司分别设立采购和物流中心,负责采购执行和管理工作。

混合式采购模式的特点体现在分工上——即中心采购部门和地区采购部门之间的分工。而分工又体现在两个层面,一是采购对象的分工,二是采购流程的分工。通过分工,实现组织效率最高,并且安全有效运行。具体说来就是根据供应定位模型或 ABC 分类方法对采购物品进行分类,做好战略采购、项目采购和工厂采购 3 个流程,同时在各个流程中兼顾采购物品质量的控制。

1. 物资分类

采购对象可以进行 ABC 分类,如果物资品类很多,也可采用供应定位模型进行分类。供应定位模型考虑所采购的物品支出水平及其所面对的机遇、风险与影响,将采购对象分为四大类,其分类模型如图 3.2 所示。

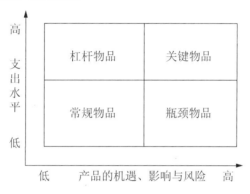

图 3.2　供应物品定位模型

2. 流程分工

采购业务流程可以划分为三大流程,包括战略采购、项目采购及工厂采购。

1) 战略采购

战略采购关注于商品层面。负责战略采购的人员其工作职责有些类似于"产品经理"。他们的职责是负责对研究各类商品的采购需求,进行商品的市场研究,制定各类商品的采购策略,然后进行供应商的认证及战略的供应商关系管理,管理认证供应商基库。

2) 项目采购

项目采购关注于内部用户层面。他们的主要任务是参与内部用户的新产品项目开发,跟踪客户的需求,从认证供应商基库中选择合适的供应商,以适应公司客户在新产品开发过程中的质量、创新、服务及成本的综合要求,确保客户产品开发如期保质按预算进行。一旦进入产品生产过程,他们即结束使命,而将工作转移到工厂采购来负责。

3) 工厂采购

工厂采购关注于日常质量、交付与成本层面。他们的主要职责是关注企业的日常采购运作,协调订货、解决日常问题,维持采购系统的正常运转。

3. 混合式采购模式设计

通过对采购物品和采购流程的分类,重新界定集团总部与分支机构的采购权责分工,并可以实现动态调整，提高了采购管理工作的灵活性，避免了推行完全集中采购管理或分散采购管理一刀切的局限。混合采购模式下各级采供职能部门的具体分工见表3-3和表3-4。

表 3-3　基于供应定位的混合模式

物 料 分 类	流 程 分 类		
	战略采购(厂)	项目采购(价)	工厂采购(货)
关键物资	集团公司	集团公司	二级单位
杠杆物资	集团公司	二级单位	工厂
瓶颈物资	集团公司 二级单位	集团公司 二级单位	工厂
常规物资	二级单位	工厂	工厂

表 3-4　基于ABC分类的混合模式

物 料 分 类	流 程 分 类		
	战略采购(厂)	项目采购(价)	工厂采购(货)
A	集团公司	集团公司	集团公司
B	集团公司	集团公司	二级单位
C	集团公司	二级单位	二级单位
D	集团公司	二级单位	工厂
E	二级单位	二级单位	工程
⋮	⋮	⋮	⋮
Z	工厂	工厂	工厂

混合式采购集合了集中管理和分散管理的特点，通过二者的有机结合，在采购组织结构中达到一种有效的平衡，将会为企业带来更高的效益。

随着市场竞争的加剧，降低成本，提高对市场需求的反应速度已成为企业竞争力的主要表现形式。市场变了，供应管理体制不变，则无法使企业在市场竞争中立于不败之地。因此，企业的供应管理也要从粗放型向集约型转变，建立起与市场经济相适应的供应管理体制。从企业供应管理体制的改革历程看，总是遵循着"集中—分散—集中—分散……"的规律循环往复，正所谓"合久必分，分久必合"。采购权力的集中与分散各有利弊，关键在于度的把握。供应体制改革必须着眼于改善而不是削弱企业的管理，有助于提高而不能降低企业的经营效果。具体选择哪种体制，应遵循以下几项原则。

(1) 有利于资源的合理配置，保证和促进生产的发展。

(2) 有利于减少层次，加速周转，简化手续，满足需求。

(3) 有利于节约物品，提高综合利用率。

(4) 有利于调动各方面积极性，促进企业整体目标的实现。

(5) 有利于加强管理，提高经济利益。

3.4 采购供应的平级关系

采购供应职能部门对于企业运营的重要作用我们在上文中已经做了充分地论证,但与生产、销售等部门一样,它需要与企业内部其他部门互相配合、共同协作。只有处理好采购供应部门同其上下游部门和其他平行部门的关系,使各部门在和谐、融洽的沟通氛围中各尽其责,才能使企业朝着统一的组织目标前进,同时也使采购供应职能部门充分发挥其职能,为企业的成本降低和利润增加做出最大贡献。另外,有的企业将采购部分一分为二,包括采购管理与采购运营,这种模式称为管办分离,如果不分开,则称为管办合一。

3.4.1 采购供应职能部门与需方的关系

供应部门与需方的关系实际上是由企业的组织结构决定的。从隶属关系上看,供应部门与需方的关系可分为上下级关系、平行关系及两种关系相结合的复合型关系。

1. 上下级关系

(1) 供应部门隶属于生产部门,如图 3.3 所示。这是最初的组织结构,供应工作的地位相对较低,仅仅是生产的附属物,对生产过程起到后勤保障作用即可。

(2) 供应部门直属总部,如图 3.4 所示。随着竞争的加剧,供应部门不仅要保证供应,还要对企业成本的降低做出贡献,其地位逐步提高。目前,采取集中管理体制的企业均在总部中设置供应管理职能部门。

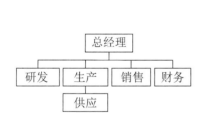

图 3.3　供应部门隶属生产部门

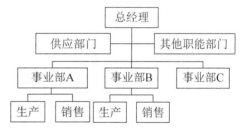

图 3.4　供应部门直属总部

2. 平行关系

(1) 同属一个领导管辖,如图 3.5 所示。这种结构便于协调供应部门与生产部门的关系。

(2) 分属不同的领导管辖,如图 3.6 所示。这种结构便于财务上的控制。

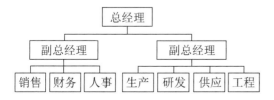

图 3.5　供应部门同其他部门同属一个领导管辖

图 3.6　分属不同领导管辖

3. 复合型关系

这种组织结构是在总部和各事业部均设置供应部门,一般应用于企业集团、跨国公司等,如图 3.7 所示。由于各事业部在业务上和地理位置上有较大差异,各事业部均设供应部门,负责专业性强的物品的采购、储存和供料;但一些重点物品的采购及对供应工作的管理仍由总部的供应部门承担,如制定供应战略规划、集中订货、发票审核和相关账目清理等。另外,有些企业在总部设立采购部和物流部以取代供应部,实行商流和物流分别管理。

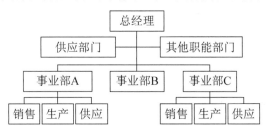

图 3.7 复合型关系

3.4.2 采购供应职能部门与其他部门关系

采购供应职能部门与每一个部门之间的关系都是非常紧密的,采购供应职能部门与其他部门之间的具体关系见表 3-5。

表 3-5 采购供应职能部门与其他部门之间的关系

部 门	角色描述/与采购供应职能部门的关系
最高管理层	规划企业的愿景和战略,并分配资源 ① 了解战略性目标; ② 协助企业达成战略性目标
工程/设计	为企业的产品和生产过程制定技术规范 ① 确保所采购的物品能够满足规范要求; ② 新产品开发时,协助工程部门与供应商之间的沟通
质量控制	鉴定物料和流程,以确保能生产出合格的产品 ① 检验供应商的能力; ② 对供应商进行培训、认证和开发
制造	生产排程、计划产能、管理库存、规划设施的布局 ① 制造部门是采购部门最大的内部客户; ② 协调好以保证原材料的即时供应
会计/财务	监控现金流,进行财政计划以满足企业未来计划的需求 ① 监控和评估成本绩效,按时付款给供应商; ② 一同评估各种供货来源,同时协助进行价值分析
市场营销	帮助创造产品、促销,并为满足客户需求交付增值的产品 ① 充分理解市场需求,合理预测; ② 购入适量的最佳产品和服务,支持客户交付策略

续表

部 门	角色描述/与采购供应职能部门的关系
设施设备	管理生产场地和布局，同时对企业的设施设备进行维护保养 ① 提前介入设施计划阶段，协助选择适当的服务和物料来源； ② 选择为构建和维持世界级的设施水平而购入的重要设备
物流	计划和控制物料和成品的出入 ① 共享信息，确保物料的按时达达； ② 与服务供应商谈判，签订更好的合同
信息系统	设计并管理信息技术，为决策提供信息 ① 部门合作； ② 确保信息的采集、分析和报告是正确的
法务部门	为企业解决法律问题：复核合同及其他法律文件 ① 在合同签署前，将合同送交法律咨询部门复核； ② 法律咨询部门要针对可能会影响采购的法律法规对采购部门进行培训
公共关系	对外，包括客户和供应商，树立积极的企业形象，一同调整那些可能会影响外界的采购活动
销售	负责分销和零售环节的产品销售 获得影响采购需求特性的销售计划
生产计划	进行生产排程，明确所需资源 为生产物美价廉的产品而采购合适的原材料
研发	负责对产品和生产流程的基本研究和应用性研究 保证研发工作有最好的原材料和设备可用
产品开发	设计新产品和产品的改进，并建立产品规范 尽早介入产品开发过程，协助制定最适当的产品技术规范和选择最理想的原材料
当地服务	提供公司产品售后的安装和服务 了解服务机构对产品和服务的需求，保证及时为客户提供服务
维修	保证设施设备状态良好，可靠地工作 负责备件的跟催，使损坏的设备能够尽快修复
其他	和每一个部门共同协作，满足所需的原材料和服务

案例 3-2

赫尔希食品公司的采购情况

在过去四年中，赫尔希食品公司大力对其采购业务进行了再造以从供应基础获得充分价值，结果如何呢？集中的采购群体远离了事务处理而转向战略供应管理，而供应基础则与赫尔希公司的运作和经营战略相结合。赫尔希公司的供应战略的关键在于以下几个方面：①采购的集中化及整合，过去它是由处于每一个经营单位和公司水平的单独的采购部门实施的；②供应基础的重大整合，其目的是为了使赫尔希公司的影响最大化并发展更紧密的供应商关系；③从采购资源转向战略供应活动并远离事务处理,与此同时使赫尔希公司机构内部理解这种转换的原因;④将关键供应商垂直整合进赫尔希公司的业务之中,这包括过程和商业信息的公开分享。有时,供应商的部门会全心全意服务于赫尔希的业务。

Frank Cerminara 是采购副总裁,他认为在赫尔希公司,改变采购的基础结构是一项简单的决策。"四年前我们决定将它全部事务集中化:商品、包装、投资设备采购及服务。",他所说的是采购职能。直到那时,总部设在宾夕法尼亚州的赫尔希食品公司仍拥有很多小的采购部门,其中包括属于公司层次的商品小组,也包括分公司的商品小组。之前在赫尔希公司的核心糖果点心业务和意大利面食及食品杂货店之间,原材料和 MRO 用品采购小组或部门的数量如此之多,以至于效率低下。所有的核心能力和技能被整合在一组采购专业人员之中。小组成员包括掌权的 Cerminara、两名商品主管、一名设备和服务主管,以及一名包装主管。成立小组的意图是影响赫尔希食品公司的购买量杠杆化,以降低成本。

虽然集中化是 Cerminara 努力的主要行动之一,但是赫尔希公司的采购运作在多个活动中与所有独立的经营单位紧密结合,其中包括新产品的开发。"采购存在于每个运营部门人员——销售、市场、制造,以及其他供应商链业务中",Cerminara 说,"我们在概念(发展)阶段开始努力寻找恰当的供应商。"例如,采购代表会与新产品开发小组共同工作,其中也包括研发、食品技术、工程设计、制造和市场营销人员。Cerminar 强调商品经理应把精力集中于战略而不是合同的数量。"例如,我们希望可可豆的采购者在交易上花的时间更少,而在跟踪市场上花更多的时间。"他说。

为了使这种努力获得成功,采购部门谋求来自其所有单位的支持——这花了一些时间。Cerminara 指出,任何时间都可以发生合并。"总有一定的忧虑与其相伴。"为了减轻这种担忧,采购小组制订了一个教育计划,"没有一定的形式,我们只是寻求与工厂经理和赫尔希工厂其他的涉及物料来源的人进行直接沟通的机会",Cerminara 说。他和采购小组的其他成员访问了一些工厂,召集了其他人,在工厂经理们在城里开会的时候与其进行交谈。"我们与他们交谈,告诉他们为什么我们正在改变",他说。为了长期节约,采购部门建立了跨职能小组与供应商共同工作。与某些供应商一起,5~7个赫尔希公司的代表经常地与来自供应商的对等人员坐下来讨论,并且"他们不是进行谈判,他们寻求从系统中去除成本",Cerminara 说。为了确保小组找到对赫尔希而言可以接受的解决方法,Cerminara 委任包装经理 Thomas Bowman "指导"小组设定并达到目标。结果是得到了这样的解决方案。例如,为赫尔希公司降低成本的标签,提高生产效率,以及给供应商的产品增加价值。

(资料来源:http://edu.21cn.com/qy/Learn/42831.htm.)

3.4.3 管办合一与管办分离

在政府、大型国有企业特别是能源型企业的采购中,为了保障供应的安全性和连续性,遏制腐败现象的蔓延,通常涉及采购管理与采购执行的结合与分离问题。管办合一和管办分离这两种模式应运而生。

1. 管办合一模式

管办合一模式是将采购管理职能与采购实施职能统一的模式,在一个实体当中,采购的权力主要由一个部门或公司承担。

采购管理部门行使物资管理和采办的双重职能。其主要职责是负责物资供应、经营和管理的各项规章制度、办法的制定及组织实施工作；组织编制企业中长期计划和管理办法；负责各部门所需物资的集中采购和供应经营业务。

1) 管办合一的优点

(1) 实现了物资供应的统一管理，即管理模式统一、标准统一、组织架构统一。符合集团公司一体化管理的要求。该模式简化了管理环节，管理中心下移，提高了管理效率，现场服务更加快捷。

(2) 保障了各项监督的有效性和及时性，较好地控制了风险的发生。

(3) 可以充分发挥企业物资需求规模优势，降低操作成本。实行专业化管理，同时能达到精简主业机构，强化物资管理的目的。

2) 管办合一的缺点

(1) 物资计划、采购供应、资金结算等权力过于集中，不利于进一步提高采购的透明度。

(2) 采购权限集中度高，灵活性不足，弱化了物资采购的监管职能和外部控制力，不利于继续提升物资管理水平。

(3) 不能保证所需物资的及时性，进而影响生产，并对市场带来不良的影响。

2. 管办分离模式

管办分离模式是将采购管理职能与采购实施职能分开的模式，在一个实体当中，采购的权力主要由两个部门或公司承担。

采购管理的主管部门行使企业对物资集中统一管理的职能，其主要职责是建立健全物资供应、经营和管理的各项规章制度、办法，并负责监督检查执行情况；组织编制中长期计划和管理办法，规范采购经营行为。采购供应执行部门负责企业所需物资的集中采购和供应经营业务，对所需的物资供应承担责任。

1) 管办分离的优点

(1) 有利于加强物资的集中统一管理。公司物资管理部门集中抓管理，可以专心研究企业的物资计划、仓储、质量、网络、信息和采购资金等方面的管理，做到管理到位，监督有力，有利于提高公司整体管理水平。

(2) 有利于充分发挥物资供应部门的保障职能。管办分开使其有精力更好的研究市场形势，抓好物资采购计划，进行批量采购，利用规模采购的优势，降低采购成本，提高市场竞争力，提高整体经济效益。

(3) 有利于精干主业。可将业主单位从繁杂的供应业务中解脱出来，各使用单位的物资管理部门可以进行本单位物资消耗的控制，有利于掌握本单位的物资消耗规律，更好地找出控制本单位消耗的办法，降低生产成本。

(4) 有利于加强物资采购资金的管理。集中管理，统一核算，可以加快资金周转速度，规范资金管理缓解供应渠道的资金压力，使资金的使用得到综合平衡。

(5) 有利于规范采购行为，扩大物资采购规模。为供应商提供公平竞争机会，扩大供应源规模，使实力雄厚的供应商得以脱颖而出，供给质优价廉的物资。

2) 管办分离的缺点

(1) 采购权限分散，不符合集团公司一体化管理的要求，管理规范无法统一，物资管理集中度等指标完成困难。

(2) 各部门相互协调难度大，容易产生摩擦，发生推诿扯皮现象。

(3) 物资供应主体对零星、急用及特殊物资采购的保障能力还不能完全满足生产建设单位的需求。

案例 3-3

大港油田物资采购管理模式

近年来，在中石油集团公司的领导下，大港油田公司不断推进物资采购管理模式的探索和创新，逐步建立了较为科学统一的物资运行机制。接到《关于协助开展物资采购管理模式研究的通知》后，油田公司领导非常重视，成立了专门小组，认真总结物资管理模式探索经验，仔细研究分析，按要求形成了专题汇报。现将有关情况汇报如下：

1. 大港油田公司物资系统体制演变及发展沿革

大港油田于1964年建厂，相应成立的供应处具有物资管理和供应双重职能。油田物资管理实行以"统一计划、统一采购、统一调拨、统一分配、统一管理"为特点的高度集中的物资供应管理体系。

1979年开始，随着改革开放油田物资系统也进行了改革，供应管理体制实行统放结合的管理政策，推行以"统一计划、统放结合、加强调整、保证供应"为特点的管理模式。物资采购实行分级管理、条块结合，逐步扩大了二级单位物资采购权，二级单位也逐步设立了物资供应站及三级物资供应部门。

随着现代企业制度的推行，1996年油田建立了以"集中采购、分片供销、社会化服务、专业化经营"为特点的管理与经营分开的物资供应模式。油田改制为大港油田集团有限责任公司，设立物资装备部，行使物资管理职能。供应处改编为物资供销公司，各二级单位供应站、三级供应部门及人员一并划拨物资供销公司管理，实施经营职能。

1999年，油田重组改制，大港油田分公司与大港油田集团公司分立，大港油田集团公司设立生产协调部行使物资管理职能，大港油田公司设立电子商务部行使上市业务的物资管理职能，物资供销公司为油田公司提供大宗物资的采购、仓储和供应服务，各采油厂行使部分物资的供应职能。

2008年，公司钻探、装备制造相关业务专业化重组，其他业务与原大港油田分公司重组整合。大港油田分公司设立物资装备处行使物资管理职能，物资供销公司作为二级单位行使物资供应职能，发挥物资采购供应主渠道作用。

2. 目前物资采购管理体制、职能设置现状及优劣势分析

2008年大港油田公司为了加强物资管理、保证生产供应，对物资采购业务进行了整合，实现了物资管理的"六个统一"(统一业务流程、统一管理体系、统一计划控制、统一采购形式、统一审批权限、统一管理平台)，建立了以内控流程和风险控制为管理依据，以物资装备处为归口管理部门，以物资供销公司为采购供应主体，以物资管理信息平台为控制手段，物资管理与经营职能分离的物资采购供应管理体系。

物资装备处行使物资采购供应的管理职能。具体职责为负责制定物资管理规章制度并监督考核；采购计划和采购形式审核、审批；采购价格管理；重(特)大采购合同审查；重要物资的采购组织和电子商务管理等。

物资供销公司为采购供应主体，负责贯彻执行油田公司关于物资管理的各项规章制度；组织油区生产、矿区服务等所需物资的及时供应；组织油田公司集中采购物资及其他物资的采购实施；签订采

购物资合同；物资采购到货验收、采购物资的质量管理；仓储管理；采购物资的配送、库存及统计管理等。

各生产单位为物资使用单位，负责本单位需求计划编报；零星、急用及特殊物资采购；筐箩点管理；物资成本分析及统计；参与集中招标采购核谈判采购。

当前物资管理体制具有以下优点。

(1) 有利于加强物资的统一管理，建立统一的物资供应管理信息系统，实现了物流各环节的信息共享，物资计划、采购和储备及管理信息能够及时沟通和交流，做到管理到位，监督有力。

(2) 公司管理与操作分离的管理模式，能够充分发挥物资供销公司专业化物资采购、标准化质量控制和集约化仓储管理的优势，降低采购成本。

(3) 油田公司机关各部门、各单位职责明确，通过分权决策、民主监督的形式将集中的全力分散化、民主化、公开化，对规范采购形式，提升采购的透明度，实现阳光采购有着十分积极的作用。

当前物资管理体制存在的不足：

(1) 采购供应职能的整合还不彻底，除物资供销公司之外的部分二级单位还兼有部分采购职能，并且各单位的机构设置和管理模式不完全一致，不利于深入推行物资集中采购。

(2) 物资供销公司收取采保费增加了物资使用单位成本，各单位集中采购积极性不高。

(3) 部分自行采购物资的采购过程难以全面控制，批量采购优势得不到发挥，难以杜绝分散采购带来的成本增加，而且协调效果差，运行效率低下。

(4) 对供应商的管理还存在薄弱环节，供应商的动态量化考评和优胜劣汰还有许多工作要做。

(5) 物资供销公司现有服务意识和生产服务保证能力还不能完全满足物资使用单位需求。

(6) 物资供销公司对供应商结算滞后影响了大港油田公司的形象和声誉，对公司物资采购的招标和谈判带来了不利影响。

3.5 采购部门内部分工

采购供应的内部关系主要指采供职能部门内部的职责分工，一般有产品定位、客户定位、流程定位和地区定位 4 种模式。

3.5.1 产品定位

产品定位如图 3.8 所示。这种模式按物品的自然属性设岗，每个采购人员将全面负责某一类供应品从计划、采购、运输、验收、入库、付款到库存控制、供料管理及统计记账等所有购买活动，俗称"一竿子插到底"模式。这种模式可以使采购人员关注一个范围不大的采购区域，并逐步成长为这个供应市场上经验丰富的专家。通过将不同部门对于同类物品的小规模需求汇集起来，可以形成规模优势，有利于同供应商进行谈判。但同时这种方式影响采购人员对于独立客户群的需求的了解，每个产品线都必须通过各采购人员打交道，影响工作效率。对个人的依赖性强、交易不透明、易于黑箱操作、滋生腐败现象等弊端也非常突出。

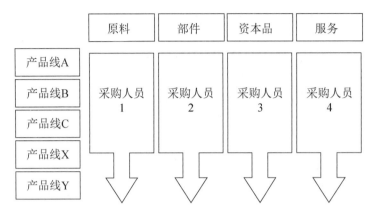

图 3.8　产品定位

3.5.2　客户定位

客户定位如图 3.9 所示。在这种模式下，一个采购人员专门为某个特定的内部客户群服务，为某一生产线或某一部门采购它们所需要的所有类型的物品。这种方式使采购人员更加熟悉特定产品和项目的需求。这也是内部客户通常偏爱的一种一站式联络方式。然而，这种模式下的采购人员将不能成为某一特定供应市场的资深专家，不同的采购员可能在采购同类物品时由于沟通不及时错过杠杆机会和经济批量。

图 3.9　客户定位

3.5.3　流程定位

流程定位如图 3.10 所示。这种模式虽在工作程序上复杂些，但充分体现了专业化分工的优势，工作透明度高，各个职能岗位相互制约，易于形成整体供应体系，维护企业整体形象与利益。越来越多的企业采用这一模式，甚至有些职能转移到供应部门之外，监督、制约的作用更加"刚性"。同时，它的缺陷也更加明显：所需采购人员的数量较多，所以要花费大量的人力资本，也可能会出现各流程的采购人员职责不平均的现象。同时，各流程的采购人员可能由于信息传递不畅产生职责重合或衔接不当等问题。

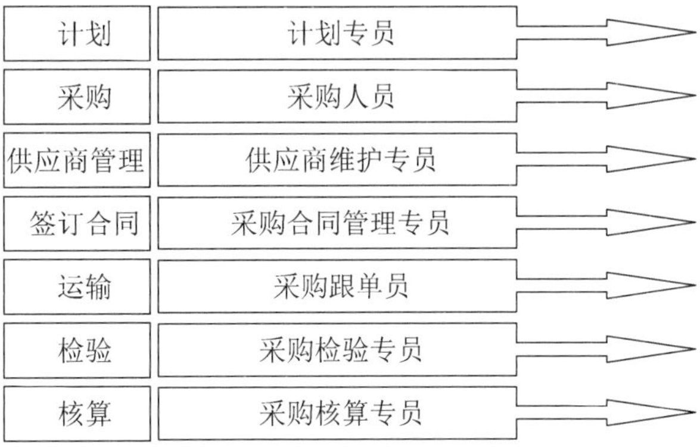

计划
计划专员
采购
采购人员
供应商管理
供应商维护专员
签订合同
采购合同管理专员
运输
采购跟单员
检验
采购检验专员
核算
采购核算专员

图 3.10 流程定位

3.5.4 地区定位

地区定位如图 3.11 所示。这种模式多适用于跨国或跨地区经营的大型企业或集团化企业，适宜地区为单位分设采购主管，每个地区的采购主管负责本地区的所有物资的采购工作，包括管理和监督本地区的采购专员。这种模式可以使各地区的采购业务操作更加简便、效率更高，对于所购得的物品的管理也更加方便。同时，权力下放所带来的风险也是不能忽视的，如果对各地区的采购工作检查和监督不到位、对各地区采购主管的选拔和考核不规范，极易造成分公司与总部运营节奏不一致和采购腐败等一系列问题。

国内
A区
采购人员
B区
采购人员
国际
亚洲区
采购人员
欧美区
采购人员
其他区
采购人员

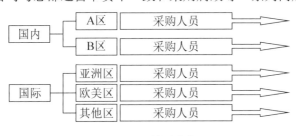

图 3.11 地区定位

3.6 采 购 人 员

采购工作正在日益显示着它对企业的重要性，如果采购人员不具备适当的知识、技能及能力来将观念转化为实践，那么企业就不可能获得采购职能所带来的竞争优势。采购人员是企业执行采购任务的员工股，他们的工作对企业竞争优势的获得起着关键的作用。

对采购人员的选用，过去一直持有的是“防止作弊”的观念，因此“忠厚老实”是非常重要的条件。但是，随着采购的重要性逐渐提高，采购的复杂性也日益上升，采购不再是拿钱买东西那么简单的事情，而变成一门专业，采购工作不再是那些只具备忠厚老实品质的人能够胜任的了。采购人员必须具备与采购复杂性相适应的素质和能力，要通过专业化的知识和能力培训达到甚至超过与企业和市场要求相匹配的水平。对采购人员除了品德方面的要求以外，还包括个人素质与技巧、产品相关专业知识及采购专业知识等方面的要求，其中谈判技巧是采购人员需要通过培训和实践而掌握的一项基本技能。采购人员的管理与发展作为企业人力资源管理与发展的一个重要组成部分,是采购人员选拔与培养、采购队伍建设与发展的基本内容,因此采购人员的选用对于企业的发展非常重要。

3.6.1 采购人员的工作内容

在一个采购组织中,我们可以把角色分为3类:直接采购人员、评论员及其他人员。其中直接采购人员的工作内容包括:所有一般性合同,在一个以上地点主要原材料的采购,大宗不动产的采购,在采购方面与集团在其他国家的子公司进行合作。评论员的工作内容包括:采购管理审计,招聘及选拔建议,特定情况下的招聘和选拔,员工培训及培养,人员需求建议,采购咨询建议。其他人员的工作内容包括市场研究、经济预测、资金管理、法律建议、采购政策、集团采购信息管理系统开发和社会政治预测。下面重点了解一下直接采购人员的具体工作内容。

1. 搜集信息

搜集信息即从供方市场搜集、整理与采购有关的所有信息。其包括:充分了解需购材料的品名、规格,调查市场行情,搜集有关供应商的资料,搜集有关替代品的资料,搜集有关品质及其他方面的资料,核定采购资金预算。

2. 询价

询价即调查、询问相关采购物资的市场价格。其步骤包括:选择询价对象,询问价格,整理报价资料,选择议价对象。广义的询价是指获得准确的价格信息,以便在报价过程中对工程材料(设备)及时、正确的定价,从而保证准确控制投资额、节省投资、降低成本。询查材料设备价格的方法有:造价信息(地区刊物)、电话询价、上网查询、市场调查、厂家报价等。询价时应该能尽可能的提供预购的产品信息、数量等。

3. 比价与议价

比价与议价即将询价所得到的价格信息,互相进行比较,并挑选相宜的价格,与价格提供者进行讨价还价。其包括:经成本分析后,拟定底价,设定议价目标;决定采购条件,包括向供应商详细说明品种、规格、品质要求、数量、折扣规定、交货期、地点、付款方法等;了解其他供应商价格是否较低;考虑价格上涨下跌因素;估算运费、保险费及关税;核对付款条件;比较交货期限。

4. 评估

评估即对拟定价格结果进行反复衡量。其包括:同规格产品的其他供应商的价格是否更加合理,供应商是否为信誉良好的生产厂家,供应商是否有必要办理售后服务,供应商是否能按期交货和货物品质是否有保障,是否需要开发其他供应商或外购。

5. 索样与决定

索样是在给定价格后,向供应商索要所需产品的样本。这里的样本一定要能代表供应商将供所有产品的性质。如果可以的话,可以要求供应商提供经过权威部门确认的样本,以保证最终取货一旦与样本不一致时,有法律可以遵循。索样的工作包括:向多家有意供应商要求取得样品,整理样本的检验结果并进行比较。

决定是对前面工作的一个结论。也就是当索样在内的所有工作都结束时,采购人员对各家供应商已经在价格、产品质量、供应商绩效等方面有了全方位的了解,可以通过一定的技术方法,如专家意见法、评分法、成本比较法等,来做出选择供应商的最后决定,同时与选好的供应商进行直接接触,进行采购谈判、就采购的具体事宜商讨细节,最终形成具有法律意义的采购合同。因此,决定的工作内容包括:选择适当的供应商并签订采购合约。

6. 请购与订购

请购是指某人或者某部门根据生产需要确定一种或几种物料,并按照规定的格式填写一份要求,递交至公司的采购部以获得这些物料的单子的整个过程。其包括:按物料计划计算请购物料数量与交货时间,请购单上应详细注明与供应商议定的买价条件,分批交货者应在请购单上注明分批交货时间表。

订购是正式向供应商订购货物。其包括:订购单函寄或传真至供应商,向供应商确定价格、品质要求、交货日期等。

7. 协调与沟通

协调与沟通即在等待到货过程中,要保持与供应商的联系。其包括对能否达到交货日期,供应商要及时回复;不能达到者要及时联络协调,以确定一个合适的交货日期。协调与沟通对于保证货物如期、如质地到达采购方,是极为重要的。

8. 催交

催交即当交货出现问题时,要及时地督促供应商交纳货物。其包括:无法于约定日期交货时,要联络请购部门,并进行交易异常控制;逾期未交货者应加紧催交;督促收货单;控制长期合同的交货。

9. 进货验收与整理付款

采购的结尾工作就是对到货进行货款的结算。其包括:进货的品质验收;进货的数量验收;核对各种手续是否完备;发票抬头与内容是否相符;发票金额与请购单价是否相同;是否有预付款或暂借款;是否需要扣款。

3.6.2 采购人员应具备的素质

采购人员应具备的素质包括:道德品质、知识素质、能力素质和身体素质。

1. 道德品质

道德是一种社会意识形态,是人们共同生活及其行为的准则与规范,具有认识、调节、教育、评价及平衡 5 个功能。道德往往代表着社会的正面价值取向,起判断行为正当与否的作用,然而,不同时代与不同阶级,其道德观念都会有所不同。道德是指导我们行为的一套原则和价值。在商业环境里,道德行为就是在商业关系中形成的涉及公平与公正的社会公认的准则。在与供应商进行交流时,一个有道德的买方会以公正合理、公平诚实的态度和恰当的方式与其进行合作。

孟子把道德规范概括为4种，即仁、义、礼、智。

职业道德是同人们的职业活动紧密联系的符合职业特点的道德准则、道德情操与道德品质的总和，它既是对本职人员在职业活动中行为的要求，同时又是职业被社会所赋的道德责任与义务。

作为采购人员应严格执行国家的方针政策和法律法规，具有正确的人生价值观和良好的职业道德，忠于企业，为企业的利益努力工作。具体包括以下内容。

(1) 忠厚、廉洁、诚信的品质。维护企业利益，不能被各种不当利益所诱惑。企业在选择采购人员时一定要对候选对象进行考察，确保选定人员人格正直，廉洁从业。采购人员要恪守诚信，与供应商和用户建立良好的关系。

(2) 敬业合作精神。敬业是职业化的基础，良好的职业道德是保证采购供应任务顺利完成的前提。采购人员要在团队中发挥积极作用，协同合作，实现共同目标。

(3) 虚心、耐心的品格。对供应商要平等相待，对用户要真诚服务，对采购物品或服务的相关专业知识，要不耻下问，虚心求教。交流谈判、沟通协调、出差走访等活动，常有不如意、不理想的情况，甚至充满艰辛、劳累，需要采购人员有良好的涵养，有足够的耐心，有吃苦的准备。

2. 知识素质

知识和能力既是相辅相成又是相互独立的，知识是能力的强大后盾，能力是知识的反应。

随着时代的发展，采购人员的文化素养、知识结构和专业水平将不断提高。作为一名采购人员，除应具备采购管理专业的知识，如采购流程、采购管理规章制度、谈判技巧、合同管理、竞标实务等之外，还应具备经济管理、财会、法律、语言、信息技术、商品学、心理学及人文地理等多方面的知识。

(1) 市场知识。了解企业所需物资，掌握市场细分策略及产品、价格、渠道等方面知识，才能合理地选择采购物资的品种、规格、型号，从而保证所采购的物资满足企业生产经营的需要。

(2) 业务知识。业务知识包括谈判技巧，产品知识(产品功能、用途、成本、品质)，签约的基本知识等，这是做好本职工作的关键，将有助于与供应商的沟通，能主动进行价值分析，开发新来源或替代品，有助于降低采购成本。

(3) 自然科学知识。自然科学知识包括自然条件变化及数理知识和计算机知识。将现代科技知识用于采购过程，把握市场变化规律，从而提高采购工作的效率与准确性。

(4) 文化基础知识。这是其他知识的基础，一个没有文化基础知识的人是干不好采购工作的。

3. 能力素质

掌握了某种知识并不意味着具备了某种能力，采购人员的工作绩效在更大程度上取决于他们运用各种知识的能力。对采购人员的能力要求主要体现在分析技巧、逻辑思维、决策能力、事业心与恒心、个人魅力、灵活性、合作精神、沟通与交流技巧、商业头脑、市场意识、战略思维、供应商关系处理、识货能力等方面。要干好采购工作，采购人员同样应具有相应的工作能力，归纳为以下几点。

(1) 分析能力。分析市场状况及发展趋势，分析用户购买使用心理，分析供货商的销售心理，从而在采购工作中做到心中有数、知己知彼、百战百胜。

(2) 协作能力。采购过程是一个与人协作的过程，一方面采购人员要与企业内部各部门打交道，如与财务部门打交道解决采购资金、报销等问题；与仓储部门打交道，了解库存现状及变化等。另一方面，采购人员要与供应商打交道，如询价、谈判等，采购人员应处理好与供应商和企业内部各方面的关系，为以后工作的开展打下基础。

(3) 表达能力。采购人员是用语言文字与供应商沟通的，因此，必须做到正确、清晰地表达所购物品的各种条件，如规格、数量、价格、交货期限、付款方式等。如果口齿不清，说话啰嗦，只会浪费时间，导致交易失败。因此，采购人员的表达能力尤为重要，是采购人员必须锻炼的技巧。

(4) 成本分析和价值分析能力。采购人员必须具有成本分析能力，会精打细算。买品质太好的商品，物虽美，但价更高，加大成本，若盲目追求"价廉"，则必须付出品质低劣的代价或损害其与供应商的关系。因此，对于供应商的报价，要结合其提供的物资的品质、功能、相关服务等因素综合分析，以便采购到适宜的物资。

(5) 预测能力。在市场经济条件下，产品的价格和供求在不断变化，采购人员应根据各种产销资料及供应商的态度等方面来预测将来市场上该种产品供给情况，如产品的价格、数量等。

4. 身体素质

面对日益激烈的市场环境，采购人员不仅需要良好的道德品质，更需要良好的身体条件做基础。特别是采购人员，长期出差在外，体力消耗与精神压力都很大，没有强壮的身体和良好的心理素质是难以胜任的。

3.6.3 提高采购人员素质的途径

1. 进行采购人员的绩效考核

目前，企业绩效管理在我国企业界引起了极大的关注，企业通过运用现代绩效管理理论及方法，分析自身的运营状况，发现存在的问题，更好地引导和激励工作人员努力工作，很大程度上提升了现代企业的竞争能力和发展水平。采购人员的绩效考核是企业管理的一个重要组成部分，通过对采购人员的绩效考核，可以修正采购活动中的失误，更换不符合要求的采购人员，并对优秀的采购人员给予必要的奖励；通过人力资源的优化，使企业的成本降低，业绩提升。对采购人员的绩效考核，不但可以增强采购人员的工作积极性，同时也是防止采购人员收受贿赂的一个手段。主要是通过一些可以量化的指标对采购人员进行绩效考核。

1) 绩效考核的作用
(1) 绩效考核是薪酬管理、职位晋升和拟订供应人员发展计划的依据。
(2) 绩效考核能展开供应环节各项工作，量化供应管理工作的业绩。

(3) 绩效考核能更好地控制供应流程，提高供应管理水平。

2) 绩效考核的原则

对供应人员的绩效考核要以工作绩效为基础，以工作事实为依据，遵循公开、公平、过去与未来并重的原则，做好绩效考核工作。

3) 绩效考核的主要指标

(1) 采购计划完成率。采购计划完成率等于考核期实际采购量与计划采购量之比。它是反映采购人员在一定时期内，保证生产用料供应程度的核算指标。在采购计划制订得科学、合理、准确的情况下，采购的计划完成率越高，说明生产用料的保证程度就越高。

(2) 采购物品质量合格率。采购物品质量合格率等于物品合格次数(每次购进物品全部符合检验要求的总次数)除以采购任务次数，能够反映采购人员对物品质量的保证程度。

(3) 物资采购物价差异率。物品计划价格与物品实际采购价格之差占物品计划价格的百分比。物品采购价格差异是反映采购人员流动资金利用情况的一项重要考核指标。可以通过价格变化，进一步考察导致差异的原因。

(4) 物品采购费用率。采购费用额与实现采购资金总额的比率。采购费用额指围绕着采购活动而发生的除购入原料或物品以外的费用，包括管理费用、装卸费用、差旅费用和办公费用等。

案例 3-4

长春克胏伯采购部人力资源管理改进

长春克胏伯公司是一家生产汽车转向柱的合资公司，中外方母公司分别为一汽富奥集团和德国蒂森克胏伯-普里斯坦集团。经过6年的发展，其产品不断升级，业务量不断扩大，公司的管理水平也不断提高。伴随着长春克胏伯公司的成长与发展，其采购部的角色变得越来越重要，由简单的非独立的服务小组成长为能够通过策略采购方法为公司获取更多利润的职能部门。面对更多的任务和更高的要求，采购部有些岗位显得力不从心，应接不暇。对这些现象的分析，找出采购部在人力资源管理上存在一些问题，分别是组织结构与分工，培训管理，绩效考核与员工个人发展计划和员工关系等。

采购部现有的组织结构是由采购经理领导一名非生产性材料采购工程师负责工装器具辅料等非生产性物料的采购和一名产品采购工程师负责生产性物料的采购及与新项目相关的工作，整个部门配备一名采购助理负责一些简单的辅助性工作。由于新项目越来越多，老项目也不断地优化改进，各个岗位的工作量都有所增加。采购经理不得不分担一部分采购工程师的工作，部门管理工作难以做好。采购助理由于工作能力较弱，即使大量加班对于本职工作也只是勉强支撑。非生产性材料采购工程师工作量增加幅度不大，工作负荷不满，但是由于外语水平较低且无工程背景，无法分担产品采购中涉及新项目的工作。通过访谈式工作分析，得出最合理的解决办法就是将采购助理转岗，重新招聘一名产品采购工程师，将采购助理所负责的辅助性工作分摊给3名工程师。这样就可以在不增加人数的前提下提升整个采购团队的工作负荷能力和效率。

在培训方面，由于新项目的不断增加造成工作量与工作难度都大幅增加，不仅现有的组织结构不能适应业务量的要求，现有人员的素质能力也面临着巨大的挑战。现有的岗位素质要求有些要求写的很模糊不可量化，有些要求虚高不太符合实际，还有一些本应是岗位必备的要求却缺失了。因此，首先是要按照实际的工作任务难度将每一个岗位的素质要求改进和更新，然后建立每一个岗位的技能矩阵(Skill Matrix)。按照每个岗位的技能矩阵上各种技能的培训优先级别并联系员工个人的实际需求组织和安排相应的培训，将更有效地提高采购团队的工作能力。此外，要求每一名参加外部培训的员工递交培训报告并在限定时间内组织同内容的内部培训，既可以约束员工对培训加强重视，不会把外部培训当作公费旅游又可以通过做内部培训师的过程加强培训的效果。

采购部现有的绩效考核指标是由公司管理层设定的，降价额度是采购部门每年主要的KPI指标，但是管理层在设置降价指标时往往会因为较强的主观性而设置了难以完成的高额指标。即使十分努力也很难100%达到这些指标，这对员工工作积极性是有损伤的。最后很有可能逼迫员工采用非常手段来增加完成指标的可能性，如谈价时故意给供应商保留较大的利润空间，便于日后完成高额降价指标。长此以往必然会伤害公司的利益。因此，如果由相应的采购工程师提供所负责材料的降价可行性及预测分析报告，由采购经理出面与公司管理层交流，尽量争取得到相对合理的既有完成难度又不是不可逾越的指标，才可以真正的起到考核和激励的作用。

目前采购部没有进行员工个人发展计划的管理，对员工个人发展和公司其实都不利。站在公司利益的角度来讲，职业生涯规划工作是必须立即加以改进的，因为职业生涯规划是企业留住人才的重要方法和手段之一，可以最大限度地调动企业员工的工作积极性，充分发挥其才华与潜能。站在员工本身的角度，职业生涯规划也是必要的。可确定符合自己兴趣与特长的生涯路线，正确设定自己的人生目标，运用科学的方法，采取有效的行动，使人生事业发展获得成功，实现自己的人生理想。

(资料来源：常静.长春克房伯采购部人力资源管理改进案例研究[D]. 吉林：吉林大学，2010.)

2. 对采购人员进行激励管理

绩效考核之后，应及时对供应人员进行激励，及时提拔和重奖突出贡献者，及时剔除表现平平者，让职业道德败坏者无立足之地。激励管理政策和方法，见表3-6。

表3-6　激励管理政策与方法

奖　励	不　奖　励	奖 励 方 式
① 彻底解决问题	① 投机取巧	① 现金
② 勇于承担风险	② 逃避风险	② 认可
③ 发挥创造性	③ 愚蠢的盲从	③ 股票期权
④ 采取果断行动	④ 只说不干	④ 休假
⑤ 开动脑筋	⑤ 一味苦干	⑤ 行动参与权
⑥ 使复杂问题简化	⑥ 不必要的复杂化	⑥ 喜欢的工作
⑦ 沉默而有效的行为	⑦ 喋喋不休	⑦ 晋升
⑧ 保质保量的工作	⑧ 匆忙草率的工作	⑧ 自我发展
⑨ 忠诚稳定	⑨ 经常跳槽	⑨ 旅游
⑩ 团结合作	⑩ 相互对立	⑩ 奖品

3. 加强对采购人员的培训

采购人员的培训主要有岗前培训和在职培训两部分。

岗前培训一般是由企业的人力资源部统一安排，培训内容包括公司文化、公司历史及同本职工作相关的工作训练和介绍。现在有很多企业要求采购人员持岗前培训合格证上岗。

采购人员在职培训较岗前培训的实务性、知识性、技巧性和专业性更强,是一种有效的培训途径。在培训时,首先要建立内部培训体系,即将采购人员先分为采购员和采购经理两大类,再以各自的工作年限区分为初级和高级两种,进而从采购人员的能力出发并根据公司文化特点建立一套系统而规范的培训体系;其次,要根据员工的具体情况和目标要求制订相应的培训计划;最后是培训计划的实施。

4. 加强企业文化建设

企业文化是企业组织在其发展过程中形成的组织成员共同的信仰、价值观和行为规范的总和,是企业核心竞争力的重要体现,是企业生存和发展的灵魂。简单地说,企业文化实际上就是全体员工共同认同的价值观念,一个企业要想完成自己的发展战略,必须要将自己企业的文化变为每个员工的目标追求。所以,加强企业文化建设,是提升企业每个员工素质的有效手段,当然,采购人员亦是如此。

本 章 小 结

当今时代,市场风云多变,竞争激烈。企业在市场中的竞争力更多地体现在成本和对最终需求的反应速度上。随着我国社会主义市场经济的发展与完善,采购供应管理不仅是企业组织生产的先决条件,而且是降低成本,获取利润的重要源泉。这种后发优势被越来越多的人们所认识。

管理体制,即一定的管理系统内部,上下左右各机构之间的管理上的权限划分和基本工作关系。企业的供应管理体制包括3方面的内容:权利的归属,是集中还是分散;采购与供应部门与其他部门的关系;采购与供应的内部关系。本章主要阐述了采购供应管理的目标与职责,采购与供应在组织中的地位,采购供应管理体制,机构设置和采购人员素质等。其中重点讲述了采购供应管理体制。

关键术语

采购与供应 Purchasing and Supply
集中采购 Centralized Purchasing
分散采购 Decentralized Purchasing
组织结构 Organization Structure
素质 Quality

习 题

一、判断题

1. 采购部在组织机构中的地位越高,其在支持企业实现目标的过程中所起的作用就越大。   (   )

2. 客户定位就是每个采购人员将全面负责某一类供应品从计划、采购、运输、验收、入库、付款到库存控制、供料管理及统计记账等所有购买活动，俗称"一竿子插到底"模式。（ ）

3. 管办分离模式各部门相互协调难度大，容易产生摩擦，发生推诿扯皮现象。（ ）

4. 供应部门隶属于生产部门是最初的组织结构，供应工作的地位相对较低，仅仅是生产的附属物，对生产过程起到后勤保障作用即可。（ ）

5. 集中采购易于调动各利润中心或成本中心的积极性。（ ）

二、选择题

1. 采购供应职能部门的工作职责不包括（   ）。
   A．指定采购计划　　　　　　　B．供应商管理
   C．人员管理　　　　　　　　　D．售后服务

2. 采购供应管理的传统细分目标包括（   ）。
   A．提供所需的物料和服务　　　B．使采购流程更有效
   C．降低存货和损失　　　　　　D．提高产品或服务质量

3. 采购与供应的内部关系主要包括包括（   ）。
   A．产品定位　　　　　　　　　B．客户定位
   C．流程定位　　　　　　　　　D．地区定位

4. 集中采购的优点包括（   ）。
   A．降低采购成本　　　　　　　B．有效防止腐败
   C．有效应付紧急之需　　　　　D．提高采购效率

5. 采购人员的知识素质包括（   ）。
   A．市场知识　　　　　　　　　B．业务知识
   C．自然科学知识　　　　　　　D．文化基础知识

三、简答题

1. 简要分析比较集中采购与分散采购的优缺点。
2. 简要分析采购部门与其他部门之间的关系。
3. 采购人员应具备的素质有哪些？
4. 采购供应管理的目标有哪些？
5. 采购部在组织结构中的地位是什么？

四、讨论题

在招聘网上搜索对采购职位的招聘信息，归纳企业对采购人员的要求。

【案例借鉴】

某集团采购组织的设计

某集团公司总部设在 A 地，它涉足 4 个特定的工作领域，每一个领域作为一个运营分部。这些分部是建筑和民运工程设计、铁路和运输服务、专业工程设计及设备管理等。分部的总经理负责每一个分部业务业绩，向集团执行总裁许诺一个 5 年存续业务计划。该集团的总营业额是 98 亿元，其中 88%是在 A 地

创造的,余下的12%主要是在B地和C地创造的。集团已任命一位新的运营总裁来审视现行的组织结构,自然也包括采购部门。

集团营业额(按照分部和采购开支)见表3-7。

表3-7 集团营业额

项　　目	分部营业额/百万元	采购开支/百万元	分部中公司的数量
建筑和民用工程设计	400	210	6
铁路和运输服务	275	180	2
专业工程设计	125	80	3
设备管理	180	130	6

现有采购职能的组织包括以下结构。

1. 集团

设有一个集团采购部经理,他被公认为缺少采购方面的经验。任命是在两年前签发的,那时从没有协商过集团的采购战略。已经存在对集团采购概念的阻力,尤其是来自分部的总经理们,他们争论的焦点是,如果他们是利润中心就应当被允许按照他们认为合适的方法去控制开支。

只有两部分交易获得实施。第一部分是差旅费,但是全部差旅开支中只有15%是源于集团的合同;第二部分是车辆,去年有1 500辆新汽车、客车和货车通过反向拍卖程序购买。这一项比以前的成本节约了30%,并且把250万元计入到集团利润账中。

2. 建筑和民用工程设计

这个部分主要是从事大型项目,包括新建的建筑物、高速公路、桥梁和管道架设。分部中的每一家公司设有一个首席采购员和支持人员。实际上,多数的采购由评估师或数量勘察员进行。采购是交易型的,并且订单是众多供应商签订的,而这些供应商是逐个项目为基础来进行选择的。分部的总经理已经公开地表示不会支持集团的集中采购,因为集团采购部不会对他的分部的需要做出反应。

3. 铁路与运输服务

该分部只有两家公司,每家公司有一个采购经理。在集团中,这是最先进的一个分部,它的总经理非常支持集中采购。除了IT、车辆和办公设备外,其开支不同于集团中的其他分部。

4. 专业工程设计

这个分部是通过收购一个非常专业的工程设计集团后,在3年前成立的。这个设计集团曾服务于E级方程式汽车赛,并为先进的核工业研究项目进行工程设计和研究,分部所属公司中没有一个正式的采购机构,但是分部盈利情况非常好,取得40%的资本回报率。该分部经理的观点是技术和资金的能力比"削减几个百分点的采购价格"更重要。

5. 设备管理

这个分部是集团中成长很快的部分。预期未来5年会实现每年20%的增长。它在取得中央和地方政府及私营公司的外包合同中实现业务增长。费用开支是基于采购大量的服务业务,包括保安、建筑物维护、电话呼叫中心等,而有趣的是,采购服务中心还包括采购职能本身(也就是采购作为一种服务业务,它被外包了)。目前,该部分的采购董事的职位空缺,无论是集团还是分部,这可能是一个重要的进步。这个决定是在没有集团采购执行经理的参与下做出的。

问题:

1. 通过对该集团资料的阅读,你认为该集团应采用哪种采购组织形式?选择这种组织形式的理由是什么?

2. 讨论各分部的采购组织或模式方案,通过对比说出它们的优缺点,并针对目前的现有状况,提出你的建议。

第4章 采购供应业务流程

【教学目标和要求】
- 掌握采购流程的含义和内容;
- 了解采购流程的分类;
- 掌握重要采购业务流程;
- 掌握流程再造的概念和理论框架;
- 了解重要的采购业务流程再造。

【知识架构】

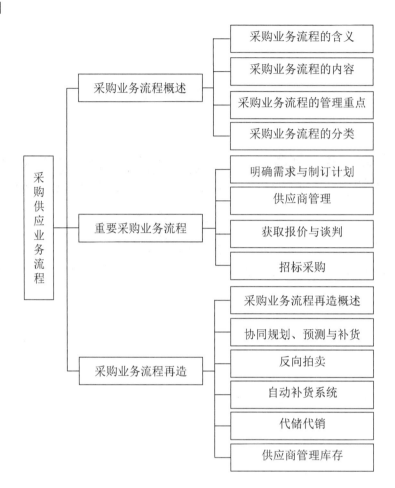

美国福特汽车企业采购流程再造

美国福特海事企业原有的采购流程,可以说是相当传统的。采购部将订单一式三份分别送给会计部、厂商和验收单位。厂商把货物送到验收单位,同时将发票送给会计部;验收单位将验收的结果填写验收单后送到会计部;会计部将所持的验收单、订单和发票三种文件相互查验,如都彼此相符,就如数付款给厂商。经重新审查,并应用电脑网络,福特有了全新的采购业务流程,如图4.1所示。

采购部将订单输入电脑资料库,如果是固定往来厂商,则以电子订货系统自动向厂商下达订单。如果不是固定厂商,则以订单传真和信函通知厂商。厂商交货给验收单位后,验收单位从电脑资料库取出订单资料,再验收所交的物品。如相符,就将验收合格资料输入电脑,经过一段时间,电脑自动签发支票给厂商;如验收不符,同时也将结果输入电脑。这样,采购部门和会计部门都可以从电脑资料中随时查询和了解采购状况,如图4.2所示。

因为采用了电脑网络,废除了发票,同时核对和签发支票等由验收单位负责,所以会计部人员几乎在整个采购作业中不需要投入大量的人力,仅定期做订单、验收等与财务有关的稽核工作。会计部在改善前,职员超过500人,改善后仅需125人。该效应也延伸到其他部门,有的部门人数甚至缩减为原来的1/200。福特企业的验收人员可以利用电脑取代会计人员来取得对过去厂商的品质评定,以便于做出是否签发支票给厂商的判断。同时,借助电脑可以将信息同时传递给各相关人员以同步工程同时处理的方式来缩短处理时效。

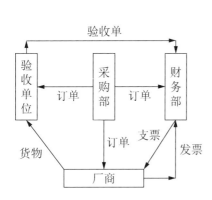

图4.1 福特海事企业原油采购流程

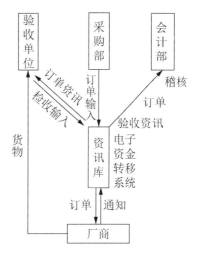

图4.2 福特海事改造后的流程

总而言之,要大幅度地缩短时效,必须采取一人多能、充分授权,并采用电脑信息技术来做全方位的改革。

(资料来源:http://wenku.baidu.com/view/458305d8a58da0116c1749ab.html。)

采购业务流程再造和优化,对于提升企业采购与供应链管理效率至关重要。福特应用电脑网络设计全新的采购业务流程,成为采购领域的经典案例。本章将从采购总流程角度阐述采购的核心流程,并对近年来关键的采购业务流程再造进行了归纳,以期为企业采购管理变革提供参考与指南。

4.1 采购业务流程概述

4.1.1 采购业务流程的含义

采购业务流程就是详细论述采购部门职责或任务的运营指南,是采购管理中最重要部分之一,是采购活动具体执行的标准。

企业中采购作业流程(通常以采购手册的形式出现)通常包括一些重要信息,这些信息有助于成功开展采购策略。有时采购作业没有标准或确定的形式,但基本上都有相同类型的信息。首先,采购部门为每个作业流程确定一个编码,表明有效日期和主题,并提出采购的具体目标。作业流程的第一部分往往是介绍性的论述,同时,如果作业流程较长,而且包括很多部分,那么就需要在此部分建立一个关于具体内容的表格或索引,对一些重要的专业术语做出定义。第二部分一般是总结和修改与作业流程相关的公司或者部门策略。第三部分指出了作业流程中的各个职位、部门或者领域的职责。例如,有时,外部供应商会使用公司的设备,这时,作业流程的这一部分就会说明具体负责这一工作的采购人员。最后两部分常常描述执行作业流程的实际过程。这往往是作业流程中最长和最详细的部分，它是文件的具体部分，描述了员工执行任务时必须遵循的指令、指示和必须进行的活动。

4.1.2 采购业务流程的内容

采购业务流程如图 4.3 所示，本书就是按照这个流程来展开具体阐述的。这些步骤虽然不一定有着严格的先后次序，但基本上是根据采购业务的实际活动列出，表明了采购活动的基本规律。

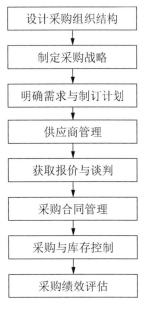

图 4.3 采购业务流程

(1) 设计采购组织结构。组织结构设计是所有采购活动实施的基础，它要根据公司的战略及企业采购的特点来设计，同时，它也决定企业采购的运营效率。这部分内容在第 3 章中进行了阐述。

(2) 制定采购战略。采购战略是对公司未来采购活动有着长远的影响。制定采购战略要分析外部环境、竞争对手及自身需求，并对采购的对象进行分类。

(3) 明确需求与制订计划。对于具体采购人员来讲，明确需求是采购工作的起点。采购管理主要是为了满足企业内部不能够或不愿意提供的需求。如果需求管理出现了问题，那么后续的采购活动会出现诸多风险。

(4) 供应商管理。供应商是企业的重要合作伙伴，供应商管理包括采购前供应商的认证，事中供应商关系的管理，以及事后供应商绩效的考核。

(5) 获取报价与谈判。企业如何获取报价，以及获取报价之后如何对报价进行合理的评估，是重要的采购决策过程。在获取报价时，有时需要进行正式的采购谈判。

(6) 采购合同管理。合同是企业经济行为的重要法律保障。如何签订一个好合同，需要考虑文化及法律的背景，要对交易中的风险进行预先性的防范。合同签订之后，还需要进行适当的管理，以确保企业采购目标的实现。

(7) 采购与库存控制。库存管理是企业经营管理的核心，它与采购管理也密切相关。采购成本与库存成本又存在着相应的权衡取舍。

(8) 采购绩效评估。绩效评估对于确保采购目标的实现有着重要的意义，它也会在企业采购过程中发挥良好的导向作用。

4.1.3 采购业务流程的管理重点

在设计采购业务流程的时候，应注意以下几点。

1. 采购结构应与采购数量、种类和区域相匹配

一方面，过多的流程环节会增加组织流程运作的作业与成本；降低工作效率；另一方面，流程过于简单、监控点设置不够等，将导致采购过程操作失去控制，产生物资质量、供应、价格等问题。

2. 前后顺序及时效控制

应注意采购作业流程的流畅性与一致性，并考虑作业流程所需的时限。例如，避免同一主管对同一采购文件做数次的签核；避免同一采购文件在不同部门有不同的作业方式；避免一个采购文件会签部门太多，影响作业时效。

3. 关键点设置

为便于控制采购作业，在采购的各阶段均能被追踪管理，应设置关键点的管理要领或办理时限。例如，国外采购的询价/报价、申请输入许可证、出具信用证、装船、报关、提货等均有管理要领或办理时限。

4. 权力、责任或任务的划分

各项作业手续及查核责任，应有明确权责规定及查核办法，如请购、采购、验收、付款等权责应予区分，并确定主管单位。

5. 避免作业过程中发生摩擦、重复与混乱

注意变化或弹性范围及偶然事件的处理规则，如"紧急采购"及"外部授权"。

6. 采购流程应反映集体决策的思想

由计划、设计、工艺、认证、订单、质量等人员一起来决定供应商选择。处理程序应合时宜，应注意采购程序的及时改进，早期设计的处理程序或流程。经过若干时日后，应检查并不断改进与完善，以回应组织的变更或作业上的实际需要。

7. 配合作业方式的改善

例如，手工的作业方式改变为计算机管理辅助作业后，其流程与表格需做相应的调整或重新设计。

案例 4-1

解百集团优化采购流程

1. 落实组织机构，规范采购流程

在采购和配送方面，解百集团制定了一套较为规范的操作流程和配套的组织机构与规章制度，把加强商品采购管理放到极其重要的位置。设立了专门的采供部，下设专职采购人员和三信员。采购人员由一批综合素质较强，具有一定经营管理意识、市场意识和公关谈判技巧的人员组成，负责新渠道引进和新产品引进；三信员(质量、计量、物价管理员)负责商品质量把关，并直接参与新品引进的资质审核，包括商品质量、计量、价格、标识、标志、合同的审核，引进的新产品必须做到证件齐全。各连锁门店专门负责销售促进，并不具有独立的进货权。新品引进后配送到各门店，实行统一进货、统一配送、统一结算。这种"进销分离"的经营模式，使各个岗位分工明确，各司其职，有利于岗位之间相互合作、相互监督，是采购员一心一意钻研市场需求，了解市场动态，提高业务能力，引进适销对路的商品；不断扩大经营商品的类别和品种；门店则专门研究市场营销、提高促销水平、扩大市场占有率。这种模式为净化进货渠道、杜绝人情货、引进货真价实的商品提供了机制上的保障。

2. 强化商品控制，完善淘汰机制

解百集团建立起一套商品控制和淘汰机制，主要包括以下措施。

(1) 引入计算机 POS 系统，利用计算机系统方便、快捷、准确的特性对商品进、销、存进行全过程动态控制，掌握商品的动销情况。

(2) 质量控制，把好商品质量关。进货时坚持"六不进"原则，即假冒伪劣产品不进；无厂名、无厂址、无合格证产品不进；不符合质量标准及有关法律法规产品不进；索证不齐产品不进；进货渠道不正产品不进；来路不明、有疑问产品不进。上柜时坚持商品检查验收，超市每月定期和不定期对商品进行抽查，并形成制度，对于不符合质量标准的坚决不予上柜。

(3) 对同类商品的品种实行严格的控制，对于那些生活必需品，如拖鞋、扫帚、拖把等，顾客对此类商品的品牌要求不高，所以要控制同类商品的重复和重叠；而对于那些品牌认知度较高的商品，如化妆品等，则尽量扩大经营的品牌，细分目标顾客群，从而促进销售。

(4) 对于新引进的商品实行试销制度，新产品引进后配送到各门店，试销 3~6 个月，如门店销售不畅，该产品坚决予以清退。

(5) 换季商品及时撤换，腾出场地销售当季热销商品，提高场地的利用率。

(6) 随着商品市场的日益丰富，新产品层出不穷，对那些逐渐滞销的商品及时淘汰，使超市商品常换常新，保持旺盛的生命力。

3. 降低进价成本，形成规模效应

为了降低零售价格，解百集团首先降低进价成本，为此，公司采取了多种行之有效的办法。

(1) 对采购人员进行职业道德和业务技能培训，不断提高他们的业务水平，使他们掌握谈判技巧，尽量降低进货价格。

(2) 利用公司的品牌、信誉效应和现有的业务渠道，吸引大量厂家主动提供价廉物美的商品。

(3) 制定具体的进货原则：本地产品坚持从厂家直接进货，扩大一手货的范围；外地产品要从总代理处进到最低价格的货；减少进货环节，降低进货成本。

(4) 扩大连锁范围，发展直营和加盟形式的便民超市和大型综合超市，不断扩大销售量，通过规模效应降低进价成本。

(5) 加强与厂家的合作，建立良好的供销关系，通过为供货商提供良好的服务，及时反馈商品信息、即时结算或引进一些产品已形成系列化的厂家进店设立专柜等，使进货价格进一步降低，而厂家派往超市的促销员，也使超市节省了大量的劳动力成本。

(6) 掌握市场需求，扩大商品销售。为了及时掌握市场动向，采购人员改变以往商家坐等厂家和供货商上门推销的被动做法，采取多种渠道开展市场调研，了解市场需求，从而确定超市经营的商品种类。超市向周围小区居民和购物顾客发放了近万张的调查表，征询消费者的意见，并在此基础上对经营的商品进行调整，在加大非食品类经营力度的同时，重点增加生鲜食品、熟食卤味、腌腊制品、粮食加工等居民"菜篮子工程"系列商品，扩大了超市的销售额。

超市发展中心还针对个性化的消费需求，走自有品牌的道路，探索定牌加工的路子，充分发挥解百的牌誉优势，创出自己的经营特色，挖掘新的利润空间。

(资料来源：陈达强，蒋长兵. 采购与供应案例[M]. 北京：中国物资出版社，2009.)

4.1.4 采购业务流程的分类

管理的科学性在于分类。对于采购业务流程来说，按照不同的分类方法，可以将其分成不同的类别。

1. 按采购业务流程的战略影响划分

根据采购业务流程对企业的战略性影响，可以将采购流程分为战略采购流程、项目采购流程和工厂采购流程。下面对这 3 种采购流程进行概述。

1) 战略采购流程

战略采购是一种有别于常规采购的思考方法，它与普遍意义上的采购区别是前者注重要素是"最低总成本"，而后者注重要素是"单一最低采购价格"。战略采购是一种系统性的、以数据分析为基础的采购方法。简单地说，战略采购是以最低总成本建立服务供给渠道的过程，一般采购是以最低采购价格获得当前所需资源的简单交易。

战略采购作为整合公司和供应商战略目标和经营活动的纽带，包括 4 方面的内容：供应商评价和选择、供应商发展、买方与卖方长期交易关系的建立和采购整合。前三个方面发生在采购部门和外部供应商群之间，统称采购实践；第四个方面发生在企业内部。其实施原则包括总购置成本最低、建立双赢关系、建立采购能力、制衡是双方合作的基础等。

战略采购的具体实施流程可以归纳为一个"十四步法"。

(1) 组织先行：建立跨部门的战略采购小组。

(2) 物以类聚：按物理属性对物料进行分类。

(3) 摸清现状：采购支出分析、识别改善的机会。

(4) 需求整合：归总合并相同或类似的需求、需求标准化。

(5) 摸清市场：分析供应市场(五力竞争分析、SWOT 分析)。

(6) 物料分类：按采购管理属性对物料进行分类，为正确指定采购策略提供指南。

(7) 设计差异化的物料分类采购策略。

(8) 选择优于培养：供应商开发评估与选择，从源头上保证供应商质量。

(9) 采购谈判：采购谈判八步骤详解。

(10) 供应商平滑转换。

(11) 供应商分类：依据采购管理属性对供应商进行分类，为制定适当的供应商管理策略提供指引。

(12) 供应商分类管理策略，全方位的供应商管理策略介绍。

(13) 与战略协作型供应商建立战略联盟：在战略、职能及操作 3 个层面建立联盟的方法。

(14) 供应商管理。

2) 项目采购流程

项目采购流程是指从项目组织外部获得货物和服务(合称产品)的过程。它包含的买卖双方各有自己的目的，并在既定的市场中相互作用。卖方在这里称为承包商、承约商，常常又叫做供应商。承包商/卖方一般都把他们所承担的提供货物或服务的工作当成一个项目来管理。项目采购主要分为工程采购、货物采购和咨询服务采购 3 类，主要的采购方式包括公开竞争性招标、有限竞争性招标、询价采购、直接采购等。

一般来说，项目采购流程应遵循以下原则。

(1) 成本效益原则。采购时应注意节约和效率，争取用最少的钱办最多的事。

(2) 质量原则。采购的产品应质量良好，符合项目的要求。

(3) 时间原则。采购的产品应及时到达，采购时间应与整个项目实施进度相适应。

(4) 公平原则。即应给予符合条件的承包商均等的机会。

既然是项目采购，那么其采购流程必然是与项目管理流程有着紧密的联系。

(1) 采购计划(Procurement Planning)：决定采购什么，何时采购。

(2) 询价计划(Solicitation Planning)：以文件记录所需的产品及确认潜在的渠道。

(3) 询价(Solicitation)：取得报价单(Quotations)、标书(Bids)、要约(Offers)或订约提议(Proposals)。

(4) 渠道选择(Source Selection)：从潜在的卖主中做出选择。

(5) 合同管理(Contract Administration)：管理与卖主的关系。

(6) 合同收尾(Contract Close-out)：合同的执行和清算，包括赊销的清偿。

3) 工厂采购流程

如果说战略采购流程是企业战略层面上的采购，项目采购流程是企业战术层面的采购，那么工厂采购流程就是企业执行层面的采购，对应着采购过程的后期采购，主要是执行开单下单、跟进交货、付款等相关事宜。采购人员的工作内容包括以下几点。

(1) 按采购供应合同与生产计划、物流需求计划的需要开具订单、签单落单。

(2) 跟进供应商的交货及周转包装材料的使用。

(3) 衔接接受验货过程，按有关规定及决策处理不合格材料的退货等。

(4) 跟进供应商表现，向供应商知会有关考评结果促其改进等。

(5) 跟进发票及付款等事宜。

工厂采购的流程是从收到"请购单"开始，具体步骤如下所示。

(1) 由采购经办人员先核对请购内容，查阅"厂商资料""采购记录"及其他有关资料后，参酌库存情况开立请购单，并送交总经理审批。

(2) 经总经理审批合格后，由采购与物料控制部门(PMC 部)向采购部发送请购单，若审批不合格，则由 PMC 部重新查询库存并核算物料。

(3) 采购部接获"请购单(内购)"后应依请购案件的缓急，并参考市场行情及过去采购记录或厂商提供的资料，选定供应商，除经核准得以电话询价之外，另需精选 3 家以上的供应商办理比价或经分析后议价。

(4) 确定价格后，采购经办人员制作订购单并交由采购部审核，采购单审核合格后由采购部向供应商发出。

(5) 供应商接到订单后对订购物品进行确认并回传订单，按照订单要求进行备货。

(6) 所订购的货物到达仓库后，由来料控制部门(IQC 部)对其进行抽样检验，将良品安排入库，将次品退回给供应商。

2. 按管办分离理念划分

对于一般企业来说，采购的管理流程和操作流程是紧密结合在一起的，在采购业务过程中，由采购部门对采购业务进行全程监控。然而对于政府采购和大型国有企业的重要物资采购来说，为了防止采购腐败，通常将采购管理流程和采购操作流程分开，由不同的部门分别负责，实现管办分离。以中石油为例，在机关层面设立物资管理中心，行使公司机关管理职能，下设物资集团，进行物资采购的实施工作。

1) 采购管理流程

负责采购管理流程工作的部门通常是监督和领导部门，其具体的工作职责包括：

(1) 组织制定物资管理各项规章制度。

(2) 承担集中采购工作，并参与相关项目的运作。

(3) 组织制定物资采购目录，并监督所属各单位实施。
(4) 负责供应商管理工作。
(5) 负责物资采购质量、仓储及统计工作。
(6) 负责物资系统内控体系建设工作。
(7) 指导、监督、检查考核所属各单位物资采购管理工作。

2) 采购操作流程

负责采购操作流程的部门是公司物资采购管理办法的落实单位，是企业物资采购的实施单位。其具体工作职责包括：

(1) 负责贯彻落实集团公司或总公司各项物资管理规章制度及相关规定。
(2) 负责编制物资需求计划和采购计划。
(3) 负责统管物资供应商的日常管理工作。
(4) 对批量物资进行招标采购。
(5) 对零星物资向供应商询价，与供应商谈判。
(6) 按照用户委托进行结算服务。
(7) 负责本单位所购物资的验收、仓储及统计工作。

案例 4-2

大陆汽车(Continental)实施全球透明化、标准化的采购流程

为确保国际化公司集团能严格遵守由法律和客户指定的规范守则，这就需要所有签订合同相关的采购决策提供最大的透明性。谁涉及决策制定流程？哪个文件是决策依据？哪些供应商分别提供了哪些条件？大陆汽车(Continental)集团已通过SupplyOn平台建立了一套标准化的采购流程，使各项采购决策更加全面和透明，同时让采购部门工作更加高效。

大陆汽车(Continental)集团面临的困难在于在全球范围内重建采购流程，使该流程能符合法律条例，并满足其客户提出的日益严格的需求。大陆集团需要引进一套集中化系统，在公司集团每年签署合同相关制定约 2 500 项决策时提供服务，处理并记录从询报价一直到最终合同签署的整个流程。由于采购项目变得日益复杂，且采购量高达 120 亿欧元，之前的流程有其局限性。管理层还面临另一个困难在于梳理决策模板，该模板需要包含制定决策流程相关的信息。因此该目标意义重大，最终由广泛自动化评估工具得以实现。

大陆汽车(Continental)决定在整个集团使用 SupplyOn 采购系统以解决其采购相关的困难。首先，该系统工具满足了让所有涉及采购决策相关的每个人员能从一开始即加入到这个流程中并且能获取所有相关文档和信息；其次，该系统工具清晰透明地记录了每次合同签订的过程是否遵循其采购规范，从而确保合同签署决策的透明性和无其他竞争争议性。一旦关闭可选择将其"冻结"。

项目的第一个阶段，首先定义和配置采购决策表格作为大陆汽车(Continental)特定采购模板。其中包括合同签署决策制定流程的相关标准，使管理团队在签署合同上做出快速、安全透明的决策。同时，采购数据(采购列表)通过编程确保实行广泛评估，主要体现在数量达到需求并实现理想价格，如满足某部门或材料组别的所有要求。

项目的第二个阶段侧重于上线。由于80%的公司战略供应商已经连接到SupplyOn，就可以侧重于内部上线及买方端的培训工作。首先，需要培训新的采购流程；其次，买方用户需要学习如何通过SupplyOn 采购模块高效地处理该流程，包括如何使用模板？负责采购项目的买方用户如果通过SupplyOn 实施批量采购，进行管理并把其他部门拉入到项目中？如何分配职责等？

> 通过该项目，采购流程毋庸置疑能完成严格的规范要求；内部协调工作作为签署合同流程的重要一部分，大大降低这方面所花费的时间和精力；采购数据库(采购列表)的引入提高了议价地位并有效提高了采购部门的效率；报价实现一键比较，从而减轻了报价评估所需的人工花费；根据标准化信息能快速安全地做出采购决策；所有决策流程相关的文件集中化存储使审计准备工作量最小化。
>
> (资料来源：http://www.supplyon.com/cn/procurement_compliance.html.)

4.2 重要采购业务流程

4.1 节已经对采购业务流程的含义、内容及需注意的要点进行了简要概述。本节将针对采购流程中的明确需求与制订计划、供应商管理、获取报价与谈判和协同式供应链管理。

4.2.1 明确需求与制订计划

计划，在现实生活中是必不可少的。工作中，需要制订各种各样的计划。要进行采购管理，首要的就是制订采购计划。制订采购计划的目的就是要根据市场的需求、企业生产的能力和采购环境等因素，来制订采购清单和采购日程表。本单元包含三部分的内容：第一部分为明确采购需求；第二部分是制订采购计划；第三部分是物料需求计划。

1. 明确采购需求

明确需求是采购供应工作重要的开始阶段。对于提高采购质量、降低采购成本、提高企业反应速度和规避采购风险都有重要影响。如果采购供应管理部门不及早参与明确需求的过程，可能会产生紧急需求和限制性说明，忽视好的采购实践，也会由于不易向供应商解释清楚需求使供应商交付的产品和服务不能满足实际需要。明确需求包括以下步骤。

1) 发现需求

企业有确切的需求，才有采购。负责具体业务活动的人员应该清楚地知道本部门独特的需求：需求什么、需要多少、何时需要。这样，采购部门会收到各个部门的物料需求单。当然，有时候这类需求也可以由其他途径满足，比如，获取其他部门的剩余物料。当然，企业总是要面临新物料的采购。有些物料申请来自生产或使用部门，也有一些关于办公设备的采购由办公室的负责人或企业主管提出，还有一些采购申请来自于销售或广告部门等。通常采购需求的方式很多，包括内部客户的采购通知单(请购单)、客户预测订单、常规的重复订购点系统、存货盘点及新产品开发过程中的物料需求。

2) 描述采购需求

只有了解使用部门到底需要什么，采购部门才可能进行采购。所以，要对所申请采购的商品和服务有一个准确的描述。准确地描述所需要的物品和服务是采购部门、使用者，或是跨职能采购团队共同的责任。

描述物品或服务的词语应该统一，为了避免误解，应使用名词手册，确保用词的统一性。在实际工作中，准确地描述主要包括采购申请的传递、移动采购申请的使用、物料请购单的使用、总括或开口订单、第三方提供维护、修理和辅助物料等。

2. 制订采购计划

采购计划编制是确定项目的哪些需求可以通过采用组织外部的产品或服务得到最好的

满足。它包括决定是否要采购、如何采购、采购什么、采购多少及何时去采购等。对于大多数项目来说，在采购计划编制过程中，考虑周到并具有创造性是很重要的。即使被视为竞争者的许多公司，在一些项目上进行合作常常也是很有意义的。

采购计划编制所需的输入包括项目范围说明书、产品说明书、市场条件及约束条件和假设。项目采购计划的编制过程就是根据项目所需资源说明书、产品说明书、企业内采购力量、市场状况、资金充裕度等有关项目采购计划所需的信息，结合项目组织自身条件和项目各项计划的要求，对整个项目实施过程中的资源供应情况做出具体的安排，并最后按照有关规定的标准或规范，编写出项目采购计划文件的管理工作过程。一个项目组织在编制采购计划中需要开展下列工作和活动：采购的决策分析、采购方式和合同类型选择，项目采购计划文件的编制和标准化等。图 4.4 为采购计划编制流程的主要内容。

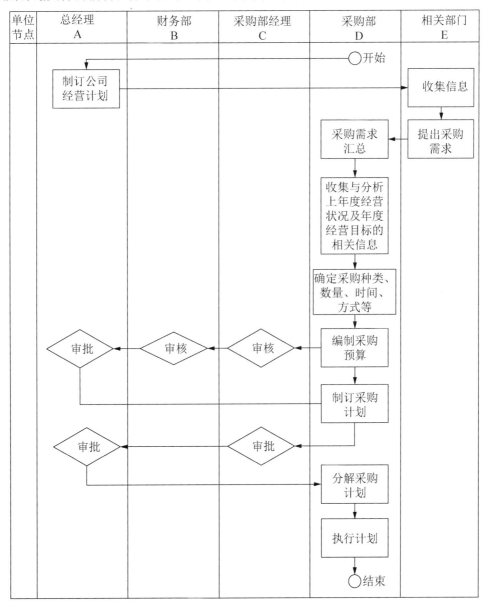

图 4.4　采购计划制订工作流程

3. 物料需求计划

"物料需求计划"是从英文"Material Requirements Planning"翻译而来的,其英文缩写为 MRP。MRP 是 MRPII(制造资源计划)及(企业资源计划)的重要组成部分。通过输入主生产计划、库存信息及产品信息,MRP 运用其逻辑,生成采购计划与加工计划。MRP 对于指定采购计划有重要意义。

1) MRP 的前提条件

(1) 要有一个主生产计划。主生产计划是驱动 MRP 的一整套计划数据,它反映出企业打算生产什么,什么时间生产,生产多少。必须考虑销售合同、市场预测、原先未完成的订单、可用物料的数量、现有的生产能力、管理方法和企业目标等。其考虑的时间范围通常为 3~18 个月。

(2) 在计划编制期间必须有一个通过物品代码表示的物品清单(Bill of Material,BOM)。物品清单是一种产品结构文件,它不仅罗列出某一产品的所有构成项目,同时也要反映出这些项目之间的结构关系,即从原材料到零件、部件,直到最终产品的层次隶属关系。

(3) 要有完整的库存记录。也就是说,在 MRP 系统控制下的所有物料都要有相应的、分时段的库存记录。

2) MRP 的假设条件

实施 MRP 系统,除了上面 3 个前提条件外,还要满足以下 5 个假设条件。

(1) 物品清单和库存记录文件的数据必须完整无误。

(2) 所有物品的订购或生产(加工)提前期是已知的。

(3) 所有物品都要进行出入库登记,即每项物料都要有入库和出库登记。

(4) 子项的需求均在父项的订货下达时发生。

(5) 每项物品的消耗是间断的。

3) MRP 的逻辑流程图

MRP 的逻辑流程如图 4.5 所示。与其他管理信息系统一样,都有输入、处理和输出 3 个过程。MRP 的输入信息有主生产计划、产品信息和库存信息。主生产计划根据销售合同、市场预测和其他需求等来确定。产品信息指前面介绍的物料清单。库存信息是指前面介绍过的库存记录,它表示物料的可用量。MRP 的输出信息有采购计划和加工计划。

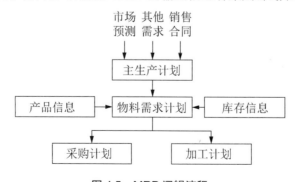

图 4.5 MRP 逻辑流程

案例 4-3

京凯公司成功应用 MRP

京凯公司是一家生产电子产品的公司，产品特点是多品种、大批量，在没有应用计算机管理系统之前，管理工作十分繁杂，管理人员经常加班仍不能满足企业的要求。

1. 使用前的情况

在没有使用计算机管理之前，PMC 部每次下生产计划都要人工计算生产用料单，花费大量的时间清查现有库存、计算缺料等；材料品种多，进库、出库、调拨的频繁操作也使得仓库的管理工作量十分大，人工误差导至库存数量的不准也影响到生产发料；停工待料现象经常发生，因而也影响到生产，导致交货不及时。供应商的交货信息、客户的发货情况不能及时反馈到财务部门。各个部门各自为政，信息流通滞后，严重影响经营决策，整个企业的管理比较杂乱。

2. 使用后的情况

公司开始使用软智 ERP/MRP 管理系统后，PMC 人员下一个生产计划由原来的两天变为十几秒钟，材料仓的进货可在第一时间自动补充生产缺料也使得生产状况得到极大的改善。库存管理体系建立后，减少了库存的积压，有效地控制了库存资金的占用。企业的销售、采购、客户、供应商、应收、应付信息紧密地联系在一起了，有效地改善了原来信息严重滞后的情况，大大减轻了财务人员的工作负担，提高了工作效率。通过基础工程数据的实施，使整个公司达到了企业信息管理的规范化和标准化，信息的高度集成使企业的管理面目焕然一新。企业的销售、供应、生产计划、库存各个系统协同运行，有效地缩短了计划的编制周期，提高了物资采购的计划性、准确性。利用系统内质量监测数据档案，大大提高了产品的质量。

3. 系统的经济效益

通过软智管理系统的使用，提高了生产计划的准确性和成本核算的可靠性，降低了物料储备和物料消耗，减少了在制品数量，缩短了生产周期。降低了储备资金、生产资金、成品资金及其他资金占用，节约了流动资金，降低了生产成本，加速了流动资金的周转，提高了单台产品的利税。系统实施后，极大地提高了管理人员的工作效率。产品质量的提高赢得了客户的好评，大大提高了产品的市场占有率，取得了好的经济效益。

（资料来源：http://wenku.baidu.com/link.）

4.2.2 供应商管理

供应商指的是那些向买方提供产品或服务并相应收取货币作为报酬的实体，是可以为企业生产提供原材料、设备、工具及其他资源的企业。供应商可以是生产企业，也可以是流通企业。供应商管理就是对供应商的了解、选择、开发、使用和控制等综合性管理工作的总称。

供应商作为企业外部环境的组成部分，对企业采购物资的质量和价格水平产生巨大影响。好的供应商可以提供稳定可靠的货源，买卖双方关系融洽、互相支持、共同协调，对企业的生产和成本效益都会有很多好处。下面从供应商评估与选择、供应商关系管理和供应商绩效考核三个角度对供应商管理进行论述。

1. 供应商评估与选择

由于不同产品在质量、价格、交付、运输、包装、服务等方面的要求不尽相同，企业对供应商的要求也不是放之四海而皆准的。要选择合适的供应商，就要对供应商做出系统全面的评价，也就必须有一套完整、科学、全面的综合评价指标体系。

供应商评估与选择可以归纳为以下几个步骤。

1) 建立供应商评价与考核工作小组

企业必须建立一个工作小组以控制和实施供应商选择的过程。组员来自生产、采购、质量、工程和财务等与选择供应商密切相关的部门，组员必须有团队合作精神及一定的专业技能。此外，工作小组取得最高领导层的支持是非常重要的，特别是建立合作关系的时候，往往需要有最高领导层成员的直接参与。

2) 确定指标

供应商的评价指标主要包括两个方面，即能力和积极性。对供应商能力的质化指标见表4-1。

表4-1 供应商能力质化指标

标　　准	说　　明
一般经营情况	① 公司成立的历史； ② 负责人的资历； ③ 登记资本额； ④ 员工人数； ⑤ 主要客户； ⑥ 财务状况
供应能力	① 生产设备是否新颖； ② 生产能力是否充分利用； ③ 厂房空间是否足够； ④ 工厂地点是否临近买方
技术能力	① 技术是自行开发还是依赖外界开发； ② 有无国际知名机构技术合作； ③ 现有产品或样品的技术评估； ④ 技术人员人数及教育程度
管理能力	① 生产作业是否顺畅合理，产出效率如何； ② 物料管制流程是否电脑化，生产计划是否经常改变； ③ 采购制度是否能确实掌握材料来源及进度； ④ 会计制度是否对成本计算提供良好的基础
品质能力	① 品质管制制度的推行是否落实，是否可靠； ② 有无品质管制手册； ③ 是否订有品质保证的作业方案； ④ 有无政府机构的评鉴等级

衡量供应商积极性的指标可以归纳为两个方面，分别是：采购方提供的业务价值量和采购方的业务对供应商的总体吸引力；采购方提供业务价值量的大小是通过采购额与供应商的营业额进行对比来衡量的。

而采购方采购业务对供应商的吸引力则表现在以下几个方面。

(1) 与供应商业务的一致性。
(2) 与采购方进行业务往来的便利性。
(3) 采购方的财务状况和付款记录。
(4) 与著名客户交往所带来的商誉。
(5) 业务发展潜力。
(6) 其他能够表明供应商的迹象。

根据以上供应商积极性的评估标准，可以把供应商划分为四个象限，如图4.6所示。

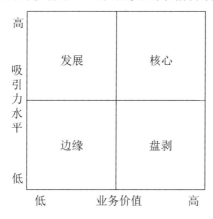

图 4.6　供应感知模型

3) 识别与筛选供应商

企业在识别供应商时，应该更积极主动，而不是通过供应商自己送上门。适合供应商越多，选择优秀供应商的机会也越多，同时增加了企业在谈判中的砝码。供应商评价过程可能是非常复杂和费时的，对供应风险和费用支出都很高的关键性采购项目进行的供应商评价更是如此。对于这些采购项目，企业需要对潜在供应商的能力和积极性进行深入彻底的评价。很明显，企业不可能对大量供应商都进行这样的评价。因此，在着手进行更全面分析之前，企业应尽量将所有不能满足企业要求的供应商剔除。

4) 供应商深入调研

这是对供应商进行正式评价前的最后一个步骤，主要工作是搜索企业所需的关于供应商能力和积极性的信息。获得这些信息的渠道有几类：①已公开的信息源，②供应商调查问卷，③拜访供应商，④供应商的客户证明人。

5) 加权评分

对供应商进行评分，首先要根据公司采购品项的供应目标，设定供应商能力测评标准的权重，这些标准一般包括一致性规格、产品可靠性、交货提前期、备用件的持续可获得性、技术支持、产品生命周期等；其次，根据设定的权重评定潜在供应商能力的等级，分为确定评估类别的值域和分值及利用测评标准和分值来评定供应商的能力等级两个步骤；最后，将能力等级和积极性等级综合在一起，确定供应商的最终等级。

2. 供应商关系管理

供应商关系管理(Supplier Relationship Management，SRM)实际上是一种以"扩展协作互助的伙伴关系、共同开拓和扩大市场份额、实现双赢"为导向的企业资源获取管理的系统工程。这里重点论述的内容为供应商关系分类、建立和维护长期战略伙伴关系。

1) 供应商关系分类

应该确定符合公司战略的供应商特征，对所有供应商进行评估，可以将供应商分成交易型、战略型和大额型。一般来讲，交易型供应商是指为数众多，但交易金额较小的供应商；战略型供应商是指公司战略发展所必需的少数几家供应商；大额型供应商指交易数额巨大，战略意义一般的供应商。供应商分类的目标是为了针对不同类型的供应商，制定不同的管理方法，实现有效管理。这种管理方式的转变，应该首先与各利益相关方进行充分沟通，获得支持。

2) 长期战略合作伙伴关系

确定对各类供应商采用何种关系和发展策略，这可通过几个步骤来进行：首先，与战略供应商和大额增长型供应商在总体目标、采购类别目标、阶段性评估、信息共享和重要举措等各方面达成共识，并记录在案；其次，与各相关部门开展共同流程改进培训会议，发现有潜力改进的领域；再次，对每位供应商进行职责定位，明确其地位与作用；最后，双方达成建立供应商关系框架协议，明确关系目标。在这一部分可以做的工作包括建立供应商的管理制度；供应商绩效管理；供应商的合同关系管理；采购流程的设计与实施。SRM 能够使采购流程透明化，并能提高效率和反应能力，降低周转时间，提高买卖双方的满意度。

3. 供应商绩效考评

供应商绩效管理的目的是了解供应商的表现，促进供应商提升供应水平，并为供应商的奖惩提出依据，确保供应商供应的质量，同时在供应商之间比较，继续同优秀的供应商进行合作，淘汰绩效差的供应商。在进行供应商绩效管理同时了解供应存在的不足之处，将不足之处反馈给供应商，可以促进供应商改进其业绩，为日后更好地完成供应活动打下坚实的基础。

供应商绩效管理的基本原则包括以下 3 点。

(1) 供应商绩效管理必须坚持进行，要定期检查目标达成的程度。当供应商知道会定期被评估时，自然就会致力于改善自身的绩效，从而提高供应质量。

(2) 要从供应商和企业各自的整体运作方面进行评估，确定整体的目标。

(3) 供应商的绩效总会受到各种外来因素的影响，因此，对供应商的绩效进行评估时，要考虑到外来因素带来的影响，不能仅仅衡量绩效。

供应商的绩效考核具体来说，可以分为 5 个步骤。

(1) 确定考核主策略划分考核层次。一般的做法，是划分出月度考核、季度考核和年度考核(或半年考核)的标准和所涉及的供应商。进行分层次考核的目的在于抓住重点：对核心供应商进行关键指标的高频次评估，以保证能够尽早发现合作过程中的问题；对于大部分供应商的评价则主要通过季度考核和年度考核来进行，通过扩充考核要素进行全面的评估。

(2) 供应商分类建立评估准则。这一阶段的重点在于，对供应商供应的产品分类，对不同类别的供应商建立不同的评估细项，包括不同的评估指标和每个指标所对应的权重。需要特别指出的是，考核策略需要根据不同层次、不同供应商类别，结合企业具体的管理策略进行定义。

(3) 划分绩效等级进行深入的分析。采用平衡记分卡，对供应商的每一项指标进行具体考核后，接下来要对供应商的绩效表现划分等级，采取不同的处理策略。通过不同维度的分析，我们可以看出每家供应商在单次考核期的绩效状况，该供应商在该类供应商中所处的水平、该供应商的稳定性和绩效改善状况等，从而对供应商的表现有一个清晰全面的了解。

(4) 制定供应商关系策略。在分析的基础上，对供应商进行分类，从而制定不同品类的供应商关系策略。供应商关系策略主要包括两种：一种是基于长期合作的战略合作伙伴关系，另外一种是基于讨价还价的短期市场交易关系。

(5) 传递改善目标督促供应商进行改善。供应商进行分类后，对于希望继续合作但表现不够好的供应商要尽快设定供应商改善目标。首先将评估结果反馈给供应商，让供应商了解它哪里做得好，哪些地方表现不足。改善的目标一定要明确，要让供应商将精力聚焦在需要改善的主要方面。

4.2.3 获取报价与谈判

报价与谈判是采购过程中的一个重要的活动，经过这一步才能最终确定企业与哪个供应商进行交易。可以说，狭义的采购就是获取与选择报价。另外，谈判也可以说是获取与选择报价的一种重要的方法。

1. 获取报价

报价是指供应商主动或应采购方邀请向公司提出成交条件的表示。报价的法律术语是要约，除此之外还有发盘、报盘、出价、投标及提案等相近术语。但要注意的是，供应商的报价不仅仅是价格，而是全面的成交条件。报价中除了价格之外，还包括质量、交付及服务等条件。

根据正式性的不同，我们将获取报价的方法分为4种，包括非正式方法、询价-报价法、正式招标法及新型的电子市场方法。

1) 非正式方法

非正式方法即通过电话向一两个供应商询价，并且可以立即订购。之后通过一份简短的传真或邮件来确定订单，不过唯一有效的交易记录常常只是供应商的发票；或是通过互联网浏览几家供应商的网站，查询公布的说明及价格明细，并与你认为最合适的供应商直接进行在线订购。

2) 询价-报价法

这种方法介于非正式方法和正式招标法之间。当公司希望与经挑选的有限数量的供应商进行交易时通常使用这种方法。询价-报价法是企业获取供应商报价的最普遍的方式。与非正式方法相比，它涉及更多的成本和时间。然而它又比正式招标法成本更低且更快捷。

3) 正式招标法

招标采购是指采购方作为招标方，事先提出采购的条件和要求，邀请众多企业参加投标，然后由采购方按照规定的程序和标准一次性的从中择优选择交易对象，并提出最有利条件的投标方签订协议等过程。招标的程序具有公开性、竞争性、公平性的特征。其主要的招标形式包括公开招标、限制性招标、两段式招标等。

4) 利用电子市场获取报价

利用互联网进行的电子商务操作为采购交易拓展了一系列的选择。通过互联网采购可以接触到更多的供应商并加速和简化实际操作。因此，通过互联网可以促进主要购买者之间的竞争，缩短供应提前期并减少管理成本，主要包括电子目录、电子拍卖、反向拍卖等。

评估报价的流程可以概括为以下 6 个步骤。

(1) 采购部通过对各种采购价格资料的分析，确定影响采购价格的因素，包括供应商成本、规格与品质、供求关系、采购数量、交货条件等。

(2) 采购部要对市场价格做进一步的了解，调查具体的供应商价格、档次和变动情况等信息。

(3) 采购部对拟采购物品的成本进行分析，包括工程或制造方法、所需的特殊设备、人工成本等。

(4) 采购部通过市场调查及对采购成本的分析，编写采购价格分析报告，以确定采购价格的大致范围。

(5) 采购部负责与供应商进行接触，并就价格进行沟通。

(6) 采购部在与供应商达成一致的基础上，编写采购价格报告。

2. 采购谈判

谈判是通过面对面或电子方式进行正式沟通的过程，有两个或多个人就一个或多个问题寻求协议。采购谈判是采购过程中一个关键的部分。谈判过程包括管理时间、信息及相互依赖的个人和组织之间的力量。每一方都对另一方有需求，进而认识到满足这种需求往往需要妥协或让步。谈判可分为两个阶段：谈判前的准备阶段及谈判的实质性阶段。

1) 谈判前的准备阶段

谈判前的准备工作主要包括 9 个步骤。

(1) 确立谈判目标。

(2) 分析各方的优劣势。

(3) 收集相关信息。

(4) 了解对方的需要。

(5) 识别实际情况。

(6) 设定问题成交位置。

(7) 开发谈判战略与策略。

(8) 介绍谈判内容。

(9) 进行谈判预演。

2) 谈判的实质性阶段

双方面对面地坐下来，就开始了谈判的实质性进行阶段。双方的工作包括以下几个步骤。

(1) 彼此熟悉阶段。双方就会谈的目标、计划、进度和参加人员等问题进行讨论，尽量取得一致意见，以及在此基础上就本次谈判的内容分别发表陈述。它是在双方已做好充分准备的基础上进行的。通过这种商谈，可为以后具体议题的商谈奠定基础。这里有两点是必须在这一阶段解决的，即采购谈判的主题和采购谈判的时间安排。

(2) 实质性谈判阶段。在该阶段，双方各自提出自己的交易条件，并且尽量提出有说服性的理由进行磋商，争取达到一致。磋商的结果要么是企业放弃某些利益，要么就是供应商放弃某些利益，也可以是双方进行利益交换。谈判过程中，一方面要充分阐述自己的观点，合理的坚持自己的观点，维护自己的利益；另一方面，也要认真听取对方的意见。

(3) 结束阶段。该阶段的主要任务是尽快达成交易；签订书面协议或合同；谈判资料的回收和整理等。供需双方在交易将要达成时，必然会对前几个阶段的谈判进行总体回顾，以明确还有哪些问题需要讨论，并据此对某些重要的交易条件、目标做出最后的决定，明确企业为实现本次交易所需做出的最后让步的限度，以及最后阶段所要采用的策略和技巧，开始着手安排签约事宜。

当双方对所有的交易条件都达成共识后，双方就可将谈判结果以法律的形式确认下来，即进入签约阶段。

案例 4-4

通过谈判创造新价值

对于铁路业来说，韦恩·德莱尼相对而言是个新手。然而，这并不妨碍他利用在通用电气数年得到的知识和技能，来改善一家大的钢铁生产商的子铁路公司的绩效。那么他是如何做到这一点的？

母钢铁公司的执行管理层命令所有的运营部门(包括铁路部门)把精力专注于净资产回报(Return on Net Assets, RONA)上，因为 RONA 是一个重要的绩效指标。高 RONA，在减少资产和其他现有债务的同时提高利润，铁路部门不同的功能小组不得不独自或合作探寻新方法。代表五个不同铁路部门的采购团队致力于为减少资产做出的努力，而这些资产是被铁路部门用来维护铁路、设备和设施的。在净资产回报率方程中，库存占据了分母构成的很大一部分。

采购团队通过与供应商达成以寄销存货为特征的长期合同来提高资产回报。库存的寄销就是当内在客户实际用到产品时才对其进行的支付。之前，每一个铁路部门都利用短期采购订单采购其所需要的产品。

尽管五个铁路部门分别作为独自的团体进行运营，韦恩同五个部门直接合作进行谈判并签订整个体系的合同。采购团队识别订立长期合同所涉及的潜在产品，识别并分析潜在供应商，制定可供最终价格参考的基准价格，计算年需求量及在谈判中代表每一个铁路部门的利益。

在进入采购谈判前，每个铁路部门都有一次阐明自己精确需求的机会。在供应商进行谈判前，每个内在客户都会得到一份普通合同。铁路部门可以识别他们所期望选择的合同，用户还能通过列出他们期望在最终谈判中被设计的任何产品来扩展合同内容。

韦恩订立合同和进行谈判的方法是否取得了成功？三年内，铁路部门现有的库存降低了 50%以上。长期协议还使得一些铁路部门缩小了规模，因为供应商担负了一些之前需由铁路部门承担的责任，如运送及实物存储。此外，由于将相同的采购需求结合到了一起，铁路部门还实现了价格的降低。总之，目前铁路部门实现了 35%的净资产回报率，使铁路部门的一些人开玩笑说铁路部门或许可以兼并母钢铁公司，因为钢铁公司都没能达到其自己的运营目标。

(资料来源：[美]罗伯特·蒙茨卡. 采购与供应链管理[M]. 3 版. 北京：中国物资出版社，2008.)

4.2.4 招标采购

招投标采购是一种特殊的交易方式，它也是得到世界公认和首肯的一种采购方式，尤其是国际上的政府采购活动，将其推荐为最先进和最适用的采购方式。招投标，即招标和投标。招投标包括招标和投标两部分不同的内容，是招标和投标双方的一种合同交易行为。招标采购是通过在一定范围内公开购买信息，说明拟采购物品或项目的交易条件，邀请供应商或承包商在规定的期限内提出报价，经过比较分析后，按既定标准确定最优惠条件的投标人并与其签订采购合同的一种高度组织化采购方式。

1. 招标采购的分类

按照招标采购的方式，可将其分为3类：公开招标、邀请招标和议标。

1) 公开招标

公开招标又称为竞争性招标，即由招标人在报刊、电子网络或其他媒体上发布招标公告，吸引众多企业单位参加投标竞争，招标人从中择优选择中标单位的招标方式。

2) 邀请招标

邀请招标由招标单位选择一定数目的企业，向其发出投标邀请书，邀请他们参加招标竞争。采用邀请招标方式的前提条件是对市场供给情况比较了解，对供应商或承包商的情况比较了解。此外还要考虑招标项目的具体情况：一是招标项目的技术新而且复杂或专业性很强，只能从有限范围的供应商或承包商中选择；二是招标项目本身的价值低，招标人只能通过限制投标人数来达到节约和提高效率的目的。

3) 议标

议标也称为谈判招标或限制性招标，即通过谈判来确定中标者。议标的方式又可分为直接邀请议标方式、比价议标方式、方案竞赛议标方式。

2. 招标采购的特点

招标采购一般具有以下特点。

1) 公开性

公开性是指整个采购程序都在公开情况下进行，以及公开发布投标邀请，公开开标，公示采购法律、采购投标的技术规格等必要参数，公示投标商资格审查标准、最佳投标商评选标准(事先公布)、投标截止时间、招投标结果，并接受社会监督，程序非常规范。

2) 竞争性

招标是一种引发竞争的采购程序，是竞争的一种具体形式。招标的竞争性充分体现在现代竞争的平等、信誉、正当和合法等基本原则。采购单位通过招标程序，可以最大限度地吸引和扩大投标人的竞争，从而使招标方有可能以最低的价格采购到所需的物品或服务，充分地获得市场利益，有利于其经济效益目标的实现。

3) 公平性

所有感兴趣的供应商、承包商和服务提供者都可以进行投标，并且其地位一律平等，不允许对任何投标商进行歧视。招标结束时，评选中标商应按事先公布的标准进行。

4) 一次性

招标是一次性的，俗称"一口价"，不容反悔，并且不准同投标商进行谈判。所有这些措施既保证了招标程序的完成，又可以吸引优秀的供应商来竞争投标。

3. 招标采购的流程

在国内和国际上招标的运作程序的差异不大,一个完整的招标采购一般应包括以下 6 个阶段。

1) 策划阶段

招标前的策划工作是进行招标工作的第一步,也是招标能否成功的关键一步。这个阶段的工作过程主要包括风险分析、合同策略制定、中标原则的确定、合同价格的确定方式、招标文件编制等。充分做好这些工作过程的规划、计划、组织、控制的研究分析,并采取有针对性的预防措施,减少招标工作实施过程中的失误和被动局面,招标工作质量才能得到保证。

2) 招标阶段

这是招标采购的第一阶段。在这一阶段,采购机构需要组织主要进行以下工作。

(1) 确定采购机构和采购需求。

(2) 编制招标文件,确定标底。

(3) 发布采购公告或发出投标邀请。

(4) 进行投标资格预审,通知投标商参加投标并向其出售标书。

(5) 组织召开标前会议等。

3) 投标阶段

投标是指投标人接到招标通知后,根据招标通知的要求填写招标文件,并将其送交采购机构的行为。在该阶段,投标商所进行的工作主要有:申请投标资格、购买标书、考察现场、办理投标保函、算标、编制和投送标书等。其中,投标书、投标报价需要经过特别认真的研究,详细地论证完成。这些内容是要和许多供应商竞争评比的,既要先进又要合理,还要有利可图。

4) 开标阶段

开标是采购机构在预先规定的时间和地点将投标人的投标文件正式启封揭晓的行为。开标由采购机构组织进行,但需邀请投标商代表参加。在这一阶段,采购人员要按照有关要求,逐一揭开每份标书的封套,当众宣读供应商名称、有无撤标情况、提交保证金是否符合要求。开标结束后,还应由开标组织者编写一份开标会纪要。

5) 评标阶段

评标是采购机构根据招标文件的要求,对所有的标书进行审查和评比的行为。评标是采购方的单独行为,由采购机构组织进行。在该阶段,采购员主要进行以下工作。

(1) 初步评标。审查标书是否符合招标文件的要求和有关规定。

(2) 详细评标。组织人员对所有的标书按照一定方法进行比较和评审,就初评阶段被选出的几份标书中存在的某种问题要求投标人加以澄清。

(3) 编写并上报评标报告。

(4) 资格后审。如果审定合格应授予其合同;如不合格,则应对下一个评标价最低的投标商进行类似审查。

6) 定标阶段

定标也即授予合同,是采购机构决定中标人的行为。定标是采购机构的单独行为,但需由使用机构或其他人一起进行裁决。在这一阶段,采购机构所要进行的工作有决定中标人,通知中标人其投标已经被接受,向中标人发授标意向书,通知所有未中标的投标,并向他们退还投标保函等。

4.3 采购业务流程再造

4.3.1 采购业务流程再造概述

1. 业务流程再造

业务流程再造是由美国的 Michael Hammer 和 Jame Champy 提出,在 20 世纪 90 年代达到了全盛的一种管理思想。对于流程再造的定义,一些外国学者也觉得啰嗦和绕口,所以就有这样一个简洁的表述"再造就是推倒重来!"而国内学者比较认同的定义则是流程再造是指一种从根本上考虑和彻底地设计企业的流程,使其在成本、质量、服务和速度等关键指标上取得显著提高的工作设计模式。

1) 核心思想

流程再造的核心是顾客满意度,而核心思想是要打破企业按职能设置部门的管理方式,代之以业务流程为中心,重新设计企业管理过程,从整体上确认企业的作业流程,追求全局最优,而不是个别最优。随着互联网对重构完整的价值链的要求越来越高,品牌之间的竞争和对抗将日益淡化,取而代之的是关于公司价值链的强度和效率的竞争。流程合作涉及反复进行的协商式业务流程的两方或更多方,该流程在本质上更具关系性,而非交易性。企业的管理应该是流程驱动的管理。另外,流程再造的目的也是要通过对企业和产业流程的梳理、精简,来实施流程化管理。也只有在经过流程优化的企业里实现流程导向,推行流程管理才可能成为现实。

2) 理论框架

企业流程再造理论框架包括了再造过程中的各个部分,主要包括:一系列的指导原则;企业流程再造的过程(一系列的活动和它们的内部关系);一系列的方法和工具,以及这些方法和工具在支持企业流程再造过程中的作用。企业流程再造理论框架涵盖了再造的重要环节,企业自己可以在理论框架的指导下顺利地完成企业流程再造过程。

图 4.7 描绘了企业流程再造理论框架,上半部分说明了框架的基本结构。企业流程再造过程是框架的核心内容,包括组成过程的各个活动,以及活动之间的关系。企业流程再造原则是进行企业流程再造的指导思想,涵盖了管理学家的研究成果和各个实施企业流程再造厂家的实践经验。企业流程再造的方法和工具促进了企业流程再造的实践,为企业流程再造提供了具体的分析、设计和实施技术,确保企业流程再造的顺利进行。

2. 采购业务流程再造

采购是企业经营的重要环节,采购部门的任务是按质、按量、及时、经济地为生产、销售、工程、售后等提供优质经济的物料,并保证计划对所需物料进行核定;编制采购计划及预算,选择供应商,组织采购,安排合理储备;提高计划准确率,减少储备资金占有,加速资金周转,降低采购成本。而由于管理模式的不同,采购流程的制度也因企业而定,流程设计的成功与否直接影响采购的效率和有效性,从而导致采购成本、运输成本居高不下。因此，采用何种方法策略对流程进行再造，是流程再造成功与否的关键。

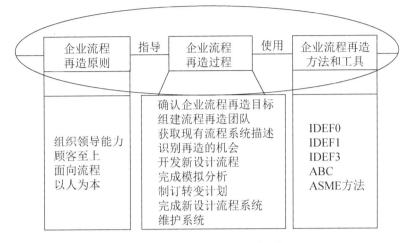

图 4.7 企业流程再造理论框架

1) 采购流程再造的特点

(1) 供应商的电子化管理。主要表现在以下几个方面：首先，通过自动化的供应商材料及报价单处理，使企业更易判断是进行自制还是外购；其次，各部门可共同监督和实施供应商管理，使供应商信息在内部体现"透明"；最后，也加大了新材料的开发力度。

(2) 工作程序简化。首先，简化了工作程序，内部审核减少；其次，企业内部信息沟通速度加快，采购无须再做一些书面通知如运输计划、预计到货通知、材料到货情况、入库情况、付款计划等，现可通过数据库的共享而实现信息自动化管理；最后，随着员工工作量的减少也减弱了因人为疏忽而带来工作上的失误及沟通缓慢等障碍，也使员工有更多的时间和精力关注于自己工作领域内发生的市场变化。

(3) 以流程为中心取代以职能为中心。突破了部门界限，即以工作流程的自动化取代了原来以职能为中心的工作重心，现在的工作是面向流程而非单一部门。使各部门的本位主义不复存在，形成工作流程高效运作的共同利益体。

(4) 采购周期缩短。通过信息化加快了与供应商的沟通，使供应商可以根据企业生产所需而准备相应的材料，实现准时供应所需数量和质量的材料。同时，企业内部突破了信息传递的限制，流程的改革使企业增加了活力和工作的弹性，消除了人为因素，故采购周期缩短。

(5) 实现了内部资源的整合。首先，企业的信息化减少了工作的随机性，加大了计划力度，使企业预测能力增强，且财务监控能力加强，实现了物流、资金流的严格控制和实时监控；其次，信息化也带来了企业人员和能力剩余。部分岗位已不需要设置专职员工，且部分员工有能力完成更多的工作等。

2) 步骤设计

根据在该企业试点的情况，以运营模式变革为中心的采购流程再造步骤可以归纳为 5 个阶段。

(1) 预备阶段。任务是搭建团队，锁定目标。本阶段有可以分为三步：第一步，建立组织，在企业管理高层建立以企业掌舵人牵头的采购流程再造工作推进机构，并建立定期进度报告和追加授权制度；第二步，通过对现存及潜在竞争对手的全面分析，给企业选定一个或几个比自己强大而具有可追赶性的成长性优势企业，作为标杆企业；第三步，参照标杆企业，重新识别供应市场，对供应商进行分析和重要度区分。

(2) 自检阶段。任务是系统诊断，判定症结。本阶段也包括三个步骤：第一步，对比检查针对企业内各部门各层次需求的满意率和满足率，根据差距检查战略导向存在的问题，并对采购战略进行调校；第二步，依据调校后的采购战略推动采购模式转型；第三步，对现有采购模式进行彻底地适应性诊断，确定其症结所在。

(3) 设计阶段。任务是营造环境，设计方案。本阶段包括四步：第一步，转换思维模式，统一采购人员的思想认识，打消顾虑，认同企业新的愿景；第二步，根据新的市场导向和内部需求，为企业选定新的与其相配套的采购模式；第三步，诊断现有流程，进行流程效率和效能评估；第四步，以新的采购模式为中心重新设计企业采购流程和推进流程再造的实施方案。

(4) 推行阶段。任务是以点带面，强力推行。本阶段包括五步：第一步，选定试点单位，进行局部试点；第二步，根据试点采集的信息分析情况，对设计方案进行完善修订；第三步，广泛而充分地与全体员工交流沟通，取得大多数人的理解和支持；第四步，对原有的组织结构进行迅速变革，对管理人员进行迅速调整；第五步，果断地完成新旧流程的同步切换，废旧立新。

(5) 调校阶段。任务是完善规范，持续改进。本阶段包括六步：第一步，要不间断地对其与新的运营模式之间的适应性进行调校；第二步，及时跟进信息化建设；第三步，重新设计以流程绩效、整体流程贡献率及流程协调度为主要考核重点的新的绩效评估体系；第四步，以正式流程管理文件、图表等企业标准的形式对新流程规范化；第五步，流程随时进行诊断；第六步，根据诊断情况，对流程反复完善，不断改进。

案例 4-5

溢达集团订单管理流程再造"3X 计划"

香港溢达纺织服装集团(简称溢达集团)作为国际名牌衬衫的主要供应商之一，经过20多年的发展，已经成为既拥有自身的品牌又与多个国际知名品牌有着长期稳定供需关系的跨国集团，而且成功的流程改进与流程再造已成为业内关注的焦点。溢达集团在流程改进的过程中，除了对现有流程进行深入的分析和理论论证之外，更重要的是本着使用可靠、已经过充分测试的技术和方法来对流程进行改造的原则，对流程运作过程中的障碍进行清除。订单管理流程再造就是他们其中一个成功案例。

1. 溢达集团原有订单管理流程

按照以前的订单管理流程，一张订单确认后，需要在溢达集团内部流经销售部、TDC(Technology Development Center 技术开发部)、布厂 PPC(Production Planning and Control)、制衣厂 PPC(Production Planning and Control)四个环节，才能进入生产阶段。当溢达集团收到订单后，销售部要先在信息系统中输入有关的订单信息并分别通过 E-mail 通知 TDC、布厂、制衣厂的生产计划控制部安排初期物料及大货的生产事宜。然后，各单位的生产计划控制部在信息系统中输入有关的订单信息，生成板衫制造单、布料制造单、物料订购单和服装制造单，下发相关生产部门安排生产。同时，各单位就订单信息处理和生产过程中的工作进行双向沟通。另外，TDC、布厂、制衣厂的生产计划控制部还分别就相互关联的业务进行分别沟通。

过多的重复职能导致了大量同质工作的多次操作，浪费了时间，降低了效率。相同的订单信息，却被分散在整个流程的各个环节，增加了流程的长度。订单管理工作被分散到不同的部门，巨大的信息流及相同信息多次系统输入增加了信息扭曲、丢失及输入错误等人为过错。由于各个使用制造单、订购单的生产部门在生产过程中没有第二份订单信息，这样订单管理过程中发生的错误导致生产错误的概率就变得相当高，并且当问题被发现时，产品多处于完成或将被完成的阶段，从而造成了无法挽回的重大损失。

2. 溢达集团"3X 计划"流程

长期以来，溢达集团大多实施流程的持续改进，而非彻底的流程再造，对所存在的问题按照重要性和"病因"相关性进行分类，并按照"top3"(优先序的前三名)的原则，有选择地清除障碍。更多地重视表象问题下面的根本病因，并分析各种解决方案所带来的"并发症"，在流程改进的过程中，流程改进小组一起采用 PDCA 循环方法来解决问题。

再造通过对原有流程谨慎全面地分析，集团实施了"3X 计划"对订单管理流程进行再造。"3X 计划"是通过对整个集团原有的包括销售部门、技术开发部(Technology Development Center，TDC)及制衣厂的 PPC (Production Planning and Control)在内的订单管理流程的整合，组成一个新的订单管理部(Order Management Department，OMD)，以此实现订单管理的"一站式"服务。

新的 OMD 部门是由以前的销售部及制衣厂、TDC、布厂的生产计划控制部的跟单同事整合而成。OMD 可以将订单信息一次性输入信息系统，自动生成布料和辅料的订购单及服装的生产制造单，并传输到各个布厂、物料厂、TDC 和制衣厂，然后密切跟踪订单的生产状况。"一站式"订单管理流程大大简化了订单的管理，避免了同职能部门的重复设立，整合了资源，将人为原因所导致的信息扭曲、丢失降低到最小限度，明显提高了运营效率，使得销售人员可以为客户提供更加优质的服务。

(资料来源：http://smb.chinabyte.com/363/8808363.shtml。)

3. 典型的业务流程再造

基于供应链管理思想和信息技术，采购业务流程发生了重要的变化，如协同规划、预测与补货、反向拍卖、自动补货、代储代销及供应商管理库存等，我们将在下面进行详细阐述。

4.3.2 协同规划、预测与补货

协同规划、预测与补货，英文缩写是 CPFR(Collaborative Planning Forecasting and Replenishment)，也叫协同式供应链库存管理。它是一种协同式的供应链库存管理技术，它在降低销售商的存货量的同时，也增加了供应商的销售额。

1. CPFR 的本质特点

1) 协同

从 CPFR 的基本思想看，供应链上下游企业只有确立起共同的目标，才能使双方的绩效都得到提升，取得综合性的效益。CPFR 这种新型的合作关系要求双方长期承诺公开沟通、信息分享，从而确立其协同性的经营战略。应当注意的是，在确立这种协同性目标时，不仅要建立起双方的效益目标，更要确立协同的盈利驱动性目标，只有这样，才能使协同性能体现在流程控制和价值创造的基础之上。

2) 规划

1995年沃尔玛与Warner-Lambert的CFAR为消费品行业推动双赢的供应链管理奠定了基础，此后当VICS定义项目公共标准时，认为需要在已有的结构上增加"P"，即合作规划(品类、品牌、分类、关键品种等)及合作财务(销量、订单满足率、定价、库存、安全库存、毛利等)。此外，为了实现共同的目标，还需要双方协同制订促销计划、库存政策变化计划、产品导入和中止计划，以及仓储分类计划。

3) 预测

任何一个企业或双方都能做出预测，但是CPFR强调买卖双方必须做出最终的协同预测。与此同时，最终实现协同促销计划是实现预测精度提高的关键。CPFR所推动的协同预测还有一个特点是它不仅关注供应链双方共同做出最终预测，而且也强调双方都应参与预测反馈信息的处理和预测模型的制订和修正，特别是如何处理预测数据的波动等问题。

4) 补货

销售预测必须利用时间序列预测和需求规划系统转化为订单预测，并且形成供应方约束条件。根据VICS的CPFR指导原则，协同运输计划也被认为是补货的主要因素，此外，例外状况的出现也需要转化为存货的百分比、预测精度、安全库存水准、订单实现的比例、前置时间及订单批准的比例，所有这些都需要在双方公认的计分卡基础上定期协同审核。潜在的分歧，如基本供应量、过度承诺等双方事先应及时加以解决。

2. CPFR业务模型

CPFR业务活动包括3个阶段，9个主要步骤。其中第1~2步为计划阶段，第3~8步为预测阶段，第9步为实施阶段。

(1) 供应链伙伴达成协议。供应链合作伙伴为合作关系建立指南和规则，共同达成一个通用业务协议，包括合作的全面认识、合作目标、机密协议、资源授权、合作伙伴的任务和成绩的检测。

(2) 创建联合业务计划。供应链合作伙伴相互交换战略和业务计划信息，以发展联合业务计划。合作伙伴首先建立合作伙伴关系战略；然后定义分类任务、目标和策略，并建立合作项目的项目管理简况(如订单最小批量、交货期、订单间隔等)。

(3) 创建销售预测。利用零售商POS数据、因果关系信息、已计划事件信息创建一个支持共同业务计划的销售预测。

(4) 识别销售预测的例外情况。识别分布在销售预测约束之外的项目，每个项目的例外准则需在第1步中得到认同。

(5) 销售预测例外项目的解决/合作。通过查询共享数据、E-mail、电话、交谈、会议等解决销售预测例外情况，并将产生的变化提交给销售预测。

(6) 创建订单预测。合并POS数据、因果关系信息和库存策略，产生一个支持共享销售预测和共同业务计划的订单预测，提出分时间段的实际需求数量，并通过产品及接收地点反映库存目标。订单预测周期内的短期部分用于产生订单，在冻结预测周期外的长期部分用于计划。

(7) 识别订单预测的例外情况。识别分布在订单预测约束之外的项目，例外准则在第1步已建立。

(8) 订单预测例外项目的解决/合作。通过查询共享数据、E-mail、电话、交谈、会议等调查研究订单预测例外情况,并将产生的变化提交给订单预测。

(9) 订单产生。将订单预测转换为已承诺的订单,订单产生可由制造厂或分销商根据能力、系统和资源来完成。

案例 4-6

宝洁公司和 dm-drogerie markt GmbH 的 CPFR 项目

> 宝洁公司和 dm-drogerie markt GmbH 联合实施了一个为期 6 个月的 CPFR 试运行项目。宝洁公司在 80 个国家有 102 000 名员工,设有 300 家分支机构。dm-drogerie markt GmbH 是德国的第二大医药连锁商店,有 14 000 名员工、13 000 个库存点和 1 300 个零售店。项目的目的是确保在各个配送中心和零售店都有所需的商品。两家公司都认识到更准确的预测会影响公司的销售、利润和客户服务。
>
> 在商品促销期,如果不能准确地预测,则会在需求量很大的时候发生缺货或因需求不旺而在促销期末出现货物积压。这个试点项目的主要目的是帮宝适(Pampers)尿不湿的产品促销。帮宝适的大型促销活动每年搞三次,每次持续两周时间。宝洁公司通过一个基于互联网的供应链协同平台 Syncra XtTM,由 Syncra Systems 开发,向 dm-drogerie markt GmbH 提供数据接入应用这些数据,销售点采集到的需求信息沿着供应链从最终消费者到生产厂家和供应商。对于促销活动所带来影响的预测数据提前 13 个星期就进行交换,并根据前 4 个星期的其他信息进行调整。通过对两家公司的订单预测进行比较来决定误差是否在双方议定的容忍范围之内,对于突出的例外双方也根据议定的程序进行解决。
>
> 这个试点项目的初步结果显示,预测的准确性提高了 10%。这次项目的成功可以归结为合作的文化中建立的信任、沟通和自由信息交换。合作双方得到的是双赢的结局。
>
> (资料来源:http://www.docin.com/p-592974361.html。)

4.3.3 反向拍卖

反向拍卖也叫拍买,常用于政府采购等。就是由采购方提供希望得到的产品的信息、需要服务的要求和可以承受的价格定位,供应商在规定的时间段内就该货项给出一个最好的价格,由卖家之间以竞争方式决定最终产品提供商和服务供应商,从而使采购方以最优的性能价格比实现购买。

1. 特点

与其他竞价方式相比,反向拍卖的特点有以下几点。

(1) 在竞价过程中,报价是公开和透明的,供应商可以及时了解到现在的最低报价,从而根据自己的成本和市场策略选择压低报价或者放弃报价。

(2) 竞价结果是在网上即时的、客观的、公开的按照事前的约定自然产生,不再需要人为的议标过程。在反拍卖采购过程中,买方事前不知道所购商品的价格,更不知道其成本,可经过各个卖主之间一番激烈的降价竞争,自然就会输出一条降价曲线,更接近于成本价的价格也将浮出水面。

(3) 采购方可以通过网络即时了解报价的情况,并通过趋势图直观地了解到价格变化情况，把握竞价过程，竞价活动结束后，即时产生胜出的供应商。

(4) 竞价采购通过利用和引导供应商的竞争心理，可以显著地降低采购成本。当然这个过程要通过网上和网下的工作实现目标。

2. 适用情况

大多数反向拍卖适用于现货购买，这样省去了选择供应商、征询报价和比较收到的报价这些费时的非现场处理工作。有许多供应商参加的拍卖应向采购方提供一份编辑好的供应商名录。采购方在自己的工作场所实施反向拍卖时，如果希望有些预期的供应商参与就应该先邀请它们。具体的适用情况如下所述。

(1) 在市场的规模和提供某一产品的卖家的意愿不太确定的情况下。
(2) 在所采购的货项数量特别大且它的规格制定得十分清楚的情况下。
(3) 某些服务行业，如汽车租赁、运输服务和宾馆住宿等。

一般来说，最低价的反向拍卖只能用于对生产产品的规格和供应商的选择不太注重的场合，它不适合于需要协作谈判，或相当认真谈判的复杂产品或项目。

3. 实施流程

通过互联网实现的反向拍卖大体可以采用以下流程。

(1) 采购者准备招标信息，该信息的内容与传统招标没有太大差异，仍旧围绕待采购产品的各类要求，这里强调一点的是采购者可以明确发布他们希望的采购价，并以此约束竞标者的竞标方案。

(2) 通过电子商务网站建立竞标专区，并发布完整的招标信息，包括他们的目标采购价格。在这里每一次采购都会专门开辟一个区域用于整个竞标过程，电子商务运营商需要在功能上保证这个专区的实现。

(3) 电子商务网站对外发布竞标专区，有条件的网站还可以通过站内 E-mail 系统将信息发送给所有的潜在供应商，或者将一些大型采购专区推送至网站流量最大的位置上，以便让更多的用户了解到采购信息。

(4) 供应商下载招标信息，并准备竞标方案。

(5) 供应商通过竞标专区发送竞标方案给采购者，这种发送方式可以通过竞标专区的专门通道实现也可以通过 E-mail 实现，但为了把更多的交易过程留在网站内，电子商务运营商更应考虑为参与竞标的供应商开辟发送通道。

(6) 采购者对比竞标方案。

(7) 采购者与最符合要求的供应商签订协议，在签订协议之前采购者也可能会和几个优秀的竞标者进行更进一步的沟通以保证交易的安全，这种沟通包括看货、资质评估等。

4.3.4 自动补货系统

一种商品一旦被大量采购，就会促使该商品的制造商大量生产此种商品，也会使该商品在供给链中快速流动起来。随着供给链治理的进一步完善，补货到零售店的责任，如今已从零售商转到了批发商或制造商的身上。对于制造商和供给商来说，把握了零售店的销售量和库存，可以更好地安排生产计划、采购计划和供货计划，这是一个互助的商业生态系统。

传统的补货流程主要分为3种：存查补货、适时补货和适量补货。

(1) 存查补货。采购或仓库管理人员注意检查仓库的存货，若有货低于安全存量、出现断货或产品生产和销售旺季都必须考虑适量补货。同时，在进行存货检查时，还可顺便检查该商品的库存量是否过多，早做应对处理。

(2) 适时补货。对于那些对时效性要求较高、不可能进行随时补货的物料一般设定固定的补货时间范围，只要过了这个时间就视为逾期次日才能排上补货。这要求采购人员不能因为补货流程操作失误，使货源无法正常供应造成缺货而影响产品生产。

(3) 适量补货。这要求采购人员对产品每日的销售量，补货至送达仓库的前置时间、产品的最低安全存量、产品的规定补货单位等数据进行准确而详细的统计，从而确定每次补货的经济订货批量。在实际操作过程中，根据自己的经验和实际情况进行补货。

传统的补货流程由于人工统计的误差和实际采购量和生产量的变数，极易产生有采购不当导致的过量库存，或者由于预测的不准确性导致的断货问题，从而影响产品的正常生产。除此之外，大量的统计、盘点和预测工作大大提高了企业的人力成本。这不利于提高企业的采购竞争力。针对这些问题，自动补货系统应运而生。

自动补货系统是连续补货系统(ContinuousReplenishment，CR)的延伸，即供给商预测未来商品需求，负起零售商补货的责任，在供给链中，各成员互享信息，维持长久稳定的战略合作伙伴关系。

1. 系统原理

从库存治理角度看，在库存系统中，订货点与最低库存之差主要取决于从订货到交货的时间、产品周转时间、产品价格、供销变化及其他变量。订货点与最低库存之差保持一定的距离，是为了防止产品脱销等不确定性情况的出现。为了快速反映客户"降低库存"的要求，供给商通过与零售商缔结伙伴关系，主动向零售商频繁交货，并缩短从订货到交货之间的时间间隔。这样就可以降低整个货物补充过程(从工厂到门店)的存货，尽量满足客户的要求，同时减轻存货和生产波动。

自动补货系统的成功要害在于，在信息系统开放的环境中，供给商和零售商之间通过库存报告、销售猜测报告和订购单报文等有关商业信息的最新数据实时交换，使得供给商从过去的单纯执行零售商订购任务转而主动为零售商分担补充库存的责任，以最高效率补充销售点或仓库的货物库存。

为了确保数据能够通过电子数据交换(Electronic Data Intorchange，EDI)在供给链中畅通无阻地流动，所有参与方(供给链上的所有节点企业)都必须使用同一个通用的编码系统来识别产品、服务及位置，这些编码是确保自动补货系统实施的唯一解决方案。而之前的条形码技术正是这套解决方案的中心基础。

2. 系统流程

自动补货系统的工作流程可以归纳为以下几个步骤，包括生成自动订单、订单审核、修改参数、上传配送、打印订单、自动上传及手工订单等。下面是某公司实际流程，如图4.8所示。

(1) 生成自动订单。由电脑室值班人员完成，完成时间为在当日上午8:30之前。对于直送商品，必须每天生成自动订单，对配送商品，则必须在配送送货的前两天生成自动配送补货单，这样，生成自动补货单的次数就与配送次数相同。

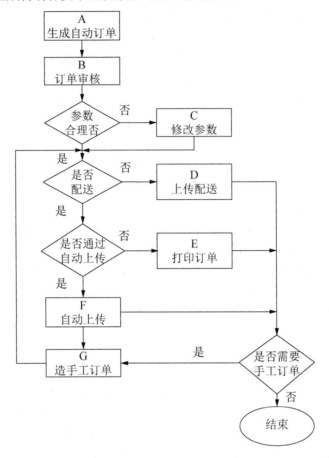

图 4.8　自动补货系统工作流程

(2) 订单审单。自动订单/补货单的审核工作由商品课长(课长不在由课长指定的人员)进行，完成时间为每日上午 11:00 前。

(3) 修改参数。参数的设置是否合理，直接体现在生成的自动订单上。如果发现订货的数量不合理，则要考虑是否该商品最近有促销、大宗、新品等特殊情况，如果没有则是参数的设置不合理，为避免下次再次生成不合理订单，这时必须修改该商品或供货商的相关参数。修改参数要求在审核的同时进行。

(4) 上传配送。对于配送补货单，审核后，会通过配送文本上传配送中心，所以电脑室值班人员每日要记得生成配送文本，并在当日下班之前发邮件给配送。

(5) 打印订单。对于直送订单，目前在没有启用网上传送订单的情况下，还需将订单打印出来，及时交给供应商。要求电脑室值班人员在当日上午 11:30 之前打印完已审核的自动订单。

(6) 自动上传。目前启用了网上订单传送，大部分直送订单通过网络传送给了供货商，这时就不需要打印订单了。而对没有电脑的供货商，必须交纳 3 元/张的订单打印费后才由电脑室人员打印相应订单。

(7) 造手工订单。对于没有启用自动订货的商品，或因特殊情况需要补货的商品，可以通过手工订单进行弥补。

4.3.5 代储代销

1. 代储代销的内涵

代储代销是指在经济领域里供需双方签订经济协议或合同，供应厂商为需方储存物资或将物资送达需方指定的存储地点，需方将这些物资代为储存并在一定周期内对消耗完的物资向供应厂商支付货款的物资采购方式。代储代销有时也称为寄售，是石油、煤炭等行业一种比较传统的物资管理模式。如今，在供应链管理的环境下，针对某些物料的采购，代储代销模式体现了双赢的经营理念。

代储代销涉及两个主要问题：代储是与在供应链何处保有库存问题有关；代销则是与买卖双方所有权转移问题有关。

所有权转移是交易过程中的一个重要的概念，它是在交易过程中货物的所有权自卖方转移给买方，与此同时，也可能伴随着成本转移及风险转移等事项。

代储代销，实物库存倾向于保存在供应链下游，靠近用户，这样能够更及时满足客户要求；所有权滞后转移，在用户使用时或使用后，才发生所有权转移。

2. 代储代销的影响

1) 代储代销对买方影响

实行代储代销对买方影响可以归纳为以下几方面。

(1) 保证供应：存货放置买方仓库，地理位置接近买方，并且减少订货手续。

(2) 保证质量：如果出现质量问题有利于及时更换。

(3) 降低采购成本及采购管理成本：该模式集中了采购批量，有利于议价；可实现供应商管理库存，并统一定期结算减少结算手续，降低管理成本。

(4) 实现"零"库存管理：使用后才付款，减少资金占用，避免积压。

(5) 保证价格稳定：代储代销模式中，买卖双方建立长协价格，可避免价格波动。

2) 代储代销对卖方影响

实行代储代销对卖方影响可以归纳为以下几方面。

(1) 增加销售规模：代储代销对卖方最大的好处是买方将所有二级单位的市场向其开放。

(2) 减少仓储成本：买方负责管理实物存货，卖方节约了仓库设施的使用。

(3) 减少运输成本：卖方减少了实际的配送任务。

(4) 了解市场情况：可实施供应商管理库存，增加信息共享，方便卖方及时了解市场需求。

(5) 节省销售费用：卖方不用针对买方的二级单位做一对一的一次性交易，大大节约销售成本。

(6) 增加资金占用：对卖方而言，最为不利的就是增加了资金的占用。

3. 代储代销的适用

代储代销是买卖双方众多经营策略的一种，并不能针对所有物资的交易都有良好效果，具备以下一些特点的物资，比较适合实施代储代销模式。

(1) 买方物流系统发达。

(2) 供需基本平衡，非卖方市场。

(3) 长线物资，种类较多，低值易耗且消耗量较大。

(4) 消耗规律不十分确定的标准化产品。

(5) 物资适合长期储存，易堆放搬动的物资。

(6) 技术更新较慢，价格波动较小。

根据以上条件，从供应定位模型的分类来判断，代储代销比较适合日常与杠杆之间的物料品种，或者有的公司使用 ABC 模型业进行分类的 B、C 两类物资。

4. 代储代销存在的问题

代储代销在应用过程中，也存在诸多问题，这在实施过程中应该给予考虑。

(1) 价格风险。代储代销的买卖双方要签订框架协议，协议中的价格要素在一段时间内时相对固定。而如今市场环境变化快，价格波动大而迅速，这样就会对买方或者是卖方造成价格风险。

(2) 供应"惰性"。代储代销是长期协议，这样卖方在供货过程中出现问题，往往不会给予买方更高的权重，导致服务水平下降。例如，虽然实施供应商管理库存，但供应商在供货过程中可能出现库存补充不及时现象，从而导致缺货。

(3) 积压及退货问题。由于事后结算，买方可能夸大需求，从而导致库存积压，浪费了卖方的资源。另外，买方在使用过程中不注意充分利用可以让步接收的商品，而是随意退换货，这也给供应商带来了损失。这增大了退货比率，也增加了供应链成本。

(4) 费率问题。买方实行集中采购，由集团物资采购部门向各二级单位供货。物资管理部门向二级单位提供服务如何收费，也是一个要考虑的问题。有的公司收取一定比率的费用，这导致物资部门与二级单位的利益冲突。所以，有的单位则是完全成本中心，不向二级单位收取费用。

(5) 付款问题。任何一个企业都会有资金周转问题，这个问题也会在代储代销模式中出现。买方由于事后付款，若发生资金周转问题，则付款就会延期，这样就会失掉付款信用，给卖方造成损失。

代储代销并不是一种新模式，但在当今供应链管理理念指导下，焕发出新的活力。企业可结合自身实际需求及供应市场状况，适时适当利用代储代销模式，提高企业物资管理水平，提升企业的竞争力。

4.3.6 供应商管理库存

供应商管理库存(Vendor Management Inventory，VMI)是由供应商来为客户管理库存，为他们制订库存策略和补货计划，根据客户的销售信息和库存水平为客户进行补货的一种库存管理策略和管理模式。它是供应链上成员间达成紧密业务伙伴关系后的一种结果，既是一种有效的供应链管理优化方法，也是供应链上企业联盟的一种库存管理策略。

1. 模式特点

与其他的库存管理策略相比，VMI 的运营模式具有以下 3 个特点。

(1) 信息共享。零售商帮助供应商更有效地做出计划,供应商从零售商处获得销售点数据并使用该数据来协调其生产、库存活动及零售商的实际销售活动。

(2) 供应商拥有管理库存。供应商完全管理和拥有库存,直到零售商将其售出为止,但是零售商对库存有看管义务,并对库存物品的损伤或损坏负责。这样对于零售商来说,可以省去多余的订货部门,降低库存水平。同时供应商拥有库存,会对库存考虑更多,并尽可能进行更为有效的管理进一步降低总成本。

(3) 需求准确预测。供应商能按照销售时点的数据,对需求做出预测,能更准确地确定订货批量,减少预测的不确定性,从而减少安全库存量,存储与供货成本更小,同时,供应商能更快响应用户需求,提高服务水平,使得用户的库存水平也降低。

2. 运行模式

由于核心企业在 VMI 系统中的位置不同,导致核心企业与其合作伙伴的合作方式不同,根据供应链下游为核心企业和供应链上游为核心企业,将 VMI 的运营模式分为四类,分别为供应商—制造商 VMI 运作模式、供应商—零售商 VMI 运作模式、第三方物流企业的参与模式和核心企业—分销商模式。

(1) 供应商—制造商 VMI 运作模式。适合这种模式的企业生产规模比较大,制造商的生产一般比较稳定。制造商在附近建立一个 VMI Hub(节点),它会在发货之前先提供拣货的服务,VMI Hub 会按照生产企业的要求把零配件按照成品的比例配置好,然后再发送给生产商。生产商与 VMI Hub 之间的信息交换是完全、实时和自动地。VMI Hub 中的库存不能及时满足生产商的需求时,供应商直接向生产商进行补货。

(2) 供应商—零售商 VMI 运作模式。当零售商把销售等相关信息通过 EDI 传输给供应商后(通常是一个补货周期的数据,如 3 天,甚至 1 天),供应商根据接收到的信息进行对需求的预测,然后将预测的信息输入物料需求计划系统,并根据现有的企业内的库存量和零售商仓库的库存量,生产补货订单,安排生产计划,进行生产。生产出的成品经过仓储、分拣、包装、运送给零售商。

(3) 第三方物流企业的参与模式。在供应商—生产商模式中,双方的核心竞争力主要是体现在其生产制造上,而非物流配送。在供应商—零售商模式下,由于供应商和零售商的地理位置相距较远,不利于进行准确的需求预测和应付突发状况。基于这两点原因,让一家专业化程度较高的企业来管理这 VMI Hub 或仓库是最合适不过了,而这时最理想的对象就是"第三方物流企业"。

(4) 核心企业—分销商模式。这种模式由核心企业充当 VMI 中的供应商角色,由核心企业收集各个分销商的销售信息并进行预测,然后按照预测结果对分销商的库存统一管理与配送。核心企业可以根据与各个分销商之间的实际情况,统一安排对各个分销商的配送问题,并且,可以保证每批次都是以经济批量的方式发货,每次配送的路线都可以调整为最佳配送路线。

3. 实施流程

实施 VMI 的流程大概可以分为以下几个步骤。

(1) 沟通并制定框架协议。供应商和用户要充分沟通,将合作概念化并拟定框架协议。要在协议中建立 VMI 运作流程,建立起对双方都有利的库存控制系统,确定处理订单的业务流程、库存控制的参数及库存资讯的传递方式；要明确库存所有权及转移时间、订货责任等。

(2) 实验性实施。作为双方合作的磨合期，可以进一步发现问题并敲定协定中的相关内容。

(3) 全面实施。全面实施VMI需要系统的解决办法，销售点资讯要及时传递给供应商和用户；库存、产品控制和计划系统都必须上线，是供应商完成日常补货业务。过去许多企业自己开发和扩展资讯系统(Management Information System，MIS)作为解决办法，直接将双方的MIS系统连接，也有企业将MRPII或ERP的功能扩展后直接互联。随着科技发展，更多专业化软件方案出现。

案例4-7

达丰电脑VMI物流中心的高效运作

与其他行业相比，达丰电脑所在的电子产品行业一直面临着产品价格不断下跌、产品更新换代加快和生命周期缩短的压力。因此，缩短供应链的响应时间、降低供应链的成本，成为电子行业竞争的核心武器。为了有效管理全球300多家供应商与数千种生产元器件，并在确保其JIT生产供料的同时，尽可能降低库存水平，达丰电脑决定引进VMI模式，率先在园区内建立了基于VMI业务模式的大型生产物流中心(Quanta VMI Hub)，形成了供应商、物流中心和生产厂密切协同的高效供应链，并选择拥有丰富的咨询及项目实施经验的FLUX作为其在物流信息系统领域的战略合作伙伴。

在Quanta VMI Hub项目中，FLUX以咨询顾问的角色，从库内作业流程的规划、供应商信息共享平台的建立、与达丰生产厂的ERP系统的接口处理等各个方面，提出了专业的建议和完整的解决方案，之后协助达丰电脑在物流中心部署和实施了FLUX WMS系统，实现了该物流中心从收货、上架到拣货、组成BOM清单、出运等过程的精益化管理。

1. 主要业务流程

Quanta VMI Hub建立了一个让信息贯穿于QSMC生产厂、物流中心及供应商之间，并使三方协同作业的体系。首先，由达丰电脑生产厂发出订货单(PO)给供应商。通常这张PO只是作为参考用，不会被视为正式订单。待供应商确认回复后，生产厂便将未来某一时间段内，对零组件需求量的循环预测值(rolling forecast)告知供应商，而供应商则必须据此回复是否能如期交货，即由生产厂告知供应商未来某一时间段内的物料需求变化，供应商则回复生产厂可供给的数量。

接下来，供应商就可以根据循环预测值，主动送货至达丰电脑VMI仓库中。仓管人员收到货物后，将收货信息传送给生产厂。生产厂只要等到真正有用料需求时，再请VMI仓库运货至工厂即可(即发出call-off信息)。

引入VMI模式后，不用再像传统的做法——生产厂为避免发生货物在运送途中因意外事故而延滞送达时间或供应商来不及备料等而导致缺料的情况发生，必须在实际用料前很长时间(某些原材料的前置时间甚至还会拉长到3个月至半年)就先跟供应商要货——能将前置时间缩减至趋近于零，因为供应商会依据生产厂的循环预测值定期送货至VMI仓库。达丰电脑生产厂在确保VMI仓库必定有货的情况下，其原材料前置时间缩短到从VMI Hub运送至制造工厂的时间，因此可以将库存降至最低。

2. 应用效果

VMI Hub供应链协同平台的建立，给达丰电脑及其供应商带来巨大便利和效益。达丰电脑建立了与全球300多家供应商之间的协作机制，可以通过VMI Hub平台直接查询库存量，决定订货的时间与数量，有效保证生产需求。供应商也可以分别通过VMI Hub平台对达丰电脑的库存进行查询，并与订单信息进行比较,准确判断供货的时间与供货量,极大降低了库存风险和资金压力。

VMI Hub 平台上针对物流中心所有物料的准确的库存信息都来自于 FLUX WMS 系统,同时 FLUX WMS 系统通过全程条码化管理和 RF 系统设备的应用,确保了物流中心内订单执行的高效和准确,并实时将准确完整的库存信息反馈到 VMI Hub 平台,供达丰电脑各生产厂与其供应商随时查询并掌握物料的库存情况。

(资料来源:http://www.chinawuliu.com.cn/xsyj/201211/01/190986.shtml.)

本 章 小 结

现代采购管理的目标是多样性的,不仅要求短的采购周期,低的采购成本,而且对采购物料高品质的追求,对众多变化着的供应商的快速适应能力等,要求企业更加关注采购流程及采购流程中各个阶段的工作流程。同时,提出了采购作业流程再造这一思路成为提升采购管理效率的新策略。采购作业流程再造应该建立在供应链管理的基础上,即通过对供应链上的伙伴们之间的流程标准化、透明化,达成协同商务的环境,而"协同采购"正在成为这个环境下的一种采购新趋势。然而,同其他手段一样,"流程再造"的不同应用会产生不同的结果。本章介绍的 CPFR、自动补货系统、寄售、供应商管理库存等几种不同于传统采购流程做法,旨在提供一种基于流程再造视角下采购管理新尝试。

关键术语

流程 Process
业务流程再造 Business Process Reengineering
供应商管理 Supplier Management
采购计划 Procurement Plan
报价 Quotation
谈判 Negotiation
招投标 Tendering

习 题

一、判断题

1. MRP 的输出信息有主生产计划、产品信息和库存信息。　　　　　　　　(　　)
2. 衡量供应商积极性的指标可以归纳为两个方面:对供应商而言,采购方提供的业务价值量和采购方的业务对供应商的总体吸引力。　　　　　　　　　　　　(　　)
3. 当公司希望与经挑选的有限数量的供应商进行交易时通常使用正式招标方法。
　　　　　　　　　　　　　　　　　　　　　　　　　　　　　　　　　　(　　)
4. 项目采购就是企业执行层面的采购,对应着采购过程的后期采购,主要是执行开单下单、跟进交货、付款等相关事宜。　　　　　　　　　　　　　　　　　(　　)

5. 代储代销比较适合日常与杠杆之间的物料品种，或者有的公司使用 ABC 模型业进行分类的 B、C 两类物资。（　　）

二、选择题

1. 通过面对面或电子方式进行正式沟通，有两个或多个人就一个或多个问题寻求协议。这属于采购作业流程(　　)环节的内容。
   A．采购计划　　B．采购谈判　　C．采购招投标　　D．供应商管理
2. 供应商的评估流程不包括(　　)。
   A．建立供应商评价与考核工作小组　　B．确定指标
   C．识别与筛选供应商　　D．签订合同
3. VMI 运营模式的特点包括(　　)。
   A．信息共享　　B．供应商管理库存
   C．需求准确预测　　D．先进的信息化设备
4. 下列不属于谈判前的准备阶段的是(　　)。
   A．确立谈判目标　　B．收集相关信息
   C．就谈判内容发表陈述　　D．进行谈判预演
5. 流程再造的核心是(　　)。
   A．经济订货批量　　B．利润最大化
   C．降低库存　　D．顾客满意度
6. CPFR 这种新型的合作关系要求双方长期承诺公开沟通、信息分享，从而确立其(　　)的经营战略。
   A．公平性　　B．公开性　　C．协同性　　D．合作性

三、简答题

1. 简述采购流程的要点。
2. 简述企业采购流程再造程序。
3. 简述供应商管理库存(VMI)的具体实施步骤。
4. 与其他竞价方式相比，反向拍卖具有哪些特点？
5. 简述评估报价的流程。

四、论述题

1. 简述招标采购的流程。
2. 简述供应商评估的步骤。

【案例借鉴】

TCL 的供应商评价工作

TCL 王牌电子(深圳)有限公司于 1992 年进入彩电行业。刚开始的供应商评估工作是由供应方即惠州长城公司来做的。1996 年公司具备了生产条件之后才开始自行开展供应商评估工作。目前，TCL 已经建立起了一整套供应商评估体系，其评估原则也已逐渐成为企业文化的一部分。供应商评估工作在企业实施稳定的供应链合作关系、保证产品质量、降低生产成本、提高经济效益等方面发挥着巨大的作用。

1. 建立有效的评估体系

在集成化供应链管理环境下，由于企业对短期成本最小化的需要，供应链合作关系的运作需要尽量减少供应源的数量。当然，供应链合作关系并不意味着单一的供应源。另外，由于紧密合作的需要，上下游相互的连接变得更专有，同时，制造商会在全球市场范围内找出最杰出的供应商。

供应商综合评价的指标体系是企业对供应商进行综合评价的依据和标准，不同行业、企业、产品需求，不同环境下的供应商评价应是不一样的。但基本都会涉及供应商的业绩、设备管理、人力资源开发、质量控制、成本控制、技术开发、用户满意度、交货协定等可能影响供应链合作关系的方面。

建立评估体系，通常要确定评估的专案、评估的标准、要达到的目标。这些问题明确以后，要有一个评估小组。不过，不一定每一个专案都要有一个评估小组，一个小组可以负责某些专案。

TCL目前的评估小组有10个，包括部品采购类、生产设备类、检测设备类、后勤设备类、动力设备类等，并针对每一类都制定了相应管理办法。"如果把这些问题解决好，并做得比较规范，我个人认为就可以建立评估体系了。"TCL副总经理徐洪涛这样说，"我们做评估有一个重要原则，就是要求公开、公正、公平和科学。这也成为公司企业文化的一部分。"

目前，很多企业在供应商评估工作中存在个人权力太大，一人说了算的现象，主观成分过多，同时还存在一些个人的成分在里面，容易产生消极的后果。建立规范的评估体系就可以有效解决这个问题。"因为评估体系的一个特点，就是要求评估工作不是由一个人来做。"徐洪涛强调。

2. 完善的评估过程

TCL评估的物件主要有两类：一类是现有供应商；另一类是新的潜在供应商。"对于现有合格的供应商，我们每个月都要做一个调查，着重就价格、交货期、进货合格率、质量事故进行正常评估。1～2年做一次现场评估。"该公司商品部经理助理晏华斌介绍说。由于TCL在行业内是较为领先的企业，因而其供应商在行业内也是很优秀的。"产品合格率基本上可以做到100%，交货期也一样。"晏华斌说。

接纳新的供应商，其评估过程要复杂一些。公司采购部经理孙敏说："通常是产品设计提出了对新材料的需求，然后我们就会要求潜在的目标供应商提供基本情况，内容包括公司概况、生产规模、生产能力、给哪些企业供货、ISO 9000认证、安全认证、相关记录、样品分析等，然后就是报价。"

随后，公司就要对该供应商做一个初步的现场考察，看看所说的和实际情况是否一致，现场考察基本上按ISO 9000的要求进行。最后汇总这些材料交部品管理小组讨论。在供应商资格认定之后，公司各相关部门如品质部、部品部、采购部门等在进行正式的考察。如果正式考察认为没有问题，就可以小批量供货了。供货期考察一般进行3个月，若没有问题，再增加数量。

保持动态平衡在实施供应链合作关系的过程中。市场需求和供应都在不断变化，必须在保持供应商相对稳定的条件下，根据实际情况及时修改供应商评价标准，或重新开始新的供应商评估。

TCL有一个基本思路，合格的供应商队伍不应该总是静态的，而应该是动态的，这样才能引入竞争机制。徐洪涛说："要淘汰差的，引入好的，这是一个动态的概念。"TCL的供应商基本上是行业内出类拔萃的，也几乎都是主动找上门来，希望能成为TCL的供应商。这也体现了市场经济的特点。徐洪涛说："不管我们处在怎样的环境，都遵循一个原则，就是希望我们发展，供应商也发展。我们希望和优秀的供应商一起发展。"

在所有的评估要素中抓住关键要素，毫无疑问，质量是最基本的前提。如果产品质量管不了关，其余一切都免谈，没有再评的必要了。"我们要求自己的产品质量要满足客户的需求，所以就要保证我们的供应商提供的元器件能满足我们的品质要求。"徐洪涛说，"价格因素相当重要，但只有在质量得到保证的前提下，谈价格才有意义。"

(资料来源：http://www.managecn.org.)

问题：
1. 供应商评价的操作步骤有哪些？
2. 结合案例，说明一般从哪些方面考核供应商？

第5章 采购决策

【教学目标和要求】

☞ 掌握采购决策的实质；
☞ 了解采购决策的特点；
☞ 掌握采购决策的流程；
☞ 熟悉采购决策的内容；
☞ 掌握产品规格的优缺点及适用；
☞ 熟悉 VA/VE 方法；
☞ 掌握确定采购需求量与制订计划的方法。

【知识架构】

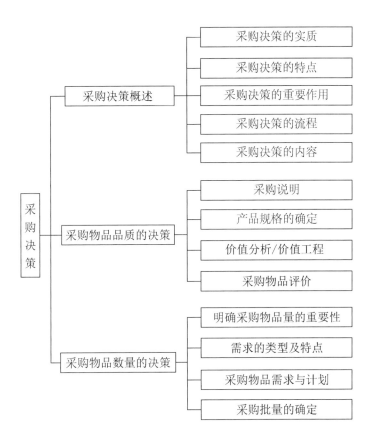

导入案例

博世力士乐风能公司采购组织运转

博世力士乐(北京)液压有限公司是由原曼内斯曼力士乐公司和北京华德液压集团有限责任公司于1996年投资兴建的合资公司。2008年5月,博世力士乐(北京)液压有限公司(第二工厂——风能新厂)在北京经济技术开发区破土动工,并于2009年11月投入使用。风能新厂的主要产品是风能发电机的齿轮箱,所需的零部件大部分都是从海外采购,由于采购物品的特殊性,订购周期都在半年以上,所购物料的单品价值高,公司面临着巨大的库存压力。为了确定合适的采购批量及订购时间,公司对原来的采购组织进行重组,每一个采购组织中都有一位需求预测专员、生产计划专员、库存控制专员及3位物料采购专员。

每月的月初,需求预测专员都要根据已经签订的生产订单及市场需求状况来准确预测未来一个月的需求,以及未来三个月大致的需求,然后将结果交给生产计划专员,由生产计划专员根据市场需求及工厂的产能情况来安排组织生产进度,并将未来一个月的物料需求信息转给相关的采购专员及库存控制专员,采购专员根据生产情况及库存状态来制订采购计划,并将未来一个月的采购计划转给库存控制专员,库存控制专员根据采购信息及库存信息制定库存报表,并给采购员提出相关建议。在这个采购组织中,采购人员的采购决策都是由需求预测、生产预测及库存预测3方面的信息综合决定的,在保证完成生产任务的前提之下,以成本最低的方式完成采购任务。

问题:既然采购决策这么重要,那么我们怎样才能做好采购决策? 做好采购决策都需要哪些方法及哪些方面的信息?

采购决策是采购管理的重要组成部分。采购决策主要包括品质决策(What)、采购量决策(How many)、供应商决策(Who)、采购方式决策(How)、采购时间决策(When)、采购价格决策(How much)、进货地点决策(Where)。要实现采购战略管理的目标,提高采购对企业的贡献,就需要从采购决策开始。本章构建了采购决策体系,并且重点阐述了采购品质决策和采购数量决策,给出了清晰明确的决策方法。

5.1 采购决策概述

5.1.1 采购决策的实质

采购决策是企业采购组织对采购相关活动的决策。采购决策的目的就是为了给采购人员明确所采购物品的品种、采购数量、采购方式、订购时间、采购价格及供应商的选择等方面的内容,为采购人员的采购活动提供指导。采购决策的实质如图5.1所示。

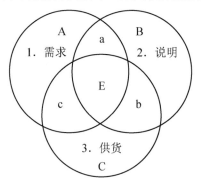

图 5.1 企业采购需求满足偏差

圆圈 A 表示企业生产运营的"需求";圆圈 B 表示采购组织对需求的"说明",用来将需求具体化,也就是明确采购物品的品种、质量、数量、时间和价格等;圆圈 C 表示市场的"供应"情况,也就是市场对企业采购活动具体要求的满足程度。

企业采购的目的就是满足需求,但企业的需求是无形的,只有通过采购说明将无形的需求具体化,这个具体化的过程就包括品种(What)、采购量(How many)、供应商(Who)、采购方式(How)、采购时间(When)、采购价格(How much)、进货地点(Where)各方面的明确,采购人员需要使用采购说明来向供应市场发布采购信息,相关供应商会根据企业的需求信息,来向企业供货,最后企业根据需求状况及市场供应状况最后决定采购活动,这就是采购管理的决策过程。

在实际采购活动中,企业自身会出现说明与需求不完全符合的情况,供应市场也可能出现不能完全满足需求的状况。因此,三个圆圈并不是完全重合的,从而三个圆圈重叠出7 个区域:A、B、C、a、b、c 及 E。

区域 A 是对需求没有说明的部分,市场也不能提供满足需求条件的物资,企业的需求不能得到满足,会给企业带来问题。

区域 B 是需求说明与需求不相符合的部分,供应市场也不能满足需求。这就说明在明确需求的时候画蛇添足了,但是还好供应市场没有供应能力,不会造成采购浪费。

区域 C 是供应市场既没有满足需求说明也不能满足企业真实需求的部分，是企业在采购管理决策中不需要考虑的部分。

区域 a 是已被说明的企业需求，但是供应市场无法满足，在这种情况之下，采购部门需要寻找替代品或者寻找新的供应市场来满足需求。

区域 b 是供应市场能满足需求说明的要求，但这部分需求并不是企业真实需求，会给企业的采购带来浪费。在采购管理决策时，需要减少这种采购。

区域 c 是没有被说明的需求，但供应市场可以满足企业真实需求。在采购管理决策时应该及时发现这部分需求，并满足这部分需求。

区域 E 代表最理想的状况：需求说明与需求相符合，同时供应市场也能够按照需求说明满足企业的需求。最理想的采购决策就是保证三方面的统一，也是采购决策简单的区域，但在实际情况之下，会出现诸多问题，说明可能没有完全满足，市场供应也可能不能完全满足需求所要求的所有条件，这就需要采购管理者对采购管理科学决策。

总之，企业采购决策管理的实质就是综合企业需求的各种条件及市场供应的条件，通过采购需求说明将各种需求具体化，使得企业能够以合适的价格，在需要的时间，以较高的产品质量来满足企业的需求。

5.1.2 采购决策的特点

决策就是企业根据所需要满足的目标，对各种可行性方案进行比较，选择出最优方案的过程。采购管理决策具有以下特点。

(1) 预测性。采购管理决策应该是对未来的需求做出预测，应该建立在一定的市场预测及需求预测的基础之上。

(2) 目的性。采购管理决策都是为了满足企业当前及未来可预测的一段时期的需求，完成采购目标。

(3) 可行性。采购管理决策一方面需要满足企业的需求，另一方面还要考虑市场的供应能力，需要将企业的需求与市场供应状况相结合，让采购方案切实可行。

(4) 评价性。评价性指的是采购管理决策是对各种可行性的采购方案进行全面比较和评价，最后选择出最优的方案。

5.1.3 采购决策的重要作用

采购决策管理，对于企业质量、成本、服务、风险控制等重要竞争因素都有影响，而这些因素决定着企业的核心竞争力。

1. 对提高采购质量的影响

当前，企业越来越倾向于将非核心业务外包，将精力集中在核心的主营业务之上，因而企业产品的质量受供应商的影响很大。而采购决策管理，可以明确地对采购物品及服务的品质做出详细的规定，可以确保采购产品和服务的质量符合企业的需求。

2. 对降低采购成本的影响

采购决策的很多方面都与采购成本密切相关，与采购成本直接相关的就是采购价格决策，合理的采购价格是采购成本控制的基础。同时，采购数量和采购批次的确定及进货方式都会影响到采购成本的控制。

3. 对改善服务的影响

企业所提供的服务和采购密切相关，科学合理的采购决策可以保证企业以合适的价格在需要的时间内获得满足要求质量的服务。这些服务包括快速的供应商响应、完善售后培训、技术支持、产品升级及维护与修理等。

4. 对规避采购风险的影响

采购风险的产生很大一部分原因就是采购决策的不合理，如果企业要想规避采购风险的产生，首先必须从采购决策做起。明确好自身的物品需求，在做采购决策的过程中明确各种风险要素可能对采购物品的质量、成本、交货期等重要目标可能产生的影响，并在采购合同中提出明确的条款对相关方面做出规定，避免风险的产生。

5.1.4 采购决策的流程

与一般的决策程序一样，采购的决策也包括确定目标、收集信息、拟定可行性方案、选择最优方案及实施与反馈几个程序，但与一般的管理决策不同的是采购管理决策更加精细化，对具体决策的要求更加具体化。因此，采购管理决策要比一般的管理决策更加复杂。

1. 确定采购目标

企业需要根据总体的经营目标来确定资源的需求，通过需求说明将企业的需求具体化，制定采购目标。企业采购最终所要达到的目的就是通过及时准确的采购满足企业的需求，降低企业的成本，提高企业的经济效益和竞争力。在总体目标之下，还需要制定具体的采购目标，如采购成本控制、交货期、物品质量等。

2. 收集相关信息

信息是采购决策的依据，信息掌握的可靠性和充分性决定了采购决策的科学合理性。信息可分为内部信息和外部信息，内部信息主要是关于需求的信息，而外部信息主要是对供应状况有影响的信息。

1) 企业的内部信息

(1) 物品的需求状况。根据企业的销售情况、生产计划及库存状况来决定。

(2) 库存情况。其主要包括安全库存、库存控制目标，以及现有库存。

(3) 财务状况。企业的资金是采购的基础，在做出采购决策前需要确定交付时有充足的资金。

2) 外部信息

(1) 宏观经济形势及法律政策。社会经济形势和法律政策会对企业的采购管理有很大的影响，经济形势会直接影响到供应状况，而法律政策则会影响到采购活动的合法性，在做出采购决策之前一定要了解《合同法》《反不正当竞争法》等，掌握国家的价格政策、行业政策及进出口政策。

(2) 供应市场信息。了解所需采购物品的市场状况，供应商的价格、质量和服务等资料，以及同行业的企业物品采购的渠道。

(3) 物流信息。物流是企业能够准时将所采购物品交付到企业的保障,企业在做出采购决策的时候需要充分考虑到运输方式、运输费用及运输周期等。

3. 拟定可行性方案

每一个决策过程都是一个比较若干可行性方案并选出最优方案的过程,在收集完信息之后就需要组织采购人员拟定可行性采购方案,每个采购方案应该包括品质、采购量、供应商、采购方式、采购时间、采购价格和交货地点等方面的内容,为采购决策者做出正确的决策提供依据。

4. 选择最优方案

对拟定的各种方案,综合考虑企业的需求状况及采购管理的目标,选择出企业最优的采购方案。采购方案选择的方法有很多,不同的企业会根据本企业的特点及采购决策人员的经验和能力专长,选择不同的方法,常用的采购决策方法包括采购人员估计法、期望值决策法、采购专业经理人员意见法及数学模型法等,是一般管理决策方法在采购管理中的变通和应用。

5. 实施与反馈

选择出满意的采购方案之后,就需要联系供应商,签订采购供应合同,组织物料的运输、检验、入库及向供应商付款。需要指出的是,目前采购管理已经步入了供应链管理的时代,供应商已经是企业的重要合作伙伴,企业采购还需要兼顾到整体供应链的利益,加强与供应商的合作。因此,对采购实施信息的反馈极为重要,可以有效地改善企业与供应商的关系,加强企业与供应商的长期合作。

上述采购决策流程如图 5.2 表示。

图 5.2　采购决策流程

5.1.5　采购决策的内容

1. 采购物品品质的决策

采购物品品质的决策是指采购组织明确需要采购什么物品。企业的需求都是抽象的,需要通过需求说明将需求具体化。在采购活动开展之前,企业需要明确采购具有怎样属性的物资才能满足企业的需求。采购物品品质的决策是所有采购决策的前提,一种物资只有能够具备满足企业需求的特性才能被我们纳入到采购决策的范围,否则就和我们的采购决策没有任何关联。只有在决定了采购何种物资之后我们才可能考虑到应该以何种方式、何种价格、在什么时间来采购这种物资。因此,采购物品品质的决策是其他所有采购管理决策制定的前提条件。

2. 采购物品数量的决策

采购量的决策指的是采购组织确定企业需要采购物资的总数及每批物资采购的数量。企业在决定购买某一种物品之后就需要确定购买多少某种型号的这种物品才能够满足企业的需求。企业的需求在一段时间内是不断变化的，在采购物品的过程中也需要根据需求及库存的变化来确定采购的数量和批次。企业采购的物品既要满足企业的需求，同时还要保证不能加重企业的库存负担。每次采购的数量过少的话会增加订购的次数，提高订货的成本，影响生产的正常进行，降低企业的服务水平，影响企业的销售利润和信誉；每次采购数量过大的话会增加企业的库存负担，占用企业的大量流动资金，影响资金的时间价值和机会收益，增加物资的保管费用。在做出采购数量及批次决策的时候，企业的采购组织可以根据不同情况采用直接计算法、间接计算法和预测分析法来确定采购数量；采用定量订购、定期订购及二者相结合的方法来确定采购的批次。

3. 供应商决策

供应商决策是指选择合适的供应商提供物品，满足企业的需求。供应商是企业所采购物资的提供者，供应商的业绩对企业的影响越来越大，在交货、产品质量、提前期、产品设计等方面都影响着企业的采购绩效。随着市场竞争的加剧及市场对企业反应速度要求的提高，传统的供应关系不再适应全球性竞争加剧、产品需求日新月异的环境，供应商也不再仅仅是企业的交易对象，而是企业重要战略的合作伙伴，企业为了实现低成本、高质量、柔性生产和快速反应，就必须重视供应商的选择。采购组织在进行供应商选择决策的时候，必须全面考核供应商，设立供应商准入制度，建立全面的供应商考核的综合指标体系，为企业选择合适的供应商。

4. 采购方式决策

采购方式决策是指采购部门决定以何种方式组织物品的采购来满足企业的需求。企业采购方式的确定与企业的多方面因素息息相关，这些因素主要包括企业制度、资源状况、环境优劣、专业水准、资金预算及储运水平等。采购方式的选择对所采购成本控制、采购风险规避及采购物品的质量保证有很大的关系，具体采购方式的选择需要采购组织综合需求的特点、供应市场的特点及所购物品或服务的特性来决定。目前企业一般采用的采购方式包括定量采购、定期采购及经济订货批量采购。

5. 采购时间决策

采购时间决策就是采购组织决定在什么时间进行采购活动。采购时间决策与采购数量的决策紧密相关，合理采购时间的确定不仅要考虑当前的需求状况、供应状况及库存状况，还需要充分考虑未来的需求状况和供应市场的变化，保证在一个可预测的时期内，采购物品的数量可以满足生产运营的需求，不会发生因采购物品不及时而导致企业的生产运营中断的情况。同时，采购时间的确定还应该考虑到企业所采取的采购方式及对采购成本的影响。采购时间的确定取决于企业需求的变化，但是同时还受市场供应状况的变化及企业所采取的采购方式和采购成本控制等多方面因素的影响。

6. 采购价格决策

采购价格决策是指采购部门与供应商谈判确定的物品供应的最后价格。采购物品的价格与企业的生产成本关系密切，过高的采购价格会增加企业产品的成本，降低产品的市场竞争力，因此，在采购决策过程中，价格决策是最敏感的决策。供应商对所供产品的报价是否合理，供应商是否愿意协商价格，供应商是否愿意合作共同降低成本，甚至供应商是否有能力自我控制成本都是价格决策需要考虑的重要因素。当然，进行价格决策的过程并不是压低价格的过程，而是以双方都能获利的方式来协商完成采购，供应商也是企业的重要合作伙伴，合理的价格决策需要综合考虑企业的收益及供应商的承受能力，以双方都能长期受益的价格完成采购。

7. 交货地点决策

交货地点是指商品交易所规定的，为执行合同而需交付商品时，应该运交的地点。按照交易所跨地域不同，可以分为国际贸易与国内贸易。

1) 国际贸易

在国际贸易中，关于交货地点有几个关键术语，分别是 FOB、CFR 和 CIF。

(1) FOB(装运港船上交货)。船上交货是当货物在指定的装运港越过船舷，卖方即完成交货。这意味着买方必须从该点起承当货物灭失或损坏的一切风险。FOB 术语要求卖方办理货物出口清关手续。该术语仅适用于海运或内河运输。

(2) CFR(成本加运费)。成本加运费是指在装运港货物越过船舷卖方即完成交货，卖方必须支付将货物运至指定的目的港所需的运费和费用。但交货后货物灭失或损坏的风险，以及由于各种事件造成的任何额外费用，即由卖方转移到买方。

(3) CIF(成本、保险费加运费)。成本、保险费加运费是指在装运港当货物越过船舷时卖方即完成交货。卖方必须支付将货物运至指定的目的港所需的运费和费用，但交货后货物灭失或损坏的风险及由于各种事件造成的任何额外费用即由卖方转移到买方。但是，在 CIF 条件下，卖方还必须办理买方货物在运输途中灭失或损坏风险的海运保险。

一般来说，从 FOB 到 CFR 到 CIF 买方需要支付更多的费用。

2) 国内贸易

国内贸易一般为买方所在地或卖方所在地交货。当然，交易地点在买方所在地时，买方需要支付较多的费用。

采购决策的内容非常广泛，本章后两节主要阐述采购物品品质决策和数量决策，其他决策内容将在本系列教材后续其他相关教材中进行阐述。

案例 5-1

韦伯药品商店的采购决策

索尼亚·布朗瞥了一下表。还有两个小时，她就要和她的老板，韦伯药品商店(简称韦伯)的采购经理史蒂夫·米勒碰面了。可她还在踌躇之中，不知道该不该建议取消订购 Twinney 公司的韦伯牌去头屑香波，改从本地生产商那里采购。作为总裁办公室产品小组的协调员，索尼亚有责任每年重新评估韦伯自有品牌产品的订货安排。1月份的早些时候，为了从一家低成本的本地生产商那里获得其自有品牌产品，索尼亚就在考虑结束与一家生产商保持得不错的供应关系，这家企业规模很大并且位于东部。

韦伯药品商店历史悠久，从那时起，公司在整个州的范围内稳步拓展了零售药品连锁店。现在韦伯拥有114家商店，并计划在未来5年中再新开 8~10 家店。韦伯的零售店销售处方药和非处方药，同时也销售其他药用的产品。这家私有企业的战略是进一步成功扩大零售经营。韦伯财力很强，对于任何机会，只要有潜力增加其利润并且与零售经营有关，韦伯都会努力追寻。

开发韦伯的自有品牌产品就是这样的一个机会。韦伯雄心勃勃地开发了一系列韦伯牌产品,至今已有200多种自有品牌产品。韦伯对自己的能力很自豪。他们推出的产品,质量可以与国内品牌媲美,而价格却低25%,这可以为消费者节约大量开支。产品的价格之所以能够比国内品牌产品的低,是因为它们直接从生产商处采购,并且广告费用也相当低。做得比较成功的产品有韦伯牌醋氨酚片剂及韦伯牌维他命补品。

韦伯的自有品牌产品之所以具有吸引力有以下几个原因。首先,这些产品平均有40%的利润,而国内品牌产品只有25%;其次,产品线几乎不用费心。除了最初需要供应商的同意外,订货协议要求生产商负责生产开发的各个方面及投资。正因为如此,韦伯才寻找自有品牌产品在未来的发展机会。

韦伯与20多家企业签订了采购协议。有几个协议以合同形式确定,而其余的协议靠的仅仅是韦伯与生产商之间的理解。制订采购协议的过程开始于对某种自有品牌产品的创意。这个创意在企业内部产生,自有品牌产品的形成也仅仅是一种潜在的可能。一旦产品创意得到批准,韦伯公司就宣布招标。投标来自于想生产这种产品的制造企业。韦伯紧接着开始认真分析潜在的供应商,以确保他们提供的产品能够与领先的国内品牌相媲美。同时,产品销售的价格也应该能创造令人满意的利润。在决定接受投标后,韦伯就与生产企业一直共同开发最终产品。

订货协议要求生产商几乎要对产品开发的所有方面负责。在韦伯所提供的产品规格的基础上,生产商自己完成生产和包装设计,进行必要的设备投资,并保证质量。一旦产品最终获得认可,韦伯就在需要备货时下定单。货物被免费送到中央仓库,然后再运往各个零售商店。正因为供应商的自主权很高,才有必要对货源安排进行每年一度的重新评估。

上个月,索尼亚·布朗审查了Twinney公司,这家公司为韦伯生产去头屑香波。在韦伯几次要求更改运货条款后,Twinney表示,不会改变最终达成的协议。韦伯更多地考虑到Twinney制造的工厂坐落在远离西部600英里的地方。因此,在1月初,韦伯宣布开始对这种产品进行新的招标,还向已知的有类似产品生产能力的企业发送了产品规格。在宣布招标之前,Twinney也被通知要与其他公司一样递交投标申请。

在当前的订货协议下,韦伯在从Twinney公司采购自有品牌的去头屑香波时,必须整车订货,每车4 000件。尽管这种洗发剂品质优良,但对常规、加香型和试验容量的产品,每年的定货数量只有大约20 000件。索尼亚清楚地知道,韦伯的存货储存成本每月约为2%,如此低数量的产品已经占用了公司太多资金。而且,订货时3~4个星期的提前期也带来了一些问题。有几次,韦伯的中央仓库都因为没有存货而处于等待状态中。

索尼亚无法理解像Twinney这么大的企业会不愿意应韦伯的请求而更改运货条款。尽管韦伯收到的香波质量没有问题,但索尼亚还是觉得,选择一家离仓库更近的生产商或许会更为有利。Twinney的生产注模刚刚损坏,这看起来是一个绝好的机会,因为与Twinney的订货并没有以合同形式确定。所以,索尼亚认为,从法律意义上说,韦伯没有任何义务继续从Twinney采购。

在收到的众多投标中,最有吸引力的是本地一家叫作G&I的年轻企业。投标者同意承担Twinney协议中的类似责任,同时在付款条件上也有优惠:付款期限为30天,并且10天内付款还可享受2%的现金折扣。除了免费装运至仓库外,G&I公司还提供了另外两个优惠条件。

第一个是产品的成本,见表5-1。G&I降低了以前由Twinney提供的三种产品的价格。而且,常规和加香型的容量是每瓶7盎司,试验品的容量每瓶为3盎司,这时,这种价格差异就更具吸引力。因为在现有的Twinney协议中,产品的容量更小,分别是6盎司和2盎司。韦伯为产品制定的零售价格是常规加香型每瓶1.49美元,试验容量的产品每瓶0.89美元。索尼亚认为这是一个绝好机会,它可以把更多的利益让渡给消费者。

表 5-1 产品的成本

	容量/盎司	Twinney 公司	容量/盎司	G&I 公司
常规	6	0.72	7	0.70
加香型	6	0.85	7	0.75
试验	2	0.47	3	0.35

G&I 的第二个优势是送货弹性。在协议条款中,他们提出了次日送货,并且也没有最小定货数量限制。G&I 能够提供这样有利的条款,是因为他们的生产工厂位于韦伯中央仓库附近。

索尼亚认为这是支持本地小企业的一次机会。如果韦伯同意从 G&I 采购去头屑香波,这份合同将是 G&I 最大的一笔交易。在最近去 G&I 工厂的时候,索尼亚对整洁的生产设备印象很深。但她还是忍不住要把 G&I 的小规模工厂与 Twinney 的大规模香波工厂做比较。

索尼亚知道,在采购自有品牌产品时,韦伯药品商店与生产者之间的长期关系是享有盛誉的。尽管这只是一个小问题,但她不清楚,一旦选择与 G&I 合作会对企业产生什么样的影响。

(资料来源:[加]米歇尔·R. 利恩德斯等. 采购与供应管理[M]. 张杰,译. 北京:机械工业出版社,2001.)

5.2 采购物品品质的决策

采购决策的内容有很多,本章将主要讲解采购物品品质的决策和采购物品数量的决策。企业采购物品的目的就是为了满足某种需求。因此,在做出采购决策的时候,一定要明确所采购物品必须具备的属性,也就是采购物品品质的确定。在确定采购物品品质的时候,通常会使用采购说明,在开发新的设计或者改进已有设计的时候通常使用价值分析或价值工程。

5.2.1 采购说明

采购物品的说明,从商品学的角度来讲,是物品的规格,在某些特定行业甚至被称为配方。产品的规格界定了我们的采购要求,产品或者服务的规格主要用来定义功能、设计、生产能力、运行可靠性、耐用性、灵活性、回收利用能力、处置方法等要素。熟悉不同类型的规格在各种情况下的应用,并将规格信息以清楚明了的方式传递给供应商是非常重要的。因此,在一般情况下,企业倾向于给供应商提供详细的规格要求,在这种情况之下,如果供应商提供的产品或者服务达不到相应要求,供应商就要承担相应的责任。然而,规格说明过细则会限制供应商提供更多的"成本—效益"解决方案,同时,企业需要承担由此所导致的产品或者服务不能如期使用的风险。由此可以看出,明细过度与明细不足都会给采购工作带来问题,企业在具体执行采购任务的过程中应该选用适当方法以明确产品规格和服务规格。

5.2.2 产品规格的确定

企业采购物品的时候,最基本的产品规格就是"默认的质量",也就是物品应该满足需求所具备的最基本的属性。例如，买一根铅笔应该具备书写的功能，买一把伞应该具备遮雨挡阳的功能，这些功能是不需要确认的，但仅仅这些默认的质量在大多数情况之下是不够的，还需要更具体的规格，下面我们就具体介绍 6 种最常用的产品规格类型。

1. 品牌和商标

使用品牌和商标是确定产品规格的比较简单的形式。品牌或者商标，再加上特定的型号信息，就足以向供应商传递所需的采购信息。品牌和商标规格一般使用于公众每天都使用的产品(如轿车、计算机、香烟等)及涉及专利的产品。一定知名度的品牌在某种程度上是产品质量的保证，也会给企业的产品增加附加值，例如，豪华汽车都会配置名牌的真皮座椅。但品牌化的产品一般价格都偏高，会增加企业的采购成本。

1) 使用品牌产品的优势

(1) 要求明确、简洁和清晰。

(2) 易于使用并能很快见效。

(3) 质量一般是可以信赖的。

2) 使用品牌产品的劣势

(1) 品牌化产品比无品牌产品更昂贵。

(2) 竞争一般受到限制，可能只有一个供应商。

(3) 供应商可能在没有改变品牌名称或未同客户沟通的情况下私自改变明细单。

2. 使用供应商或者行业编码

随着物联网技术的发展，越来越多的供应商和行业开始提供商品的标准编码，这有利于实现电子采购和进行采购物品物流的跟踪服务。

使用行业编码的优势是便于从特别的供应商处采购，如网络采购。

使用行业编码的劣势一是竞争受到限制，会将一部分供应商排除在供应体系之外；二是对需求及商品的描述不详细。

3. 样品

当我们需要明确的需求难以用语言表达清楚的时候，我们可以通过给供应商提供一定的样品来描述。例如，提供所需采购服装的布料的样品。在使用样品规格向供应商表述需求的时候应当注意，使用的样品与应当按照订货时所使用的统一方法及程序来准备，以确保随后的供应品与最初提供的样品保持一致。

1) 使用样品的优势

(1) 样品可以让供应商了解需求是什么，否则很难确认产品。

(2) 样品可以让购买者在购买之前了解这种产品的适用性和效果。

2) 使用样品的劣势

(1) 购买者需要确保实际供货与样品是完全一样的。

(2) 决定和证明与原来的样品有小的偏差是很困难的。

4. 技术规格

技术规格具有很高的规定性，需要全面定义企业的需求。一般的技术规格应该包括的参数有物理性质(尺寸、强度等)、设计细节、公差、使用材料、生产过程及方法、操作要求、维护要求。

在使用技术规格的时候,应该包括文字信息和设计图纸两部分,这样就可以清楚明了的表述技术要求。技术规格一般适用于重要的、专用性很强且比较精密复杂的设备。需要详细明确技术规格的情形包括:①需要较高的说明性(物理性质、公差和使用材料等);②重要的、专用性较高的设备;③买方公司已具备了供应商没有的专业技能,或买方希望采用一种内部开发的特殊设计并需要与供应商沟通。

1) 使用技术规格的优势

(1) 确切定义了购买者的需求。

(2) 核实被供应的物品满足所有要求。

2) 使用技术规格的劣势

(1) 可能涉及一些影响因素,要求专家对开发的产品做出鉴定。

(2) 高水平的技术规格可以要求供应商设计定制产品。

(3) 限制了能确保供应的供应商数目。

(4) 未达绩效要求的风险由买方承担。

5. 构成规格

构成规格主要用来描述产品的结构(如纯度、密度、成分和添加剂等),使用构成规格可以清晰明确地规定产品的化学性质和物理性质。构成规格通常适用于原材料、食品及化学类商品,也适用于对安全和环境因素要求很高的商品。例如,处理危险品(如有毒要害化学品或腐蚀性化学品)和在极限温度值下加工的材料。

1) 使用构成规格的优势

(1) 对物品的描述非常严谨和明确。

(2) 企业可以利用规格来检验所购产品是否满足要求。

2) 使用构成规格的劣势

(1) 构成规格要求专家对开发产品做出鉴定。

(2) 对构成规格的认证通常需要特殊的测试设备。

6. 功能和性能规格

功能是用来要求产品应该具备的最基本的使用作业,而性能则是描述这种作用在实际的使用过程之中能够被执行的程度。使用功能和性能指标的时候,能够描述产品的输出水平、质量、产能、能耗及运营成本,在强调所购物品的使用结果时往往会选择功能和性能规格。

1) 使用功能和性能规格的优势

(1) 供应商能够在优化解决方案时进行创新。

(2) 风险由供应商承担。

(3) 与技术规格相比较而言,企业投入精力较少。

2) 使用功能和性能规格的劣势

(1) 评价供应商对产品的特定设计能否有效运作比较困难。

(2) 比较不同供应商的报价非常复杂且耗时。

上述各类产品规格类型的适用场合见表 5-2。

表 5-2　各类产品规格适用的场合

规 格 类 型	适 用 场 合
品牌及商标	通用产品； 需要用一个特殊的品牌名称来区别公司产品时； 质量比成本更重要时
供应商或行业代码	简单产品； 易于从一个特定供应商处采购
样品	采购前很难估计质量； 当展示需求比用文字描述或确认它更容易时
技术规格	供应商不具备所需的设计专业知识和技能； 组织希望保留内部的设计专业知识和技能(如保护它的竞争优势)与现有设备又复杂的接口； 购买者准备接受设计不能满足所需性能要求的风险
构成规格	采购原材料、日用品和食品等； 安全或环境因素非常重要； 性能依赖于构成
功能/性能规格	供应商比购买者拥有更多的专业知识和技能； 注重创新； 供应商所处行业技术正发生着迅速变化

5.2.3　价值分析/价值工程

1. 价值分析/价值工程概述

价值分析(Value Analysis，VA)与价值工程(Value Engineering，VE)两种活动都是对商品的价值、功能与成本进一步思考与探索，以小组活动方式，集思广益朝各方向寻求最佳方案，再运用体系分工的方式实现价值提升或降低成本的目标。通过价值分析/价值工程可以发现产品的哪些功能是企业所需要的，哪些功能是多余的，从本质上来明确采购需求。价值分析是对已有产品的重新设计，而价值工程则是指开发全新产品。在使用上述分析方法的时候，我们经常不做具体的区分，统称为价值分析/价值工程。使用价值分析/价值工程分析，价值的确定取决于功能和成本的比值，关注产品的功能分析，而不是现有的产品分析。

2. 价值分析/价值工程的应用

价值分析/价值工程是解决问题的结构性方法，是开发和修订说明书的有效工具，它以最低的成本开发出可以提供所需功能的解决方案。我们将产品的价值定义为：价值＝功能/成本，通过这个定义我们可以看出，要想增加产品的价值，可以从以下几个方面入手。

(1) 以较低的成本提供同样的功能。
(2) 以同样的成本扩大范围或提高质量。
(3) 功能的增加大于成本的增加。

3. 价值分析/价值工程的适用范围

(1) 产品处于设计阶段。
(2) 标准化的产品是无效或者不能满足需求时。
(3) 激烈的竞争导致价格下降或者企业迫切需要降低成本时。

4. 价值分析/价值工程应用的步骤

(1) 准备阶段。在准备阶段确定需要分析的范围和目标，组建价值分析/价值工程分析团队，并为需要评估的解决方案设立目标。

(2) 信息收集阶段。在信息收集阶段需要收集采购该物品的目的及产品或者服务的使用意图、所需的绩效水平、部件和投入、成本等方面的信息。

(3) 功能分析阶段。在这个阶段需要确定产品和服务具体都具有哪些功能？因此，分析过程中应该着眼于做什么而不是怎么做，应该关注各种功能之间的成本分配，关注那些成本最高的功能。

(4) 探讨阶段。探讨阶段是对前 3 个阶段所掌握材料的总结与分析，通过头脑风暴的方法分析以下几个问题：物品所有的某项功能必要吗？它的成本与用途成正比吗？还有其他的方法可以实现同样的功能吗？它能节约资源吗？它可以用不同的方式制造吗？使用标准化的产品可以完成同样的工作吗？通过这些分析，可以清楚地看到物品所具有的所有的功能与成本及价值的关系。

(5) 开发阶段。根据上一步的分析结果，开发出潜在可用的方案，用来评价和参考。

(6) 评价阶段。评价已经制订的可行性方案，并从诸多方案中选择最优方案，也就是能满足需求的成本最低的方案。

(7) 执行阶段。在选择出最优方案之后就需要为最优方案准备规格，将最优方案落到实处。

通过以上几个步骤的分析，我们就可以清楚地了解到每个零部件的作用，每个零部件是不是产品所必需的及每个零部件的成本对总体产品成本的影响，我们还能了解到每道工序的作用、每道工序的成本及对总体成本的影响。通过这些我们就可以清楚地了解到每一个零部件及加工工序对产品最终成本及价值的影响。

总之，通过价值分析/价值工程，不断地改进产品的构成，从而明确企业的真正需求，可以达到提高价值、降低成本的目的。

5.2.4 采购物品评价

做出采购决策，组织物品采购之后还需要对所采购物品进行评价，由此来判定所采购的物品是否达到了采购目标。同时，随着环境保护观念的深入，人们也越来越重视所采购物品给相关人员及环境所带来的危害。对所采购物品的评价一般从以下 3 个角度展开。

(1) 技术评价。技术评价主要包括对所采购物品的生产效能、运转可靠性、能源和原材料消耗、生产安全性、设备通用性、维修难易程度、设备使用寿命等技术参数及性能的评价。

(2) 经济评价。经济评价是对采购物品是否达到采购成本控制目标的评价，通过经济评价可以为企业采购成本控制提供参考。

(3) 安全评价。保证采购人员和相关使用人员的健康和安全是采购决策的前提。近几年，安全事故仍然不断，究其原因有时要追溯到采购上来。因此，确保安全，必须要从采购抓起。

5.3 采购物品数量的决策

在确定所采购物品之后，还需要确定所采购物品的数量。物品采购量的确定需要在保证满足需求的前提下综合考虑需求的特点、企业的库存状况及物品的运输成本和运输周期，它是一个系统的管理过程。采购物品量的确定主要包括采购物品总量的确定和采购物品批量的确定。其中供应量的确定有3种常用方法：直接计算法、间接计算法和预测分析法。订购批量的确定也有3种常用方法：定量订购、定期订购及定量订购和定期订购相结合。

5.3.1 明确采购物品量的重要性

明确采购物品的量就是为了在保证满足需求的情况下，尽可能地减少多余的采购量，降低企业的库存成本和采购成本。因此，合理确定采购物品的量具有以下重要意义。

(1) 确保企业需求得到满足。企业采购物品的目的就是为了满足一定时期内的需求，在确定采购数量和批量的时候，一定要以满足需求为前提条件，防止出现缺料断货的情况，确保企业的日常生产和运营的顺利进行。

(2) 降低企业的库存压力。合理的确定采购数量和采购批量会充分考虑到企业的库存状况，在满足需求的前提下尽可能地减少多余的采购量，通过对采购总量分解到不同的进货批次当中缓解企业的库存压力，降低企业的库存成本。

(3) 降低企业采购成本。通过确定合理采购数量和采购批量可以有效减少采购总量，降低运输成本和人工费用，降低企业的总采购成本。

5.3.2 需求的类型及特点

在对产品或服务的采购量进行计划时，采购人员需要估计出一段时间内该种产品或者服务最可能的需求量。由于市场的不断变化，企业对采购产品或服务的要求也不断变化，因此实际采购数量也是不断变化的。采购人员应该依据需求的类型和特点，尽可能地预测未来一段时间内的需求变化，制订详细的采购计划，及时与供应商沟通，告知供应商未来一定时间内的确定需求及可能变动的需求，防止采购物品或服务的数量偏离实际需求。

1. 需求的类型

在通常的情况下采购的日常办公消耗品是比较简单的，这些物品的需求波动比较稳定，市场供应充足，需求可以随时得到满足，在公司的可控范围之内。

但生产性物品的需求往往难以确定，这些物品的需求受市场波动的影响很大，同时供应商也有较长的供应周期和运输周期，属于公司不可控的范围。根据企业不同需求间的关系，可以将企业的需求分为独立需求和相关需求。企业采购部门在制订采购计划、与供应商沟通的时候，首先要明白所采购物品的需求类型。

(1) 独立需求。即某种产品和服务的需求变化与其他产品没有关联，是完全独立的。

这一类产品往往被看作直接向顾客销售的终端产品的项目,其需求仅仅受市场条件的影响,与其他任何产品的需求及库存状况没有任何关系。典型的独立需求有图书、食品、汽车、数码产品、其他零售店销售的产品等。

(2) 相关需求。即某种产品或服务的需求与其他产品相关。这一类需求项目往往被看作另一种产品的零部件。非独立需求应该从该类产品的父项产品生产决策中推导出来。典型的相关需求包括工业产品的原材料、零部件等。

2. 需求的特点

需求一般具有趋势性、周期性、季节性和随机性的特性。

(1) 趋势性。反映了需求连续的发展方向,即需求会在一定方向上恒定不变或者沿着一定的方向持续的增长或者减少,但这种趋势只是在一定时期内的特性,长期来看它还是会改变的。

(2) 周期性。需求会随着产品的生命周期和社会经济的发展周期而变化,呈现出周期性的增长或降低的趋势。

(3) 季节性。受到季节性因素影响,需求会在特定的一段时期内(如某天、月、季、年)出现高于或者低于平均需求的情况。

(4) 随机性。需求在受到不确定性因素影响而发生的不规则变化。在需求呈现趋势性、周期性及季节性变化的时候,需求预测相对容易,在需求呈现随机性变化的时候,需求预测就很难了。通常所用的需求预测的方法都是针对需求规律变化的,而不是偶然随机变化的。

5.3.3 采购物品需求与计划

供应计划是企业采购人员在了解市场供求情况,认识企业生产经营活动过程和掌握物资消耗规律的基础上,对计划期内物品供应管理活动所做的预见性安排和部署。

传统的面向库存管理的供应计划中主要包括以下指标:计划期物品需要量、计划期末物品的储备量、计划期初物品库存量、计划期物品采购总量等。

1. 计划期物品需要量

1) 直接计算法

直接计算法,又称定额计算法。它是用计划期的任务量和物品的消耗定额来确定物品需要量。其计算公式为

$$F_t = T_t \times H$$

式中,F_t 表示计划期某种物品需要量;

T_t 表示使用该种物品的某种产品在计划期内的生产任务量;

H 表示某产品使用该种物品的消耗定额(一般是指物品消耗供应定额)。

直接计算法核算的物品需要量比较准确,凡有物品消耗定额的均可以考虑采用直接计算法。

2) 间接计算法

间接计算法是利用间接资料,即按照一定的比例、系数和经验来确定物品需要量。间接计算法包括动态分析法、类比计算法和经验估算法。

(1) 动态分析法。动态分析法是对历史统计资料进行分析研究，找出计划期生产任务量和物品消耗量变化规律来确定物品需要量的一种方法。其计算公式为

$$F_t = \frac{T_t}{T_{t-1}} \times D_{t-1} \times K$$

式中，F_t 表示计划期某种物品需要量；

T_t 表示使用该种物品的某产品在计划期内的生产任务量；

T_{t-1} 表示上一期使用该种物品的某产品实际完成的生产任务量；

D_{t-1} 表示上一期该种物品的实际消耗量；

K 表示计划期内该种物品的消耗增减系数。

【例5.1】某企业在计划年度制造备品配件120吨，根据统计资料已知上一年实际制造备品配件100吨，实际消耗钢材150吨。由于生产工艺的改进，制造备品配件的钢材消耗平均降低10%。求：计划年度制造备品配件的钢材需要量为多少吨？

解：计划年度制造备品配件的钢材需要量为

$$F_t = \frac{120}{100} \times 150 \times (1-10\%) = 162(吨)$$

动态分析法估算物品需要量比较简单易行，在没有物资消耗定额的情况下，用动态分析法确定物品需要量比较方便。

(2) 类比计算法。类比计算法是参照类似产品或同类产品的物品消耗定额来确定物品需要量的一种方法。其计算公式为

$$F_t = T_t \times H_s \times K$$

式中，F_t 表示计划期某种物品需要量；

T_t 表示使用该种物品的某种产品在计划期内的生产任务量；

H_s 表示类似产品或同类产品的物品消耗定额；

K 表示计划期内该种物品消耗增减系数。

【例5.2】某企业在计划年度制造某种包装桶10万个，每个包装桶消耗0.5毫米厚镀锌钢板0.5千克。由于客户要求用0.6毫米厚镀锌钢板，这样每个包装桶增加重量20%。求该计划年度需要0.6毫米厚的镀锌钢板多少吨？

解：计划年度制造10万个包装桶需要0.6毫米镀锌钢板重量为

$$F_t = 100\,000 \times 0.5 \times (1+20\%) = 60\,000(千克) = 60\ 吨$$

(3) 经验估算法。经验估算法是根据以往经验来确定物品需要量的一种方法。

例如，根据以往维修机器设备的经验，清洗机器零件每10件用0.5千克煤油；大修一台车床，零件清洗用煤油3千克等。

经验估算法一般适用于企业生产经营中所需用的辅助材料或一些低值易耗品。

3) 预测分析法

预测分析法是利用物品实际消耗历史统计资料，分析其消耗量的变化规律，运用一定的数学模型来确定物品需要量的一种方法。预测分析法中有很多方法可以运用。在此仅介绍常用的时间序列分析法。

时间序列分析法是把观察到或记录到的一组按时间顺序排列起来的数列(实际消耗量)，通过统计分析进行预测的方法。常用的有算术平均数和移动平均数法等。

(1) 算术平均数法。算术平均数法是把各个时间的某种物品实际消耗量加起来,除以时期数所得的算术平均数,作为计划期某种物品需要量。算术平均数法仅适用于稳定形态需用量的预测。

(2) 移动平均数法。移动平均数法是一种基础的数学预测方法。这种方法以若干时期为计算期(如以最近 5 期为计算期),每次通过吸收新一期的数据,删除最早一期的数据,使计算期向前推移,并求出该期间内时间序列的平均值作为下一期的预测值。这就是为什么把这种方法称作"移动平均法"的原因。

【例5.3】某企业某种物品的前 10 期需求见表 5-3,分别使用算术平均数法和移动平均数法预测下一期的需求。

表 5-3　某企业某种物品的需求　　　　　　　　　　　　单位:吨

时　期	1	2	3	4	5	6	7	8	9	10
实际消耗量	36	32	30	33	28	46	39	44	46	45

解:

① 算术平均数法:

第 11 期需求 $=(36+32+30+33+28+46+39+44+46+45)\div 10=37.9$(吨)

② 移动平均数法:

我们假设移动区间为 5,这样我们选择最后 5 期数据来作为预测下一期需求的基础数据。

第 11 期需求 $=(46+39+44+46+45)\div 5=44$(吨)

移动平均数法能反映实际消耗量的变化情况,又能消除随机因素的影响,还能排除早期作用不大的数据。但该方法计算出来的需要量,同实际消耗量的变化规律来比较,它比实际消耗量的变化规律有"滞后"现象,因此,对用上述公式计算出来的需要量,根据个人经验要做适当的调整,使确定的需要量更符合实际情况。

2. 计划期末物品储备量

计划期末物品储备量是指为下一个计划期初企业生产经营的需要而准备的一定数量的物品。

计划期末物品储备量要根据各种物品的市场供求情况及本企业生产经营对该种物品的需求情况(或特点)来确定,一般来说,有以下几种情况。

1) 均衡需用和均衡发放的物品

对这种物品通常用平均一日需要量乘储备天数来确定。其计算公式为

某种物品的计划期末储备量=平均一日需要量×储备天数

在此计算公式中,关键是储备天数如何来确定。一般来说,如果该种物品市场资源很充裕,企业什么时候需用,到时去市场即能买到。那么,储备天数可以定得少一些。反之,如果该种物品市场资源稀缺,企业在需要用的时候,到市场去购买不一定能买到。那么,储备天数要定得多一些。

2) 下一计划期初集中发放的物品

对这些物品要根据本企业对该种物品需用的时间,供货单位的供货情况来确定。例如,某一生产企业,它在计划期内生产多种产品,且某些产品的投产,往往在计划期内集中投

产一次或两次。因此，某些物品的需用也集中在一次或两次。如果其中一次在下一个计划期初发生，那么，该种物品的计划期末储备量至少要满足下一个计划期初一次投产所需用的数量。如果它需用时间不在下一个计划期初，而且供货单位又能在企业需用时保证供应，则计划期末储备量可以少留或不留。如果供货单位的生产能力有限，不能在企业需用时保证供应，则应考虑供货单位的供货能力，确定适当计划期末物品储备量。

3) 供货单位季节性供货的物品

供货单位季节性供货的物品是指某些物品由于受季节的影响，供货单位只能在某个季节生产和供货，而本企业对该种物品的需用却是常年需用时，就形成了本企业在供货企业的供货季节里，逐渐进货储存，达到一定数量后停止进货，以后陆续耗用。在这种情况下，要根据企业计划期末的时间与供货单位实际供货季节来确定。

3. 计划期初物品库存量

计划期初物品库存量是指计划期开始第一天的库存物品数量，也是报告期末的物品储备量。因此，它可根据报告期的有关资料来进行计算。其计算公式为

计划期初物品库存量＝编制计划一定时点的实际库存量＋预计期的进货量
－预计期的发货量

在上列公式中，编制计划一定时点的实际库存量是指在编制计划时必须规定一个时点盘点本企业该种物品的实际库存量，既要包括本企业供应部门仓库内的库存量，也要包括本企业下属单位的库存量。预计期是指从规定盘点的那个时点起，到报告期末为止的这段时间。预计期进货量是指在这段时间还要进货的数量，它包括货款已付，但尚未验收入库的物品数量；还包括已订合同，在这段时间还要交货的数量。预计期的发放量是指在这段时间内本企业生产经营所需消耗或发放该种物品的数量。

由于编制物品供应计划一般是在计划期开始之前的一段时间进行的，所以，无论是计划期末储备量还是计划期初库存量都是一个预计的物品数量。为了使这两个预计值尽量与实际情况相符，计划中必须对这两个指标进行认真计算。

4. 计划期物品采购总量

计划期物品采购总量是指企业在计划期为完成生产经营任务所需采购物品的数量。其计算公式为

计划期某种物品的采购总量＝计划期某种物品需要量＋计划期末物品储备量
－计划期初物品库存量

该计算公式实质上是反映了企业在计划期为完成生产经营任务时的资源和需求之间的平衡关系。需求方面包括计划期某种物品需要量和计划期末物品储备量；资源方面包括计划期初物品库存量和计划期某种物品的采购总量。

5.3.4 采购批量的确定

在预测未来一段时间的需求量之后，需要根据库存的状态确定未来一段时间内的订货的数量和批次，通常的订货方式有定量订购、定期订购及定量订购和定期订购的结合。订购方式的选择与库存类型紧密相关，一般采用连续检查系统的库存都会采用定量订购，采用定期检查系统的库存会采用定期订购。

1. 两种库存类型

库存体系存在两种主要的类型：连续检查系统和定期检查系统。这两种系统的区别在于连续检查系统每次的订货量总是相同的，但订货的时间间隔不相同；而定期检查系统的订货时间间隔总是相同的，但每次的订货量可能不同。连续检查系统有规律的对库存水平进行监控，当达到一定库存水平或者再订货点的时候进行订货。定期检查系统只需要定期对库存水平进行检测，这是因为在规定的时期结束时，订货批量是以目标库存水平和该时期末的实际库存水平之间的差量为基础决定的。

2. 定量采购批量的确定

定量采购也称订货点采购，是以固定订购点和订购批量为基础的一种订购方式。它采取永续盘点的方法，对发生收发动态的物资随时进行盘点，当库存量等于或者低于规定的订购点时就提出订购，每次购进固定数量的物资。

实施定量采购的关键在于正确确定订购批量和订购点，在设置订货批量的时候一般会考虑到实现总库存成本最小的订货批量，其计算公式为

总库存成本＝年订货成本＋年库存持有成本

$$TC = S + H$$

式中，TC——年库存总成本；

S——生产准备成本或者订货成本；

H——库存持有成本。

年订货成本可用订货次数乘以每次订货成本来计算。例如，某生产企业每年需要某种轴承 1 000 件，每次订货 100 件，每次订购成本为 500 元。那么这个企业每年该转承需要订购 10 次，年订货成本为 5 000 元。

年库存持有成本为通过平均库存金额乘以储存费率来计算。

实施定量采购的关键在于正确确定订购批量和订购点，订购批量的确定一般采用经济订购批量法(EOQ)。经济订购批量指的是使一种产品的年总订货成本和持有成本之和最小的订货批量。经济订购批量计算公式为

$$\text{EOQ} = \sqrt{\frac{2CR}{PF}} = \sqrt{\frac{2CR}{H}}$$

式中，R——年总需求量；

C——每次的订购成本(元/每次订购)；

P——每件商品的价值(元/件)；

F——每件商品的年持有成本占商品价值的百分比，即储存费率(%)；

H——每件商品的年持有成本(元/件)。

经济订货批量，它是固定订货批量模型的一种，可以用来确定企业一次订货(外购或自制)的数量。当企业按照经济订货批量来订货时，可实现订货成本和储存成本之和最小化。订购点的正确确定则取决于对备运时间的准确计算及对保险储备量的合理查定。定量采购中的保险储备量，是为了应付备运时间需要量的变动而建立的，包括不能按时到货、实际备运时间超过平均备运时间而增加的需要，也包括备运时间内实际的一日需要量超过平均一日需要量而增加的需要。

定量采购库存控制中固定的订购批量(进货量)实际上就是两次进货间隔的合理库存量，即经常储备定额。根据经常储备量和保险储备量，就可以确定最高储备量和最低储备量(即保险储备量)这两个数量界限，如图 5.3 所示。

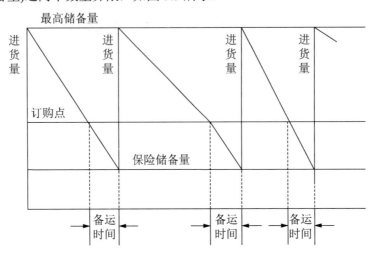

图 5.3 定量库存控制

【例 5.4】某种物资每月采购总量为 900 件，单价 40 元/件，年储存费率 12%，一次订购费用 20 元，求：定量库存控制的经常储备定额。

解：定量库存控制的经常储备定额即为经济订货批量(EOQ)，故

$$经常储备定额 = \sqrt{\frac{2CR}{PF}} = \sqrt{\frac{2 \times 20 \times 900 \times 12}{40 \times 12\%}} = 300 (件)$$

【例 5.5】某企业某种需要比较均衡的物资下年度采购总量是 4 320 件，该种物资每件每月储存费用 6 元，一次性订购费用 30 元，保险储备天数 3 天。求该物资下年度的经常储备定额、最高储备量和最低储备量。

解：

$$经常储备定额 = \sqrt{\frac{2CR}{H}} = \sqrt{\frac{2 \times 30 \times 4\,320}{6 \times 12}} = 60 (件)$$

保险储备定额 = 每日需要量 * 保险储备天数 = (4 320/360) * 3 = 36(件)

最高储备量 = 经常储备定额 + 保险储备定额 = 60 + 36 = 96(件)

最低储备量 = 保险储备定额 = 36 件

定量库存控制是以正常进货前后库存量水平分别为最低储备量和最高储备量为基础的。当实际消耗速度减慢或者加快的时候，两次进货的时间间隔相应的延长或者缩短。但只要备运时间里的物资消耗速度为预计的正常速度，进货时的库存量就总是处于最低储备量状态，进货后的库存总量就总是处于最高储备量。如果备运时间里物资消耗速度大于预计的正常速度或出现延期到货，则进货时的库存量低于最低备运量；反之亦然。虽然进货后的库存量不等于最高储备量，但库存降低到订购点时又提出订购，所以这些变动并不影响实际需要，且在下一次正常进货后又会自动的调整到正常水平。

3. 定期采购的采购批量的确定

定期采购指以固定的盘点和订购周期为基础的一种订货方式。它采取定期盘点，按照固定的时间间隔检查库存并随即提出订购，订购批量根据盘点时的实际库存量和下一个进货周期的预计需要量而定，即

订购批量＝订购周期需要量＋备运时间需要量＋保险储备量－现有库存量
－已订未交货量

在定期库存控制中，关键问题在于正确规定检查周期及订购周期。检查周期的长短对定购批量和库存水平有决定性的影响。如前所述，检查周期(订购周期)是由预先规定的进货周期和备运时间长短所决定。进货周期的物资需要量实际上就是两次进货间隔的合理库存量，即经常储备定额。

合理查定保险储备量同样是实施定期采购的重要问题。在定期采购过程中，保险储备量不仅要以应付备运时间内需要量的变动，还需要用以应付整个进货周期内需要量的变动。因此，对同一种物资来说，定期采购比定量采购要求更大的保险储备量。

根据经常储备定额和保险储备定额，就可以确定最高储备量和最低储备量这两个库存控制的数量界限了。

【例 5.6】某企业某种均衡消耗的物资，计划年度共需要 7 200 件，每月进货一次，保险储备数 6 天，求：该种物资的经常储备定额和最低储备量、最高储备量。

解：经常储备定额＝7 200÷360×30＝600(件)

最低储备量＝7 200÷360×6＝120(件)

最高储备量＝600＋120＝720(件)

在使用定期订货的时候，当实际消耗速度减慢或者加快，会使盘点时的库存量加大或者减少，但只要备运时间里物资消耗的速度为预计的正常速度，即使进货时库存量高于或者低于最低储备量，也会通过不同的进货量使进货后的库存量等于最高储备量。若备运时间里物资消耗速度小于正常速度或提前到货，则进货后的库存量高于最高储备量；反之亦然。这种实际库存水平的偏离，要待下一次库存盘点时核算下期订购批量(进货量)来调整，使其恢复到正常水平。

4. 定量订货与定期订货的优缺点比较

1) 定量订货的优点
(1) 能够经常掌握库存量动态，及时提出订购，不易出现缺货。
(2) 保险储备量较少。
(3) 每次订购量固定，能采用经济订货批量，也便于进货搬运和保管作业。
(4) 盘点和订购手续比较简单，便于利用计算机控制。

2) 定量订货的缺点
(1) 订货时间不定，难以编制严密的采购计划。
(2) 未能突出重点物资的管理。
(3) 不能适应需要量变化大的情况，不能及时调整订购批量。
(4) 不能得到多种物资合并订购的好处。

定期订货的优缺点与定量订货的正好相反。

5. 定量订货与定期订货的适用范围

由于这两种订货方式有不同的优缺点，因而也有不同的适用范围。

1) 定量订货的适用范围

(1) 单价较低的物资。

(2) 需要量比较稳定的物资。

(3) 缺货损失较大的物资。

2) 定期订货的适用范围

(1) 需要量大的主要原材料，必须严格管理的重要物资，有保管期限制的物资。

(2) 需要量变化大而且可以预测的物资。

(3) 发货繁杂、难以进行连续库存动态登记的物资。

案例 5-2

杭州 Motorola 的网络管理

一款手机经研发设计以后，便会生成一张完整的材料清单(Bill of Material，BOM)，其中包括一台手机所需用到的所有材料名类(一般为 200～300 种)和单机用量。BOM 同时也构成了网络的起始端，就像一张百味俱全的药方，向整副经脉注气，经由采购、收货、验收、入库、上线、下线、包装、销售，中间还经过财务结算，整张网络由此一气呵成。

1. 电子订单和 Schedule Sharing

杭州摩托罗拉每年完成的采购额超过 4 亿美金，其中有 80% 是通过电子订单和一种叫 Schedule Sharing(S/S)的系统完成的。

摩托罗拉总部和大部分的供应商每年都会签订一个协议价格，采购人员用这个全球统一的价格每年给供应商下一次订单。订单是在电脑系统中完成并且用电脑网络传递给供应商的，它的内容只有材料编号和价格，没有需求数量，摩托罗拉把这样的订单叫作空白订单。订单一旦在电脑中生成，系统就会赋予一个随机订单号，这个号码一直伴随着订单从生到死。订单是整个物料管理中的把手，它扯起一条主线，把采购、收货、入库、付款如大红灯笼般串起。

固定数量的采购订单很难适应风云变幻的手机市场，需求的忽降会给手机制造商造成库存积压，而需求的忽升又会造成库存的短缺。S/S 是一个与空白订单相结合的每周轮番滚动的需求显示网络系统。通过摩托罗拉特许的 S/S 账号，供应商可以在网上知道当前周到第八周自己需要向摩托罗拉供多少货，摩托罗拉则会在每个周末对需求数量做一次更新，由此形成一个滚动的需求显示系统。计算 S/S 上的需求数量是一个很复杂的过程，需要同时考虑当前库存、手机市场预测、材料价格、材料供需状况、材料体积、送货周期等多种因素，并且通过一套复杂的运算公式完成数据的整合，最后才能得出需求数量。

2. RP 中场

Oracle 公司的网络数据库管理系统连通了摩托罗拉内部的所有部门，实现了真正意义上的数据共享。MRP(Manufacture Resources Planning)管理系统是这个网络的中场，也是杭州摩托罗拉网络管理的命脉所在。

采购人员完成定单以后，供应商就会根据 S/S 系统上的需求量进行送货。收货部门会根据来货的材料号和订单号，在系统中的相应定单项下完成收货，移交质检部门。质检人员需要对相应数量的材料进行检测，仓库人员则要对检测合格的材料归类入库，而财务部门又会根据入库材料数量进行付款。直到材料上线，领料人员还要在相应的定单下领取材料，实际的领料数量也会输入到系统当中。

举例而言，供应商如果送了10万颗芯片，收货人员就会在相应的订单和料号下收10万数量的材料，此订单下就多了10万数量的收货数据。这10万颗芯片会移交到质检部门，如果质检部门发现有1万颗是不合格品，就会把1万数量的材料退入到废料库中，由采购人员联系供应商退货，其余9万颗的合格品则会移交至仓库人员手中。这样，相应的订单号下又会增加一组入库9万和退货1万的数据。之后，财务部门会根据实际的入库数量付款(摩托罗拉和供应商的协议付款期一般是货到后45天付款)。仓库人员会对9万颗芯片分类上架，如果有领料人员领取1万颗芯片，仓库人员会把这1万的数据输入到系统之中，相应订单下又多了一组领料数量。公司中任何人员只要进入Oracle系统，随时随地可以对任何材料进行跟踪查找。

3. 抓住流动的瞬间

在仓库和生产车间之间，杭州摩托罗拉设有一个Buffer(缓冲)库，用来管理上面的问题。Buffer一头连着仓库，一头连着生产线，用来控制所有材料从个体到集体、从单个原料到整台手机的过程。

一台手机大概需要用到200~300个配件，每个配件的单म用量多则上百，少则1个。Buffer人员首先要根据每天的生产量从仓库中领取成套材料，其次，再向生产线发料。领料数量和发料数量都需输入系统。材料上线以后，其结果会有四种：一是出来的完好的成品手机；二是完好的主板；三是报废的主板；四是直接在线上报废的材料。中间两种有一个特有的英文名字：WIP(Work in Process)，也即中文中所谓的半成品。Buffer会把成品手机数和WIP数输入系统，与发料数量相比较，可以得出直接报废材料的数量。系统也可以用成品手机的数量反推出所用到的材料的套数和单个材料数量。

4. 送到客户手中

手机下线后，经过一番包装打扮，等待出货。销售人员需要在系统中下一个销售订单(Soles Order，SO)，和采购人员所下的购买订单(Purchase Order，PO)一样，系统会随机赋予销售订单一个订单号，这个订单号同样会跟从订单从生到死。销售订单指明客户所需的手机型号、价格、数量等，并且直接和系统成品手机数链接。一旦这些数据输入到系统当中，全公司的人员就能共享这些数据。发货部门的员工需要根据订单数量出运手机，财务人员需要根据出运数量与客户进行财务结算。所有的前前后后都可以在同一系统中彻底解决。

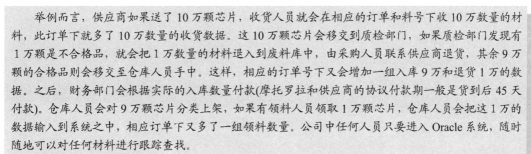

本 章 小 结

采购决策的合理科学性既关系到企业需求是否能够得到满足，又关系到企业采购成本的控制。采购决策的内容包括品质(What)、采购量(How many)、供应商(Who)、采购方式(How)、采购时间(When)、采购价格(How much)、进货方式(Where)各方面的内容。

在做出采购决策之前，需要先明确产品的规格，常用的描述产品规格的方式有品牌及商标、供应商或行业代码、样品、技术规格、构成规格、功能和性能规格6种，需要根据所采购物资的特性选择使用。

同时，要保证企业的需求得到满足，降低采购成本和库存成本，还需要确定合适的进货总量及进货批量。常用的进货总量预测方法有直接计算法、间接计算法和预测分析法；进货批量的设定通常选用定量订购法和定期订购法。随着经济发展的需要，VMI理论也越来越多的应用到实际。

 关键术语

采购 Purchasing or Procurement

采购决策 Purchasing Decisions
产品规格 Product Specification
采购数量 Purchase Quantity
采购批次 Purchasing Batch

习 题

一、判断题

1. 企业采购需求的三要素是指需求、说明、供货。（ ）
2. CIF术语是当货物在指定的装运港越过船舷，卖方即完成交货。（ ）
3. 当需要明确的需求难以用语言表达清楚时，可以通过给供应商提供一定的样品来描述。（ ）
4. 价值分析是指开发全新产品，而价值工程则是对已有产品的重新设计。（ ）
5. 当企业按照经济订货批量来订货时，可实现订货成本和储存成本之和最小化。
 （ ）

二、选择题

1. 采购决策的特点有( )。
   A．预测性　　　　B．目的性　　　　C．可行性　　　　D．评价性
2. 采购决策的作用有( )。
   A．提高采购质量　　　　　　　　B．降低采购成本
   C．及时交货　　　　　　　　　　D．规避采购风险
3. 解决采购问题的常用分析方法有( )。
   A．价值分析　　B．价值工程　　C．价值判断　　D．价值选择
4. 对采购物品进行评价需要考虑的因素有( )。
   A．技术　　　　B．经济　　　　C．安全　　　　D．质量
5. 定量订货的优点有( )。
   A．能够经常掌握库存量动态，及时提出订购，不易出现缺货
   B．保险储备量较少
   C．每次订购量固定，能采用经济订货批量，也便于进货搬运和保管作业
   D．盘点和订购手续比较简单，便于利用计算机控制

三、简答题

1. 采购决策的实质是什么？
2. 采购决策的流程有哪些？
3. 如何进行采购说明？
4. 明确采购物品量的重要性有哪些？
5. 在进行产品价值分析时，7个阶段是什么？

四、讨论题

如果让你进行采购,你会考虑哪些因素呢?你将如何进行采购呢?

【案例借鉴】

全球热交换器股份有限公司

全球热交换器股份有限公司(GHE)的采购负责人 Deirdre Collins,正面临着一项重要的采购决策。公司刚刚同一家以前没有业务往来的大客户签订了一份重要订单,生产将在几天内开始。遗憾的是,由于 GHE 的一家供应商大幅提价,威胁到这个项目的初始订价。

(1) 公司情况。全球热交换器股份有限公司成立于1920年,成立以来赢得了很好的声誉,目前已经成为各领域热交换器生产中处于领先地位的设计和制造商。精良的制造工艺使 GHE 的热交换系统在很多行业得到了广泛的运用,包括制浆和造纸、发电、变电和输电及其他与加工有关的行业,有的交换系统使用了 20 多年。

在 GHE 的发展过程中经历了多种所有权形式,在行业内始终保持着领先的地位。1991 年,GHE 归入 Zest 工业品公司,从而成为了 Zest Heat Transfer 集团公司中的一员。Zest 是美国一家拥有超过 12 000 名员工的大型私有公司。

GHE 的设施主要分成两个主要部分:制造部分和办公部分。制造部分包括制造、机器车间、装配、检测和研究开发部门,总占地面积大约 94 000 平方英尺,有 80 名雇员。办公部分由销售、采购、工程、预测、会计和管理部门构成,总占地面积大约 9 000 平方英尺,有 60 名雇员。

GHE 的国际知名度得益于遍及北美及开设于澳大利亚、中国、巴基斯坦、瑞典和英国的销售处。近年来它的一些较大的国际项目包括印度的核电设备、欧洲的输电系统、加利福尼亚的大型水泵系统及远东的一些节能设备。

采购部门 Deirdre 是 GHE 的一位具有 10 年丰富经验的老手。她同 Charlie Bond 一起在采购部门工作,分别对不同零件的采购负责。同时,他们还同工程部门和预测部门的主管密切合作。Deirdre 认为交流是各部门之间成功协调的关键所在。

"我同工程部门和预测部门的人经常联系,因为我们想保证 GHE 所设计的系统具备最好的质量,并且销售的价格是合理的。这就需要我们之间进行大量的协调以使工作顺利进行。"

Deirdre 同时也强调了其工作的重要性及对于利润的影响。"我能节约的钱是不增加成本的,是净利润。采购对于盈利是非常重要的,只有节约每一分钱才能保证实现预测的计划。"

(2) 预算过程。采购决策的复杂程度取决于订购的设备是标准的系统还是定制的系统。一套标准系统通常只需要一台电动机及一种简单设计,并且能够根据 GHE 的产品目录进行订货。这种系统的价格相应低些(普通的标准系统大约 5 400 美元),因此可以提供现货。

对于定制的系统来说,要进行一个复杂的预测过程。定制的系统比标准的系统要大得多,价格要贵 20 倍左右。定制的系统需要几台电动机,并且常常是利用特殊的材料设计和制造的。在确定订单的时候,GHE 的做法是把自己的预算文件寄给客户以求得其认可。

对预算的需要一般是通过销售部门传到预算部门的。预算部门与工程部门紧密地合作以使系统设计达到客户的要求。设计完成后,预算部门同采购部门合作来提出正式的预算,然后交给销售部门,由其发送给客户认可。

GHE 预算的有效期一般只有 30 天,30 天后失效,必须重新进行。这个限制是行业的标准,许多供应商都提出了相似的条件。Deirdre 认为 GHE 的周转速度是很快的,通常是客户降低了交易的速度。

"我们彼此紧密合作以确保进展迅速,从而保持业务的发展。然而,不应忘记我们的客户同样也有其自己的销售、预测、工程和采购部门，订单通过整个系统需要花费时间，因此，客户反馈信息需要一段时间。"

日本公司询价 3 月 1 日，GHE 的销售主管、总工程师和总经理从东京带回了一份由日本一家大型发电厂发出的热交换系统的预算请求。预期订单是可以获利的，并且这项交易十分重要。刚从 Zest 派来的总经理对这项潜在的新业务感到十分兴奋，把它作为在远东市场的突破。他不断地向 GHE 所有重要职员强调其重要性，包括 Deirdre 在内。

在接下来的一个星期内，销售人员、工程部门和预测部门的人员认真地进行了预算，并把最终对零件的要求提交给 Deirdre。Deirdre 毫不费力地从长期供应商那里获取了对所需材料的估价，并把这些信息返回给预算部门。所计划的热交换系统需要很多定制的电动机、金属管及非常昂贵的钛金属，这些加起来相当于总成本的 50%。在把适当的利润加到最终的预测成本之后，合同在当周发往东京，预计定价为 1 200 万美元。

4 月 17 日下午 3 时 13 分 Deirdre 刚刚从午餐聚会回来就被总经理带到庆祝会。因为公司前一天收到了日本人对 GHE 的预算的认可。整个公司都为这份订单和潜在的新业务感到欢欣鼓舞，这家客户给公司的未来带来了希望，前途看似一片光明。Deirdre 在办公室坐下来后读到了一份传真。如下：

FAX SENT: 4 月 17 日

ATTENTION: 全球热交换器股份有限公司采购主管 Deirdre Collins

Deirdre:

我个人想通知你关于最近的公开价格的变化，我方已经在新的价格目录中发布了公告(给你方的一份已发出，很快就会收到)

你会注意到，钛金属板的价格大幅上扬 25%。3 月 3 日我方提供给你方关于这种特殊材料的预计价格，我方认为你方应该了解价格的这种变动。你方过去的订货数量很大。但我方对价格的上涨感到遗憾(这是我方不能控制的)，希望它不影响我们之间未来的合作。真诚地希望我们之间长期的合作关系继续下去。

真诚的

Charles Pappas

Titania 有限公司销售主管

她紧张地看了一遍又一遍以确认没有看错。Titania 公司价格的提高将导致对日本订单的成本严重低估，并最终给 GHE 造成损失。她怀疑地摇了摇头，想知道下一步该怎么办。

(资料来源：米歇尔·R. 利恩德斯等.采购与供应管理[M]. 张杰，译. 北京：机械工业出版社，2003.)

问题：

1. Deirdre 工作有失误吗？
2. GHE 日常经营管理有什么问题吗，采购管理有什么问题吗？
3. GHE 如何处理上述情况？

第6章 采购方式

【教学目标和要求】

- 掌握基本采购方式的优缺点和适用;
- 掌握国际采购的内涵、流程和发展趋势;
- 掌握联合采购的内涵、流程和模式;
- 掌握绿色采购的内涵及其发展趋势;
- 掌握第三方采购的内涵、流程、模式,以及优缺点;
- 掌握电子采购的内涵和流程。

【知识架构】

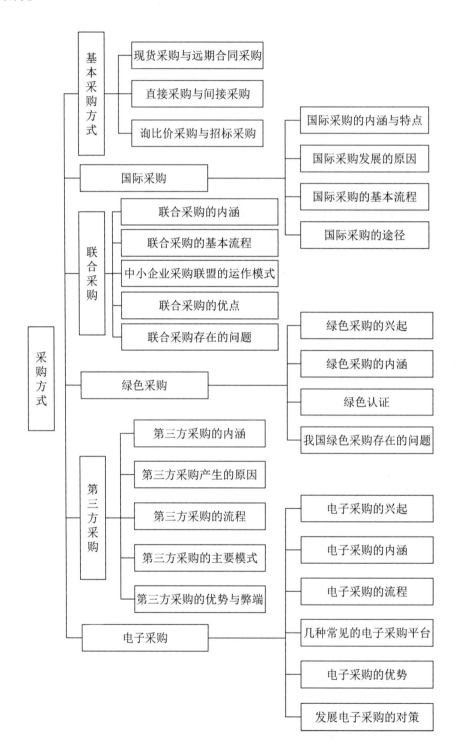

导入案例

铁矿石长协制面临崩溃，中国钢企急寻对策

"铁矿石谈判的长协机制，已面临崩溃。"2010年3月23日，国内两家钢厂的负责人士在接受本报记者采访时均如此表示。直言不讳的背后，带着不少无奈。

此前的3月22日，《金融时报》报道称，包括巴西淡水河谷、必和必拓、力拓在内的矿商，已和新日铁、JFE、住友金属和神户制钢等日本钢铁制造商，达成初步协议，以与现货市场挂钩的短期合约，取代有着40年历史、基于年度合同谈判的铁矿石定价体系。

当天晚上，这一消息在获得证实后，亦在中国钢企高层之间广泛流传。

2009年，日韩与力拓达成的年度铁矿石价格为61美元/吨。按照三大国际矿商的要求，2010年，铁矿石价格将在此基础上涨90%~100%。这一涨幅，已将使得中国大多数钢企陷入亏损境地。若铁矿石价格最终与现货市场接轨，最终的涨幅甚至远高于100%。23日，中国市场铁矿石现货价格已攀升至151美元/吨。

截至发稿时，三大国际矿商和中钢协均未对此作出回应，但据本报记者了解，中钢协已在与会员单位商讨应急对策。

长协机制行将崩溃，国际铁矿石市场将进入一个新的时代，适用全新的游戏规则。而中国钢铁业，尚未对此做好准备。

1. "现货定价"逼近

"现在，季度价还是半年价，都已经不是最核心的问题，我们希望的是，能尽快确定下价格。"23日，一位中型钢厂的负责人士告诉本报记者。一直以来，出于对组织生产和稳定钢价的角度考虑，钢厂都希望维持长协机制(每年定价一次)。

依据传统，一周之后的4月1日，2010年年度铁矿石谈判结果理应出炉。但"传统"被打破的可能，正在日渐增大。

"在经历了金融危机并逐步复产后，目前，矿商和钢厂，也就是供方和买方，对目前的经济恢复程度持有不一致的看法，每个季度调一次定价，或许是双方都能接受的办法。"北京冶金大学教授许中波向本报记者指出，"而且，日本钢企和必和必拓已经在焦煤上采取季度定价方式了。"

同样，在铁矿石市场，三大矿商也不再避讳对"现货定价"的诉求。

上周五，中钢协常务副会长罗冰生在唐山表示：巴西矿业巨头淡水河谷公司确已提出将2010年铁矿石基准价格上调90%~100%，中国企业面临巨大成本压力。

"激进""疯狂""不理性"，在接受本报记者采访时，这是多位中国钢铁业人士给予淡水河谷等矿商的评价。2010年年初，中方的涨价预期是20%，后不得不默认了40%，但底线仍在被不断突破。

2. 中方再陷两难

3月23日，一家大型钢企的高管对本报记者表示，"我认为，最终的结果可能还是中方跟进日韩"。

而许中波则认为，中方可能还会重蹈2009年"谈不成"的覆辙。一位业内资深专家也表示，中钢协年初对"统一价格"的坚持，可能正在形成一个不小的尴尬局面。

"假如日本和澳矿签了首发价，澳矿又不同意中国'统一价格销售'的条款，中国钢企该如何办？是应该跟进，还是像去年那样，坚持'不接受统一价格'就不签价格协议？"他说，"如果矿商直接取消对中国的长协矿供应，全部改为以现货价或是必和必拓一直提倡的指数化定价结算，中国将如何应对？这倒是实现钢协希望的'统一中国价格'了。"

"回过头看，今年初，我们又错过了某些时机。"上述高管人士不无遗憾地表示，"而目前，基本上已是天下大乱，我个人认为，近两年内我们都没有更好的选择""即使将来能回归长协体制，也必定先吃很多苦头。况且，还不一定能回得来。"

3. "后长协"时代

面对国际矿商"疯狂"的提价要求，中钢协会长、武钢集团总经理邓崎琳指出了钢企两条可选的道路：一是减产，减少矿石购买；二是接受不合理的高价矿石，导致钢铁工业大面积亏损，把钢企逼到无路可退的境地。

不过，许中波表示，"去年，中国没有谈下长协矿，中国钢厂还不是一样生存下来了？"

对中国钢铁业这个全球最大的铁矿石需求方来说，目前唯一的利好是，这仍然是一个"供过于求"的市场。许中波预计，2010年，中国的铁矿石进口量较2009年将会下降。"而且，目前国产矿的复产能力很大，这块的补充能力也不容忽视。"

而在"后长协"时代，中国钢铁业还有更多的"战略问题"亟待解决。

此前，中方谈判代表宝钢的相关负责人，曾反复强调，面对铁矿石价格上涨及中方在谈判中的话语权等问题，应以"客观的态度"来看待，不能期望"以战术来解决战略问题"。比如，中国钢铁业的结构调整和产业重组整合；优化铁矿石等资源的需求结构；确立资源掌控的战略方向。

(资料来源：http://money.163.com/10/0422/02/64REF5DB00253B0H.html)

采购方式是采购主体获取资源或物品、工程、服务的途径、形式与方法。当采购战略及计划确定以后，采购方式的选择就显得格外重要。它决定着企业能否有效地组织、控制物品资源，以保证其正常地生产和经营及较大利润空间的实现。采购的方式很多，划分方法也不尽相同。本章将依据采购方式的发展历程，从现货采购与远期合同采购、直接采购与间接采购、询比价采购与招标采购、国际采购、联合采购、第三方采购、绿色采购、电子采购等不同的角度，较全面客观地对采购方式加以分析研究，力图给读者一个科学的解释以帮助您在企业采购实践中进行决策优化。

6.1 基本采购方式

采购是企业一种常规的业务活动过程，即企业根据生产需要，首先，由各需要单位在月末、季末或年末，编制需要采购物资的申请计划；其次，由物资采购供应部门汇总成企业物资计划采购表，报经主管领导审批后，组织具体实施；最后，所需物资采购回来后验收入库，组织供应，以满足企业生产的需要。

6.1.1 现货采购与远期合同采购

按照生产企业或其他经济组织对物品的交割时间来划分，采购这一经济活动又可划分为现货采购与远期合同采购，这一采购方式将在其他方式的支持与合作下完成企业对外部资源的需要。

1. 现货采购

1) 现货采购的概念

现货采购是指经济组织与物品或资源持有者协商后，即时交割的采购方式，这是最为传统的采购方式。

2) 现货采购的意义

现货采购方式银货两清，当时或近期成交，方便、灵活、易于组织管理，能较好地适应需要的变化和物品资源市场行情的变动。现货市场在保证国家生产建设，稳定物价，合理组织物品流通等方面起到了积极的推动作用。

3) 现货采购的特点

(1) 即时交割。现货采购是当前或近期内一手交钱，一手交货的交易活动。企业所需物品由供方交给需方，需方将资金转移至供方。换句话说，就是商品的占有权、实物使用权由供方交给需方；资金的占有权、使用权由需方交给供方。现货采购有利于物流、商流和资金流的通畅运转。

(2) 责任明确。此方式体现了一个企业或经济组织实物所有权与另一企业或经济组织资金所有权的对等转移。这样一来，企业或经济组织对资源或物品的占有及管理能做到界限分明。

(3) 灵活、方便、手续简单，易于组织管理。只要供方有货，需方拿钱就能买到。供需双方当面看货，当下或近期成交，可以减少包装或搬运次数，节省流通费用。

(4) 无信誉风险。买卖双方不受任何一方信誉或能力的制约。由于供需双方银货两清，即时交割，对资源或物品的占有或转移是明确及时的，在任何经济秩序和环境中几乎都是有效的，风险小，且对于需求方来说，容易享受供货方提供的优惠价格。

(5) 对市场的依赖性大。一是市场的资源充足时方能有效；二是随行就市，价格波动，这样的供货条件不利于企业均衡生产和经营。

4) 现货采购的适用范围

(1) 企业生产和经营临时需要。
(2) 企业新产品开发或研制需要。
(3) 设备维护、保养或修理需要。
(4) 设备更新改造需要。
(5) 企业生产用辅料、工具、卡具、低值易耗品。
(6) 通用件、标准件、易损件、普通原材料及其他设备资源。

5) 现货采购的实施过程

现货采购实施过程，见表 6-1。

表 6-1 现货采购实施过程

类型 步骤	全新采购型	更改重构型	直接重构型	负责部门
提出需求	√	√	√	生产或技术部门
确定需求	√	√	√	采购供应部门
说明需求	√	×或√	√	技术部门或指定
信息分析	√	×或√	×或√	信息中心
询价比价	√	×或√	×或√	采购部门
报批	√	√	√	主管经理
购买	√	√	√	供应部门

续表

步骤 \ 类型	全新采购型	更改重构型	直接重构型	负责部门
结算	√	√	√	财务部门
送达、验收	√	√	√	运输使用部门或库房

(1) 提出需求。使用者或操作人员根据本岗物品消耗和使用情况,向材料员或生产调度人员提出需求,由上述人员提出本单位总的物品需求,到供应部门申领。

(2) 确定需求。供应部门人员进一步确定所需物品的特征和数量。标准化物品在这方面无须多方研究;对于非标准化的物品,采购人员应与工程技术人员、使用者等共同研究,详细评价物品的可靠性、耐用性、价格、功能、规格等其他特性,确定其是否符合生产需求。

(3) 说明需求。确定需求后,采购机构将提请技术部门对所购物品做出详细技术说明。这项工作一般是通过对采购物品的价值分析来进行的。国外许多企业有专门的价值分析小组,他们细致研究企业产品、零部件设计、工艺方法的合理性,确定和详细说明所需物品的最佳特性,提出改进设计,实行标准化和其他降低采购成本的措施。

(4) 信息分析。企业内部信息中心根据当前市场信息,参考以往的历史资料进行有针对性的分析提炼,并将有价值的结论提供给决策机构,或作为采购人员的依据或参考。

(5) 询价比价。采购人员根据所购物品进行实地走访、调查,确定采购意向,并反馈给决策部门。

(6) 报批。采购部门根据最有利于企业的采购意向,包括标的、数量、价格等,报请主管领导或部门审批。

(7) 购买。由采购人员按规定的程序和方式执行采购。

(8) 结算。按合同约定方式、时间、过程结算。

(9) 送达、验收。按合同约定将企业所需物品运送到指定地点,验收入库。

6) 现货采购中应注意的问题

现货采购中易出现的问题主要有价格不稳定,质量与数量不易保障,缺货风险,采购过程易滋生腐败行为等。因此,采购时应注意以下几点。

(1) 注意验货。由于供需双方未签订正式合同,提货时应注意当面验货,发现品种、规格、质量、数量、包装及厂家不符合时及时交涉。

(2) 搞好市场调查。现货采购的物品如果是急用品,供货单位有可能借机提价。企业必须搞好市场调查,谨慎行事,严防供方擅自抬高物价。

(3) 检查手续。查验票证是否齐全,包括发票、货单、合格证、说明书、磅码单、装箱单等必要单据。结算手续要清楚,不拖欠货款,也不预付定金,其他不合理的费用也应拒付。

2. 远期合同采购

1) 远期合同采购的概念

远期合同采购是供需双方为稳定供需关系,实现物品均衡供应,而签订的远期购销合同,并按合同规定的交货时间进行交割的采购方式。它通过合同约定,实现物品的供应和资金的结算,并通过法律和供需双方信誉与能力来保证约定交割的实现。这一方式只有在商品经济社会具有良好的经济关系、法律保障,和企业具有一定信誉和能力的情况下才能得以实施。

远期合同采购属实物采购,供需双方以合同为依据实现交割,合同不能转让,它不同于以倒卖标准合约,化解风险,盈利投机为目的的期货交易。

2) 远期合同采购的意义

(1) 稳定供需关系,保持物价稳定,争取合作与支持,使需方能够按计划生产与经营。

(2) 物品质量与数量有保证,减轻商检负担与责任。

(3) 双方容易磨合,手续齐备,有利于形成战略伙伴关系,对需方的工作给予最有利的支持。

3) 远期合同采购的特点

(1) 实效长。一般可保证 1 年以内的交割,有的远期合同有效期可达数 10 年,如商品房,汽车购置等。

(2) 价格稳定。远期合同采购按合约价格和方式执行,价格有保障。

(3) 交易成本及物流成本相对较低。

(4) 交易过程透明有序,易于把握,便于民主科学的决策和管理。

(5) 可采取现代采购方法和其他采购方式来支持。

4) 远期合同采购的范围

(1) 企业生产和经营长期的需要,以主料和关键件为主。

(2) 科研开发与产品开发进入稳定生产期以后。

(3) 国家战略收购、大宗农副产品收购、国防需要及其储备等。

5) 远期合同采购的实施过程

远期合同采购是在现货采购的基础之上发展起来的采购方式,其实施过程,如图 6.1 所示。

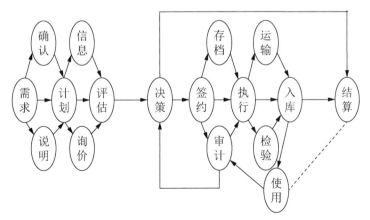

图 6.1 远期合同采购实施过程

实施以上步骤,可借助于招标法、限制性招标方法、询价比价法、零库存结算法等,才能产生良好的效果。

6) 远期合同采购应注意的问题

(1) 要掌握双方资信情况和能力，以免上当，造成损失。

(2) 在经济秩序恶化的环境中，或处于经济变革、经济衰退的环境中慎用。

(3) 注意价格风险和对方的履约能力。

(4) 期限一般为一年，隔年交割以签约为准。

(5) 合同有效期限要定在下游产品保修期以上。

(6) 遵循"适时、适量、适质、适价、适地"的签约原则。

(7) 合约条款要清楚、准确、双方无歧义。

(8) 技术标准要尽量采用国际、国家标准，便于验收，减少分歧。

(9) 签约人员应具有专业和经济法知识。

6.1.2　直接采购与间接采购

按照供应商的类型来区分，采购方式可分为直接采购与间接采购，这种划分便于企业深入了解与把握采购行为，为企业提供最有利、最便捷的采购方式，使企业始终掌握竞争的主动权。当前采购领域关于直接采购与间接采购还有另外一种含义，即直接采购指的是生产性采购，间接采购指的是非生产性采购。本书中采用第一种分类方式。

1. 直接采购

1) 直接采购的概念

直接采购是指采购主体自己直接向物品制造厂家采购的方式。一般指企业从物品源头实施采购，满足生产所需。目前，绝大多数企业均使用此类采购方式。

2) 直接采购的优点

直接采购方式由生产企业直接向物品供应单位(一般指生产厂家)实施采购任务。它的优点是环节少，时间短，手续简便，意图表达准确，信息反馈快，易于供需双方交流、支持、合作及售后服务与改进。同时，在实施 ISO 9000 质量标准体系中，便于对供应商资质认证，完成企业质量管理体系建设。长期发展下去，能形成战略伙伴关系，实现供应链管理。

3) 直接采购的适用范围

(1) 由于制度限制，一般此行为仅限于国内采购。加入 WTO 后，这种限制会越来越少。

(2) 一般用于生产性原材料、元器件等主要物品采购及其他辅料、低值易耗品的采购。

4) 直接采购的注意事项

(1) 做好采购前的准备工作。了解资源渠道、竞争状况、市场行情，分析企业自身的供、销、存动态信息，学习与把握当前有关采购的法律、政策和规定，总结已有资料，做好实时的信息分析，选择有能力和信誉且能提供最佳的性价比和售后服务的供应商。

(2) 搞好采购计划与决策。采购单位从内容和过程上要解决订购什么物品、订购多少、向谁订购、什么时间订购和送达等问题，也就是采购过程要适时、适质、适量、适价、适地。

(3) 正确签约与控制交易主动权。企业应与供应商达成明确的质量保证协议，以明确规定供应商的质量保证责任。还应与供应商就检验项目及方法，达成明确的协议，并明确争端的解决办法和渠道。

(4) 把好验收检测关。验收部门应独立于采购、发运、财务和存货控制等管钱、管物的职能部门之外，一般由内设或外请的质检部门来完成，要做好品种、规格、品牌、质量、数量、进度、价格的检验，总结与汇报工作。

2. 间接采购

1) 间接采购的概念

间接采购是指通过中间商实施采购行为的方式，也称委托采购或中介采购，主要包括委托流通企业采购和调拨采购。委托流通企业采购是目前经营活动中最常用的间接采购方式。一般依靠资源渠道的贸易公司、物资公司等流通企业实施，或依靠专门的采购中介组织执行。调拨采购是计划经济时代常用的间接采购方式，是由上级机关组织完成的采购活动。目前只有非物资紧急调拨和执行救灾任务、军事任务采用这种方式。还有一种采购方式叫企业闲置物品串换，或是资源交换，也可算作间接采购方式。

2) 间接采购的优点

(1) 充分发挥工商企业各自的核心能力。
(2) 减少流动资金占用，增加资金周转率。
(3) 分散采购风险，减少物品非正常损失。
(4) 减少交易费用和时间，从而降低采购成本。

3) 间接采购的适用范围

(1) 适合于核心业务规模较大，盈利水平高的企业。
(2) 需方规模过小，缺乏能力、资格和渠道进行直接采购的企业。
(3) 没有满足采购需要的机构、人员和仓储设施的企业。

4) 间接采购的过程

间接采购的过程，如图 6.2 所示。

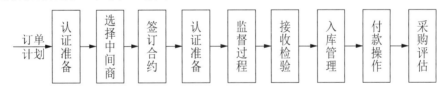

图 6.2 间接采购程序

(1) 订单计划。订单计划也就是采购计划，是根据产品需求状况、生产计划和库存容量(包括生产线吸纳情况)来制订。

(2) 认证准备。认证的职责是为了建立有效的采购环境，当物品的需求计划下达时，需方企业应尽快地寻找合适的供应商并对其进行筛选确认，包括技术测评、商务条款的制定、谈判、签约和检验等准备工作。

(3) 选择中间商。根据已有物品供货信息及市场调查情况，实行比质比价评估，选择性能价格比最佳的流通企业或中介组织作供货方。

(4) 签订合约。根据自己对物品的需求、库容情况和结算能力，签订有利于自己并得到中间商认可的合同，注意对物品适时、适质、适量、适价、适地的把握和理解。

(5) 过程监督查询。为了保证所需物品及时送达，满足生产和最终用户的需要，对供货进度和过程要有一个清楚的了解和必要的监督，以防意外的情况出现，影响本单位的生产，造成缺货损失。

(6) 接受检验。当中间商将本企业所需物品按要求送达时，应做好接收、检验准备工作，包括起重搬运设施、检验人员、库位和库容、账本单据等方面的准备。

(7) 入库管理。接收检验工作完成后，应及时办理入库手续，并将物品存放到指定地点，妥善保管，还应将到货情况及管理要求反馈给有关单位和人员。

(8) 付款操作。物品入库后，应办理相关手续。当品种、规格、厂家、质量、数量、价格、进度等指标得到确认后，方可办理结算手续，支付中间商货款。

(9) 采购评估。根据中间商提供所送物品供应数据、检查记录和测试结果，对采购物品指标进行评估，并附带考核其供货进度、到位情况、服务水准等项目。

6.1.3 询比价采购与招标采购

1. 询比价采购

1) 询比价采购的内涵

询比价采购，即同时向一家或多家供应商发出询价单，并与供应商进行谈判性磋商直至达成一致，形成订单的采购过程。询比价采购具有采购周期短、操作简便的特点，比较适用于非重要物资的日常性采购。与传统的询比价采购相比，现在出现了网上询比价采购。网上询比价采购可以同时向更多的供应商发布询价单；全程的磋商过程均有日志记录，便于跟踪、掌握采购进度；对于多家供应商的报价结果，系统可以自动生成比质比价表供打印审批，使比价结果一目了然，提高了工作效率。

2) 询比价采购的优势

(1) 询比价采购有助于降低生产成本，提升企业的市场竞争力。

(2) 询比价采购不仅可以为企业赢得性价比合理的产品供货商，还可以鞭策供应商提升产品质量、加强售后服务。

(3) 询比价采购有助于防止采购工作中的腐败现象。

3) 注意事项

(1) 要注重产品的性价比，切勿一味追求低价。

(2) 选择合格承包方作为供应商，同一产品的可选供应商应该保证在两家以上。

(3) 企业大型设备的技术改造，不仅应该选择多家供应商作报价比较，而且应该聆听专家意见。

案例 6-1

青岛环球集团采购比价运作程序

根据集团公司规定，从 2011 年 7 月 26 日起，驻外公司(洛阳鞋业公司、淄博鞋业公司、临沂鞋业公司、商丘鞋业公司、西安汽配公司)要求按如下比价程序规定进行比价。

1. 比价范围

外购物资、外协加工；设备外购；运输费用；电机维修、办公用品及电脑耗材；轮胎更换及重要花费较高的汽配件更换；其他涉及资金支出的相关业务。

2. 比价运作程序

(1) 物资采购通过 OA 系统比价程序进行比价。原材料、设备等单价或金额超过 1 000 元以上的必须进行比价。

(2) 采购前由采购人员询价，询价时要以同等质量水平为标准填写比价单，要详细注明三家以上供方比价情况，包括供货时间、物资名称规格、品牌及供方名称、采购数量、单价、付款方式、运费金额及负担方式等。凡外购物资外加包装费的，必须在比价单上标出费用金额。

(3) 物价部门收到比价单后，要重新询价、比价，并将询价结果填写比价单上转交下一步骤(物价员－物价处长)。

(4) 物价部门接到比价单后，急需采购的比价时间不得超过 2 小时，非急需采购的不得超过 8 小时；如发现其他厂家供货价格低于比价单上最低价格的，可以另选厂家。

(5) 凡是实施比价的物资在市场价格不变的情况下，其比价周期为三个月(化工类及其他物资价格波动较大的物资除外)超出比价周期的(单独订货期限超过三个月的物资以订合同为准)重新采购时，须按上述规定比价。

(6) 采购物资需同时支付承兑汇票和支票的，应同时提报承兑汇票价格和现款价格，不得只提报承兑汇票价格。

(7) 采购部门必须按照比价单确定的供货单位安排采购，未经批准不得随意调户。在物价部门未确定供货单位及价格前，采购部门不得提前定价采购，否则因更换客户或价格变动所造成的一切后果均由当事人负责。

(8) 因维修或购买价值不超过 100 元的急需物资，可以不履行比价手续，但必须经分管领导批准，每月填写小额明细表用比价单格式转物价部门核对价格及备案。

(9) 设备外购、电机维修、运输费用、轮胎更换及重要的、花费较高的汽车配件更换，按以上程序运作。

(10) 物价部门每月 6 日前须将上月比价情况以书面形式报集团领导。

3. 考核规定

(1) 凡发现有下列问题之一者，每次扣罚责任单位 3～10 分：①未经批准私自采购的；②未按本程序运转的；③擅自确定供应商的；④未按规定时间完成比价任务的。

(2) 外购物资在业务员谈定价格后，相同品牌或同一供货单位经物价部门降价 5%以上的，扣罚 10 分。

(3) 比价单若填写不完整，漏填一处扣罚 1 分。

(4) 运费属于租用车辆及发生运费发票须附《用车申请单》，由业务员负责在发票后附明细并注明比价单号、日期、货物名称、型号等内容。

(5) 如有特殊情况，报分管领导批准后可以先购买后补办比价手续，但必须在物资入库后一个工作日完成，超过规定时间的每份扣罚 2 分。

(6) 每月物价部门将各公司比价情况汇总通过 OA 系统公布。要求各驻外各公司必须将采购物资比价后的比价单流水号和日期填写在收料单上，以备审计时核实。

(7) 加大价格事后监督力度，物价部门要在物资采购入库后定期跟踪抽查监督采购业务，验证物资采购价格与市场实际的差异程度。

(8) 加大质量事后监督力度。物价部门要关注降价采购物资及各分公司指定品牌物资的进货质量情况、数量，如发现质量问题的、数量与实际比价数量有问题的要重新比价确定供货单位。

2. 招标采购

1) 招标采购的内涵

招标采购是指采购方作为招标方，事先提出采购的条件和要求，邀请众多企业参加投标,然后由采购方按照规定的程序和标准一次性的从中择优选择交易对象,并提出最有利条件的投标方签订协议的过程。整个过程要求公开、公正和择优。招标采购是政府采购最通用的方法之一。招标采购可分为公开招标和邀请招标。它们的基本做法是差不多的,其主要的区别是招标的范围不同,前者是向整个社会公开招标,后者是在选定的若干个供应商中招标,除此以外,其他在原理上都是相同的。

2) 招标采购的一般流程

一个完整的竞争性招标采购过程由供应商调查和选择、招标、投标、开标、评标、决标、合同授予等阶段组成。

3) 招标采购的优点

(1) 公平。公开招标使对该招标项目感兴趣又符合投标条件的投标者都可以在公平竞争环境下,享有得标的权利与机会。

(2) 价格合理。基于公开竞争,各投标者凭其实力争取合约,而不是由认为或特别限制规定售价,价格比较合理。而且公开招标,各投标者自由竞争,招标者可以获得最具竞争力的价格。

(3) 改进品质。因公开投标,各竞争投标的产品规格或施工方法不一,可以使招标者了解技术水平与发展趋势,促进其品质的提高。

(4) 减少徇私舞弊。各项资料公开,办理人员难以徇私舞弊,更可以避免人情关系的影响,减少作业困扰。

(5) 了解来源。通过公开招标方式可以获得更多投标者的报价,扩大供应来源。

4) 招标采购的缺点

(1) 采购费用较高。公开登报、招标文件制作和印刷,以及开标场所布置等,均需要花费大量财力与人力。如果发生中标无效,则费用更大。

(2) 手续烦琐。从招标文件设计到签约,每个阶段都必须经过充分的准备,并且要严格遵循有关规定,不允许发生差错,否则会造成纠纷。

(3) 可能产生串通投标。凡金额较大的投标项目,投标者之间可能串通投标,做不实报价或任意提高报价,给投标者造成困扰和损失。

(4) 可能造成抢标。报价者因有现货急于变现,或基于销售或业务政策等原因,而报出不合理的低价,可能造成恶性抢标,从而导致偷工减料、交货延期等风险。

(5) 衍生其他问题。事先无法了解投标企业或预先没有进行有效的信用调查,可能会衍生意想不到的问题,如倒闭、转包等。

6.2 国际采购

步入 21 世纪以来,经济一体化、全球化进程不断加速,国际贸易和跨国公司的扩张推动了国际采购的发展。越来越多的迹象表明,我们的世界已经变成一个商品在各国之间飞速流动的世界。全球已经成为一个单一的市场,哪里成本低,就在哪里生产。在全球经济条件下,供应链和采购的全球化显得越来越重要,企业与企业之间的竞争,今后将越来越体现为供应链与供应链之间的竞争,国际化采购与供应管理已经成为企业的核心竞争力。

全球供应链管理在许多方面和国内供应链管理是基本一致的，只是它覆盖的范围更广，包含了从较为初始的以国内市场为主的国际供应商到较为高级的全球化供应商等形式，如国际配送系统、国际供应商、离岸加工等，这些模式具有不同的特点，适用于企业全球化发展的不同阶段。以全球观点来看，许多企业可以从国际采购及全球采购领域获益。

6.2.1 国际采购的内涵与特点

1. 国际采购的内涵

国际采购就是指超过国界的，在一个或几个市场领域中购得产品或服务的过程。国际采购的关键在于确定产品规格细则和获得市场准入权，定好协议标准从而能够以适当的价格购进货物并能在物流环节中进行理想的再分配。

2. 国际采购的特点

相对于国内采购，国际采购有以下特点。
(1) 全球范围内采购。
(2) 采购价格相对较低。
(3) 国际采购的程序比较复杂。
(4) 国际采购的风险比较大。
(5) 选择客户的条件严格。

6.2.2 国际采购发展的原因

(1) 资本寻求资源的最佳配置和更大的内部驱动器的利润。追求利润是资本背后的驱动力，一旦在更广泛的范围内尽可能多的资源优化配置，资本将跨越国界和地域的障碍，在一个更大范围内搜索更好的资源。
(2) 国际采购将有助于企业在全球范围的竞争。
(3) 跨国采购企业，国际投资促进。越来越多的公司寻找资源，打破贸易障碍和比较优势，参与跨国经营生产方式的投资。
(4) 国际贸易和经济一体化的发展，加快了全球化进程。
(5) 国际采购商可享受国家的出口优惠政策。关税在不断降低或取消。
(6) 低廉的劳动力价格、汇率变动、较高的生产效率使公司在全球采购到价格更低的产品和服务。
(7) 某些国外产品的性能、质量的稳定性及技术上比国内的产品更加优异。
(8) 战略考虑。采购方为了向国内供应商施加压力而引进国外供应商来参与竞争。
(9) 国际市场采购环境的好转也促进了国际市场采购的发展。

6.2.3 国际采购的基本流程

公司在进行国际采购时，通常遵循着一定的流程，如图 6.3 所示。本部分将详细讨论国际采购的主要步骤。尽管各公司进行国际采购时，执行的流程顺序可能会有所差异，但是要想成功地进行国际采购，这些步骤都是必须要完成的。

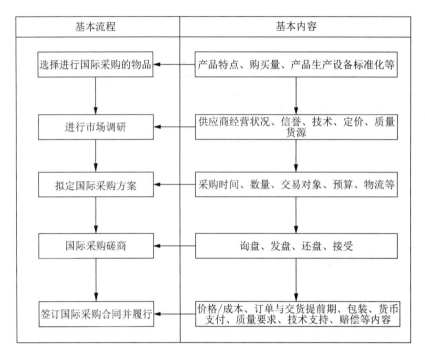

图 6.3 国际采购的基本流程及主要内容

1. 选择进行国际采购的物品

公司应该选择质量好、成本低、便于装运且无风险的商品进行国际采购。

2. 进行市场调研

市场调研包括对所采购的商品和供应商资历信誉的调查。对所采购的商品调研要根据商品的特点有重点地进行，如一般商品，主要调查商品的适用性、可靠性，以及价格、质量、货源等内容，要全面分析和综合考虑，并要注意其产品生产技术的先进性。对供应商资历信誉的调查，要考察其对我国政策的理解程度、经营现状、生产能力、技术现状及以往交易中的信用问题，一般选择那些资金雄厚、技术先进的公司作为合作伙伴，避免借助中间商。

3. 拟定国际采购方案

国际采购方案是公司在确定所采购物品及充分的市场调研和成本核算的基础上，为国际采购业务工作制定的具体措施安排和应急措施。主要内容有：采购数量和时间安排、交易对象、价格、采购条件和物流安排。

4. 国际采购磋商

国际采购磋商是采购商和供应商进行洽谈的过程，通过比价选择和讨价还价，最终确定价格的一个过程。其具体形式有：书面磋商，如信函、电报、传真等；口头协商，如博览会、交易会及现场考察等。

一般国际采购磋商的程序包括 4 个环节。

(1) 询盘(Inquiry)也叫询价，是指交易的一方准备购买或出售某种商品，向对方询问买卖该商品的有关交易条件。询盘的内容可涉及价格、规格、品质、数量、包装、装运及索取样品等,而多数只是询问价格。

(2) 发盘(Offer),称报盘、发价、报价,指交易的一方为了销售或购买一批商品,向对方提出有关的交易条件,并表示愿按这些条件达成一笔交易,这种意思表示的行为称作发盘。其主要涉及交易条件,如商品名称、规格、数量、价格、支付方式、装运期等内容。

(3) 还盘(Counter-offer)又称还价,是受盘人对发盘内容不完全同意而提出修改或变更的表示,是对发盘条件进行添加、限制或其他更改的答复。还盘只有受盘人才可以做出,其他人做出无效。还盘实质上构成对原发盘的某种程度的拒绝,也是受盘人以发盘人地位所提出的新发盘。因此,一经还盘,原发盘即失效,新发盘取代它成为交易谈判的基础。如果另一方对还盘内容不同意,还可以进行反还盘(或称再还盘)。还盘可以在双方之间反复进行,还盘的内容通常仅陈述需变更或增添的条件,对双方同意的交易条件毋需重复。在国际贸易中,往往经过多次的还盘、反还盘,才最终达成协议。

(4) 接受(Accept),是指受盘人同意发盘人在发盘中提出的交易条件,并同意按照这些订立合同的一种肯定的表示。一项有效的接受应具备以下 4 个条件:接受必须由特定的受盘人做出;接受必须用一定的方式表示出来,可以是口头或书面的声明,也可以是某种行为;接受通知必须在发盘的有效期送达发盘人;接受必须与发盘相符,对于某些非实质性变更仍构成有效接受。

5. 签订国际采购合同并履行

采购商和供应商在充分磋商之后,需要采供双方签订国际采购合同,双方要按照合同条款来进行贸易活动。国际采购商履行合同的主要内容有申请开证、租船订舱、催装、办理保险、审单与付款、接货报关、报检等,如出现损失还须办理索赔。

6.2.4 国际采购的途径

国际采购是直接进行还是经由中介人,取决于采购部门在采购方面的经验和采购的数量及频率,这方面有很大的选择空间。数量少、频率低的采购通常采用直接采购或中介采购的方式,而数量大、频率高的采购则通过国际采购中心进行。

1. 直接采购

需求企业根据自己的实际生产需求,编制需求计划及需求描述,在全球范围内进行投标选择。国际化采购的直接采购与国内采购的直接采购过程相同,区别在于可供选择供应商的范围得到扩大。

2. 进口代理商或销售代理

向代理公司支付一定费用(通常是采购总额的一个百分比,最高为 25%),他们会协助采购方选择供应商并办理所需凭证,所有权会直接转让给采购方,采购方也应就第三方提供的服务给予合理的报酬。

3. 进口经营商

进口经营商首先和采购商签订合同,然后由进口经营商以自己的名义从国外供应商处购得产品,取得所有权,将产品运往采购商指定的地点,然后以商定价格向采购方开出账单，采购方应为第三方提供的服务付出一定报酬(含在产品价格中)。

4. 贸易公司

这种公司规模较大，其业务经营范围也较广，其经销的进口产品可以覆盖一个或者多个国家。采购者通过贸易公司进行采购的优点有：方便，高效；数量大，成本低，风险低；所需时间短；对质量有更好的保证。贸易公司在运输前一般要对生产厂家进行考察，但对采购者来说，应先对贸易公司进行认真仔细的调查。

5. 国际采购中心

国际采购中心是指设在一个国家的经济发达地区，以面向国际化企业为主，进行商品采购的固定场所。这种采购中心一般有两种基本模式：一种是国际化企业在某一国家的某一经济中心设立采购中心，其目标是采购企业生产经营所需要的商品(包括生产资料和消费品)。例如，美国沃尔玛在上海成立家得宝，在我国上海和深圳设立全球采购中心；家乐福在我国北京、天津、大连、青岛、武汉、宁波、厦门、广州和深圳开设了区域性的全球采购中心，其总部设在上海。另一种模式是在一个国家的某一中心城市建立的相对固定的，为全球国际化企业提供咨询信息服务的国际采购中心，以吸引更多的国际化企业到本国进行采购，以扩大商品的出口，建立稳定的出口商品供应基地。全球采购网络正在向中国市场延伸，其日益频繁和活跃的采购活动实际上已经对中国经济的发展，特别是出口的增长产生了重要影响。

上述采购趋势和方法在中国已然出现，那些为全球提供产品的大型中国制造商已经遇到这些问题。随着中国作为"全球工厂"地位的巩固，所有中国制造商，不论规模大小都必须快速对这些采购新趋势做出反应。

案例 6-2

通用汽车公司的全球化采购

与我国从计划模式艰难蜕变出来的大型国有企业相比，美国通用汽车公司的采购体系可以说是含着银匙出世，它没有经历体制、机构改革后的阵痛，全球集团采购策略和市场竞标体系自公司诞生之日起，就自然地融入了世界上最大的汽车集团——通用汽车的全球采购联盟体系中。相对于尚在理论层次彷徨的众多国有企业和民营企业而言，通用汽车的采购已经完全上升到企业策略的高度，并与企业的供应链管理紧密结合在一起。

通用汽车提出了全球化采购的思想，并逐步将各分部的采购权集中到总部统一管理。目前，通用下设4个地区的采购部门为北美采购委员会、亚太采购委员会、非洲采购委员会、欧洲采购委员会。4个区域的采购部门定时召开电视会议，把采购信息放到全球化的平台上来共享，在采购行为中充分利用联合采购组织的优势，协同杀价，并及时通报各地供应商的情况，把某些供应商的不良行为在全球采购系统中备案。

在资源得到合理配置的基础上，通用开发了一整套供应商关系管理程序，对供应商进行评估。对好的供应商，采取持续发展的合作策略，并针对采购中出现的技术问题与供应商一起协商，寻找解决问题的最佳方案；而在评估中表现糟糕的供应商，则请其离开通用的业务体系。同时，通过对全球物流路线的整合，通用将各个公司原来自行拟定的繁杂的海运线路集成为简单的洲际物流线路。采购和

> 海运路线经过整合后，不仅使总体采购成本大大降低，而且使各个公司与供应商谈判的能力也得到了质的提升。
>
> 采购在整个企业物流管理中的重要地位已经被绝大多数的企业所认可。更多的生产企业专注于自己的核心业务，把采购物流业务外包，建立在合作基础上的现代供应链管理，无疑是对传统的采购管理模式的一次革命性的挑战。
>
> (资料来源：傅培华. 供应链管理[M]. 杭州：浙江大学出版社，2009.)

6.3 联合采购

6.3.1 联合采购的内涵

联合采购是指对同一货物或服务有需求的许多买方在相互合作的条件下合并各自需求，以一个采购商的形式向供应商统一订货，用以扩大采购批量，达到降低采购价格或者降低采购成本的目的。由于相同行业或不同行业之间可能采购相同的货物或服务，如果各企业对于相同货物或服务独立采购，可能造成某些重复采购或采购规模偏小，因此，可以对各企业的采购计划进行合并，通过联合采购策略来强化企业采购能力，形成规模效益。

6.3.2 联合采购的基本流程

随着近几年国际联合采购实践的发展，联合采购联盟组织形式有很多种，相应的运作方式亦有很多种。不同的采购联盟组织方式会选择不同的运行方式，同时将用不同的管理机制来控制中小企业(采购商)—采购联盟—供应商之间的关系。采购联盟的选择和联盟的运行方式直接关系到联合采购联盟的生存与发展。选择了合适的联盟后，如何有效运行联合采购体系，关键在于联盟各要素之间的利益分配机制。由于大部分企业是按订单生产的，所需原材料的规格、标准经常变更，所以，在中小企业的联合方面，信息不充分是最大的难题。

一般的联合采购按以下步骤和方法建立。
(1) 建立组织，制定公约。
(2) 联合采购组织汇总各中小企业的采购需求，确定联合采购的物资。
(3) 建立基于网络平台的联合采购系统。
(4) 采购物品库的管理。
(5) 供应商的选择和评价。
(6) 订货请求的处理和账务管理。
(7) 到货处理，物流配送。

6.3.3 中小企业采购联盟的运作模式

根据对中小企业联合采购供应关系的分析，中小企业联合采购模型中有 3 个主体，分别为中小企业、采购联盟和供应商，如图 6.4 所示。其中关键的是采购联盟这一主体，采购联盟的不同决定了中小企业联合采购模式的不同。中小企业运用联合采购应根据各自的特点采用多种形式的采购联盟方式，因为不同的采购联盟组织方式会选择不同的运行方式，同时将用不同的管理机制来控制中小企业采购商——采购联盟——供应商之间的关系。

```
              采购和供应关系      采购和供应关系
    ┌──────┐ ←----→  ┌──────┐ ←----→ ┌──────┐
    │ 采购商│         │采购联盟│        │ 供应商│
    └──────┘         └──────┘        └──────┘
```

图 6.4　联合采购供应关系

下面介绍 3 种主要的采购联盟运作模式。

（1）行业协会领头组建的中小企业采购联盟运作模式，如图 6.5 所示。行业协会的区域性很强，在企业所处的区域中形成采购联盟，这种模式下物流配送方便，便于管理，节约交易成本，可操作性比较高。随着市场竞争的日趋激烈，市场信息量增长迅速、真假难分，单靠一个中小企业独自完成对原材料采购信息的搜寻、甄别成本很大；然而，借助中小企业行业协会可以有效地进行采购信息搜寻、甄别，能降低市场成本。

由行业协会组建的联合采购联盟在操作的过程中，由于中小企业没有参与到采购的具体操作过程中，很难及时掌握采购信息。同时大多行业协会存在着"官商作风"的问题，办事程序多、效率不高，这在一定程度上影响了采购的效率。此外，很难有效对中小企业的多变性做出迅速的反应，以适应其变化。

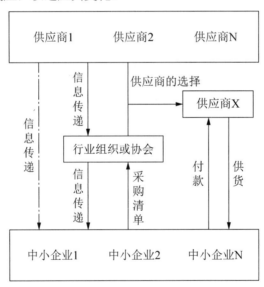

图 6.5　行业协会牵头组建的联合采购模式

（2）多家中小企业以结盟方式共同组建的中小企业采购联盟运作模式。由多家企业以结盟方式组建的联合采购模式，如图 6.6 所示。这种模式中的采购联盟随意性较大，自发组织的联盟成员具有不确定性，所以把该联盟界定为临时性组织，甚至可界定为一次性组织，或者是虚拟组织。该模式下的信息传递，可以看成是供应商与中小企业之间的传递，因为采购联盟中有各联盟企业的具体负责人，所以从供应商那所收到的信息可以直接无阻碍地传递给中小企业。

联合采购模式的优点在于中小企业亲身参与到采购活动中去，对采购的价格、价格折扣、采购的质量、供应商的情况都有全面的了解，尤其是所关心的具体价格折扣点和供应商的服务质量。在该模式中，中小企业不用担心会产生"机会主义联盟"，对采购活动有较强的控制能力,采购的过程相对较透明。但是,该模式下参与的中小企业数量毕竟是有限的(参与到采购活动中各企业具体负责人有限),在这前提下所收集到的信息和对采购知识的掌握程度是有限的。此外,企业以结盟的方式组建的联合采购模式不可能长期存在,只会针对具体的目标而建立。如果目标变更则采购的主体就相应的变更,致使联盟内的成员处于不断的变化中,没有固定的采购联盟组织形式,无形中加大了联合采购联盟运作的不确定性。

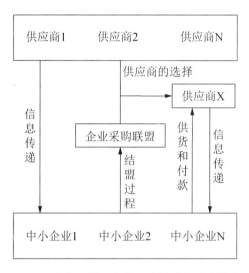

图 6.6　企业以结盟方式组建的联合采购模式

(3) 第三方运营的中小企业采购联盟运作模式。第三方作为一个专门从事采购业务的营利性组织,用其专业化的知识为中小企业采购服务。第三方运营的联合采购模式中,中小企业和供应商之间的信息都要靠第三方来传递,包括其中货款的支付、供应商直接向中小企业进行供货等,如图 6.7 所示。

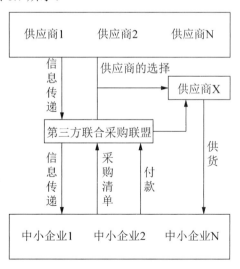

图 6.7　第三方运营的联合采购模式

第三方作为营利性组织,势必会对中小企业和供应商的各自利益有所保障,如采购质量、供货时间等，对供应商所生产的产品进行跟踪、监督和检查，对所收集到的信息进行专业化加工并传递给中小企业和供应商。此外，拥有专业化知识的第三方会对中小企业的经营决策提供建议，以使中小企业进行科学决策。第三方运营的联合采购模式中第三方是一个营利性的组织，中小企业在委托其采购时会对第三方产生疑虑：通过第三方所采购的原材料价格是不是最低、采购的质量能不能得到保障等，这使得中小企业一时很难接受这个新型的采购模式。

中小企业联合采购联盟运作模式主要有以上三种。这三种联合采购运作模式各有其优缺点，中小企业可根据自身的特点选择合适的运作模式进行操作，趋利弊害。在操作过程中，尤其要注意采购间的信息传递、模式运作过程中付款方式和供应商的选择，因为这些要素直接关系到中小企业联盟运作的效率和成败。采购联盟的选择和联盟的运行方式直接关系到联合采购联盟生存与发展，如何有效运行联合采购体系，取决于联盟各要素之间的利益分配机制；此时规模效应使中小企业采购和采购联盟得到优惠，做到双赢，这是采购联盟管理中必须认真对待的问题。

6.3.4 联合采购的优点

联合采购由来已久。世界经济的持续发展、经济和政治格局的改变使企业的生存环境发生了巨大的变化，使得20世纪90年代以来，联合采购开始被重视并蓬勃发展起来。联合采购的形成与蓬勃发展，必定有其优势所在。

1. 降低购买价格，提高供应商提供的产品质量和服务质量

(1) 适用价格折扣，降低购买价格。

(2) 增强谈判力，降低购买价格。

(3) 大订单使供应商愿意提供低价格和高质量的产品。

2. 降低交易成本

(1) 减少交易次数，降低交易成本。

(2) 减少因有限理性和机会主义带来的交易成本。

(3) 通过对专用性资产的"共同占有"降低交易成本。

(4) 减少因不确定性导致的交易成本。

3. 降低采购成本

(1) 因规模经济降低采购成本。

(2) 因范围经济降低采购成本。

(3) 因共生经济降低采购成本。

(4) 因速度经济降低采购成本。

4. 实现资源共享、核心能力互补、知识转移，增加企业竞争优势

(1) 实现资源共享，增加企业竞争优势。

(2) 实现核心能力互补，增加企业竞争优势。

(3) 实现知识转移，增加企业竞争优势。

6.3.5 联合采购存在的问题

(1) 联合采购手续繁杂，各个企业意见不同，容易产生利益纠纷而使得联合失败。
(2) 联合采购通常适用于通用配件，不能有效满足个别需求。
(3) 联合采购缺乏强有力的第三方进行协调组织。

如今，随着世界竞争的加剧，越来越多的企业寻求在采购过程中实施联合，希望通过联合卖家的议价能力，达到降低采购成本的目的。同时，伴随互联网的发展，传统企业开始建立以行业为基础的公共信息平台，通过电子商务联合独立厂商进行较大规模的联合采购。相比国外的成熟市场，我国企业联合采购还处于幼稚阶段，虽然有很多困难阻碍它的进一步发展，但是联合采购在我国还有很大的发展潜力。我国企业要想提高整体效率，降低生产成本，增强核心竞争力，就必须在采购的效率和成本上下功夫，联合采购的发展速度无疑起着至关重要的作用。

案例 6-3

六煤炭企业物资联合招标采购效果好

> 由平顶山市正信煤炭物资招标有限公司承接的首批招标任务：平煤集团、永城煤电集团、郑州煤电集团、义马煤业集团、鹤壁煤业集团、焦作煤业集团的物资联合招标采购，经过 3 天的招标、投标和评标后圆满结束。此次采购实际完成招标金额 1.2 亿元。
>
> 平顶山市正信煤炭物资招标有限公司是由平煤集团公司与信息通信技术开发公司共同出资 50 万元，于今年 8 月份正式成立运营的招标中介机构。根据 2010 年 7 月 31 日平煤集团与永城煤电集团、郑州煤电集团、义马煤电集团、鹤壁煤业集团、焦作煤业集团签订的联合招标采购意向，这 6 家企业委托正信煤炭物资招标有限公司举办木材、电缆、钢材三项物资的招标采购业务，招标总金额 1.44 亿元。
>
> 招标信息发布后，来自全国各地的 47 家厂商踊跃参与竞标。在日前召开的投标厂商资质认证会上，经过严格筛选，有 36 家企业入选。在经过由相关专家组成的评标委员会经过严格评标后，实际完成了 1.2 亿元的采购任务。
>
> 6 家企业对此项招标结果均表示满意，如电缆比单独采购价下降了 7%，钢材比单独采购价下降了 2%，联合招标采购使 6 家企业共节约资金 200 多万元。

6.4 绿色采购

随着我国经济的快速增长，各项建设取得了巨大成就，但同时也付出了巨大的资源和环境代价，经济发展与资源环境的矛盾日趋尖锐。目前，我国粗放型的经济增长方式还没有得到根本转变，人口、资源、环境的压力依然存在，环境状况与人民群众的期望及和谐社会的目标还有很大距离，如果不改变现在的高污染、高消耗的发展模式，那么经济发展越快，带来的资源和环境问题就会越严重。因此，建立和健全我国绿色采购制度，加快绿色采购的推广和应用，从而全方位推动我国经济增长方式转变，有效促进社会经济的可持续发展已经是刻不容缓。

6.4.1 绿色采购的兴起

绿色采购最早是由政府提出并推行的。从绿色采购发展的历程来看，它最初是政府为了保护环境而提出的。20世纪70年代，由于西方国家工业化发展对人类的生存环境造成了严重危害，要求保护环境的呼声日益高涨。1972年，美国联邦政府在采购中开始提倡采购环保产品。1976年，美国的资源保护和再生法案要求联邦政府在采购中应注重利用再生物资的产品，应以"再生物资利用最大化的方式来提高环境保护的效果"。到了20世纪90年代，随着人们环保意识的进一步增强，政府绿色采购走上了法制化轨道。1991年，美国发布总统令，规定政府机关必须优先采购绿色产品。1992年，美国的能源政策法案要求联邦政府应采购低污染的汽车，如以电、天燃气为动力的汽车。进入21世纪，绿色采购在全球获得了迅猛发展。2004年，第一次世界性国际绿色采购会议签署的《Sendai绿色采购宣言》中强调了采购低污染产品和供应商创建市场的重要性，鼓励各国家或地区公共机构积极实施绿色采购计划。目前，全球经济正在经历向绿色可持续发展升级的过程，大力发展绿色经济已经成为各国加快转变经济发展方式和调整经济结构的重要途径。

6.4.2 绿色采购的内涵

由于研究背景的差异，不同学者对绿色采购定义的侧重点有所不同，绿色采购的定义也呈现出多样性，理论界至今并没有形成能够得到大家普遍接受和信服的权威定义。在这里，本书将企业绿色采购定义为企业采购根据生产的需要，以合适的价格、质量、交期购买符合绿色环保要求的产品、设备及服务的过程，即要求供应商在产品开发设计、采购、生产、包装、运输及回收再利用方面符合绿色环保要求。

6.4.3 绿色认证

在采购标准上，从产品最终功能评价拓展至全生命周期评估。制定绿色采购标准是实施绿色采购制度的核心内容。环境标志和环境认证是制定绿色采购产品标准和指南的重要基础，也是确定绿色政府采购清单的主要依据。ISO 14000系列标准是由国际标准化组织制定的环境管理体系标准，其中ISO 14001标准最为重要，它站在政府、社会和买方的角度，对组织的环境管理体系提出共同要求，其中技术类标准包括环境审核、环境标志、环境行为评价和生命周期评估。在国际商品市场上，带有德国"蓝色天使"、日本"生态标志"和挪威"白天鹅"等广为认可的环境标志的产品，都受到消费者的欢迎和信赖。美国、日本、欧洲一些国家的政府也规定政府各机构不得采购未经绿色认证的产品，要求所采购产品要在低消耗、无污染、可回收等方面达到环保要求。

传统的供应链管理中，质量、价格、交货的提前期、批量的柔性等准则是对供应商进行评价所需考虑的主要因素。但是，在考虑环境因素后再对供应商进行评价就包含了很多不确定因素，对于不同国家、不同规模、不同行业、不同发展战略甚至不同企业文化的企业绿色采购供应商评价标准都会有所差别。

(1) 绿色法律指标：该指标的选取是考察供应商提供的产品是否符合国内外颁布的有关环境保护法律法规。我国从20世纪末加速了环境保护的立法和标准的建设，几乎每年都有环境保护方面的法律法规出台。同时地方政府在环境保护方面的法规和行政条例也不断地出现，如《中华人民共和国环境保护法》《中华人民共和国水污染防治法》《电子废物污染环境防治管理办法》等。欧盟利用 WTO 法规，设有《废弃电子电器设备指令》，限制我国产品出口到欧盟市场。只有那些遵守绿色法律法规的企业，才能实现可持续发展，实现环保效益和获得经济效益。

(2) 绿色设计(Green Design)也称为生态设计(Ecological Design)，在产品设计阶段纳入环境因素和预防污染的措施，将环境性能也作为产品设计的考虑因素之一，采用无公害材料，减少物质和能源的消耗，减少有害物质的排放，且使产品及零部件能够方便的回收并再生循环或重新利用，使产品对环境的影响最小。

(3) 绿色制造：采用绿色工艺是实现绿色制造的重要一环，其与清洁生产密不可分，这是可持续发展的先决条件。该指标是为考察供应商是否采用既能提高经济效益，又能减少环境影响的工艺技术。

(4) 绿色营销：也称生态营销、环境营销，是指企业在营销活动中，谋求消费者利益、企业利益、社会利益和生态利益的统一，既要充分满足消费者需求，实现企业利润目标，也要充分注意自然生态平衡。企业对产品的创意、设计和生产及定价与促销的策划与实施等，都要以保护生态环境为前提，力求减少或避免环境污染，保护和节约自然资源，维护人类社会的长远利益，实现经济与市场可持续发展。绿色营销内容主要包括两个方面：即提供的产品是绿色产品(对环境友好，同时对消费者的身体健康不产生负面影响)及用绿色的方式来销售其产品。

(5) 绿色包装：消费者购买产品后，其包装一般来说是没有用的，如果任意丢弃，既对环境产生污染，又浪费包装材料。绿色包装主要包括以下几个方面：实施绿色包装设计，优化包装结构，减少包装材料，考虑包装材料的回收、处理和循环再使用。

(6) 绿色运输：随着物流量的急剧增加带来车流量的大量增加，大气环境因此受到严重污染。绿色运输的管理主要体现在集中配送、降低资源消耗和合理的运输路径的规划。

(7) 绿色消费：绿色消费强调在消费过程中尽可能降低对环境的负影响。在产品使用阶段上充分考虑产品的使用寿命和循环再利用，通过延长产品寿命、增强产品的可维护性，减少产品报废后的处置工作。循环再利用是根据"生态效率"的思想，通过少制造和再制造方式，使得废弃产品得到再循环，从而节约原材料和能源。

(8) 绿色创新能力：是指供应商在产品和服务中，是否具有适应不断更新的绿色法律法规、绿色标准的能力，例如，环保生产一致性、国际环保法规、绿色技术标准、绿色指令、环境标志。

(9) 绿色意识：本企业的绿色观念和企业文化可以通过评价指标体系的应用向不同级别的供应商传播，从而使这些企业的环保意识提高，并以相应的指标改善环境绩效。

(10) 社会责任：供应商不仅在本企业和供应链生产中注意环境保护，也应通过参加社会环境保护项目，将社会责任主动承担起来。这样可以提高企业的信誉和品牌效应，树立起负责任企业的外部形象，争取政府的美誉和支持。该指标的数据获取可以不必通过去企业实际调研，而从政府或该公司所处地区的社会公众那里获取。

(11) 绿色供应链合作：考察该供应商是否与其他采购商保持战略合作的关系，以及与其保持战略采购关系企业的数量。

(12) 上一级的绿色供应商评价：该供应商对供应链中上游供应商的评价是否符合以上指标。

近年来，我国的绿色产品认证业务渐渐发展起来，目前主要有 3 家绿色产品认证机构和 4 种环保、节能标志。我国发布的"环境标志产品政府采购清单"和"节能产品政府采购清单"，为绿色采购的实务工作提供了采购依据。从目前情况看，产品纳入我国采购绿色清单的主要依据是对最终产品功能的界定，而对生产过程是否节能或环保的评估是欠缺的。下一步，我们应该逐渐与国际绿色标准接轨，建立规范的环保产品认证和环保产品标志制度，从产品生命周期的角度，公正客观地认证绿色产品，并接受社会组织和公众的监督，为绿色政府采购的发展奠定坚实的基础。

6.4.4 我国绿色采购存在的问题

与世界其他国家相比，我国绿色供应链管理、绿色采购等理念传入的较晚，绿色采购发展时间也较短，理论研究和实践还处于起步阶段，与发达国家相比，还存在一定差距。虽然我国政府已经着力对绿色采购予以引导，一些企业也逐渐有了绿色采购和供应管理的意识，但我国企业绿色采购的发展过程中还存在许多问题，需要在未来的一段时期内予以解决。

1. 我国企业对绿色采购重视程度不够

当前，我国企业对采购重视程度不够，缺乏相应的战略规划和目标，对于绿色采购的关注和实施就更加欠缺。大多数企业采购管理的目标仍然是获取最低价格，而较少关注采购品的环保效能及绿色度；没有发挥信息技术提高效率和降低风险的作用，采购文件堆积如山，采购信息保密性差；在采购品的包装及运输等方面，也较少考虑减少环境污染等问题。

2. 我国企业绿色采购缺乏良好的外部环境支持

当前，要在我国大力推进企业绿色采购，还缺乏一定的外部环境支持，主要表现在以下两个方面：消费者的绿色采购意识还需进一步加强，绿色知识还需普及，我国绿色市场亟待培育，绿色信息的传播渠道不畅。

3. 我国企业在绿色采购过程中缺乏对供应商的有效管理

当前，我国企业在采购过程中对供应商的管理没有准确定位，处于下游的采购企业与处于上游的供应商之间形成了一种竞争性的对立关系。我国企业要实现绿色采购的成功，就应当加强对供应商的管理，特别是在供应商选择阶段就应当建立起一套科学实用、侧重环保的供应商评价指标体系，全面展开对供应商的评价选择工作，并以此指导最终的采购决策，推进绿色采购的全面开展。

在目前我国的大环境下，绿色采购仅仅是部分企业的行为，而多数企业是由于客户对于产品或者生产的环保有所要求才实施对供应商的绿色管理，这只是一种被动行为。大多数企业没有真正意识到绿色采购的重要性。因此，在未来一段时期内，要确保我国企业绿色采购的顺利实施，需要政府和企业共同努力，培育绿色市场，宣传绿色理念，最终实现市场的绿色化。

案例6-4

沃尔玛供应链管理 小供应商零投入每年获利数十万

一盒冰淇淋、一件衬衫节能的可能性有多大？一套全新的绿色供应商管理系统正在沃尔玛内部实施。

这家企业曾经将节能的目标放在节能灯、环保设备上，但这些显然远远不够。作为一家在供应商管理上有着丰富经验的企业，沃尔玛开始将视线转移到供应商身上。

在管理流程和原材料采购上，沃尔玛让供应商变得"更绿"，回报就是，让供应商零投入，回报很高，多的每年获利上百万。

1. 从原材料开始

"节能绿色管理不仅是零售商本身，还需从供应商开始，我们在经过调研后发现，供应商面临的主要问题是降低成本，期望通过加强企业内部绩效改进，控制产品成本。"

沃尔玛中国总裁兼首席执行官陈耀昌坦言，绝大多数供应商普遍缺乏相关信息和技术，所以供应商对"企业创新与可持续发展能力建设项目"的响应都非常积极，有明确的创新需求，希望能参加创新、可持续商业发展方面的外部培训，在这样的前提下，沃尔玛与相关供应商开展供应商培训需求分析，召开项目CEO培训。

和路雪是首批加入沃尔玛绿色供应商管理的企业。和路雪的工艺流程包括仓库原材料接收、MIX混制冰淇淋原料，送至凝冻机速冻然后经过生产线切割，随后成形、硬化再进行生产线包装和冷库储存，最后运输至卖场销售点。

在了解流程后，沃尔玛与和路雪根据工作流程首先从原材料入手。第一项是为了防止冰淇淋用的蛋卷变软，用胶带封上箱子最上面一层的盖子，减少蛋卷报废数量。这个简单的动作几乎是零投资，但可产生年经济效益1.19万元。随后，和路雪规范一次性手套、棉手套及胶带的使用，减少固废产生量，同时改进牛奶巧克力配方，减少物料浪费，这两项改进也几乎是零投资，但一年可以节省21.2万。

和路雪透露，共产生了25个绿色节能生产方案，其中22个为无投资方案，已经全部实施。但回报很高，获得直接经济效益127万元/年，节约水20.4万立方米/年，节省用电7.655万千瓦时/年，有效地提高了设备的生产效率，减少了能源浪费。"节能降耗，减污增效"的清洁生产理念已被员工广泛地接受。

同样加入原材料节能创收行动的还有东莞凤岗竹尾田玩具厂。这家成立于1985年的玩具厂占地面积15万平方米，厂房8万多平方米，员工4 050人，主要产品为按比例制造的仿真合金模型车、塑料玩具车、机动玩具车、电子遥控车等。

在与沃尔玛合作后，这家玩具厂用价格低的白胶替代了质量下降的白胶，随后其又将电单车引擎由合金改成塑料。同时，用自制胶水替换原来使用的胶水，将进口红铜替换为国产红铜。经过一系列的原料节能，该玩具厂以几乎为零的投资额获得了约86.79万元的年经济效益。

2. 设备与能源

春合昌电器(深圳)有限公司是由全世界第一大回带机制造大厂台湾春合昌投资创办，主要生产多媒体音箱、网络电话、MINI投影机、回带机。

作为沃尔玛电器类供应商之一，春合昌的节能主要体现在设备和能源管理。其根据产量，两条网布线只开一条。温度达30℃以上时，丝印只开一个烤炉。同时改变注塑机加热方式，将注塑机炮筒加热由电阻丝改为高频电磁加热，并将饮用水热水器改为管道直饮水系统。

春合昌方面透露，其共研制出7个清洁生产专题，目前已经全部实施。这些方案共投资7万元，实现经济效益50万元/年，节电17万千瓦时/年，减少了纸张和包装材料的使用，减少了锡的用量，降低了废锡渣的排放量，同时提高了资源、能源的节约意识，提升了现场管理。

同样从能源和设备管理入手的还有沃尔玛纺织服装类供应商——广西灵山县绅宝制衣有限公司,这家制衣公司年设计生产量达 800 万件。

衬衣的主要生产工艺流程包括原料进厂检验、样板制作、裁剪、黏合衬(绣花)、缝制、中查、锁眼钉扣、水洗、大查、整烫、成衣抽检、包装等工序。照明和缝纫是该公司节能关键。

在与沃尔玛合作试点后,绅宝制衣首先安装衣车节电设备,自动调节电机的输出功率与负载所需的功率相匹配,减少电机空转,并配合在机头加装工作台灯,采用 7 瓦台灯,减少 40 瓦照明灯使用。该企业共产生了 8 个方案。目前已经实施了 5 个方案,投资 4.2 万元,产生的经济效益约为 4.46 万元/年,减少电耗 6 117 千瓦时/年。即将在新生产基地实施的方案为 3 个,预计投资 14.1 万元,经济效益为 9.256 万元/年,可减少电耗 7.2 万千瓦时/年,降低水耗 8 658 吨/年。

沃尔玛还从减少包装和改用节能包装等方面给了供应商建议并得到实施,"其实节能是一项长期计划,当成本降低时,不仅使供应商增加经济效益,也使零售商以更低成本获得产品并平价销售,增加销售额。"沃尔玛百货有限公司可持续发展高级副总裁马思乐(Matt Kistler)说。

(资料来源:http://www.lscg.org.cn/article.asp?articleid = 16967.)

6.5 第三方采购

6.5.1 第三方采购的内涵

第三方采购服务的基本概念源于管理学中的"外包(out-sourcing)",是指企业将非核心业务进行外包处理,即将一些传统上由企业内部采购部门所负责的非核心采购业务外包给专业的、高效的产品与服务供应商(即第三方采购公司),以充分利用企业外部最优秀的客户资源、经营网络、信息技术及专门的知识和经验等专业化资源,最大限度地减少采购成本,提高采购效率,并让企业从繁杂的非核心业务工作中抽出身来,专注于核心竞争力的构建,从而不断增强自身竞争优势的一种采购方式。与企业进行自营采购相比,第三方采购是一种更加社会化和专业化的采购形式,更加集中于采购和供应链服务。它也是采购发展到一定阶段后衍生出的一种新的方式,为企业解决采购问题提供了一条可行的途径。

6.5.2 第三方采购产生的原因

1. 实施第三方采购是企业适应环境的必然

企业面临的环境越来越复杂,使企业进行经营运作决策难度加大。企业面临环境的复杂性主要表现在以下几个方面。

(1) 高新技术的使用越来越广泛,全球高速信息网使所有信息都极易获得。
(2) 全球性的技术支持和售后服务改善及产品研制开发的难度越来越大。
(3) 用户要求越来越苛刻。

企业要应对复杂的环境,使企业保持和增加竞争优势,必须实施第三方采购,及时有效地获得企业经营所需的外部资源。也就是说,实施第三方采购是企业应对复杂环境的必然选择。

2. 实施第三方采购是企业提高管理水平的内在要求

(1) 采购对企业的成本水平有着重要影响。

(2) 采购对企业的产品质量有重要影响。

(3) 采购对企业产品的及时供应有重要影响。

为了满足最终顾客的需求,企业都力求以最低的成本、最快的速度将高质量的产品供应市场,以获得最大的利润。但是,企业能否及时将产品和服务供应市场,取决于采购渠道的物流、信息流和资金流。在市场上某种原材料发生短缺时,采购对企业影响的程度就更高。

总之,采购对企业经营成本、产品质量和满足市场需要的及时供应起着关键的作用,对企业有至关重要的影响,是企业经营的一个核心环节,是获取利润的重要源泉。因此,企业加强采购管理,规范采购运作,强化采购功能,提高采购效率,实施第三方采购是非常必要的。

6.5.3 第三方采购的流程

1. 准确界定采购服务需求

明确采购服务的范围和要求是第三方采购成功运作的前提条件。通过对服务需求的界定,企业在评估、选择物流提供商时才更具针对性。服务需求的界定主要包括 4 个方面:①职能描述界定;②活动描述界定;③服务水平界定;④服务能力界定。

2. 制定采购需求建议书

建议书是详细描述企业采购需求,并将需求传达给物流提供商征询解决方案的文档,一般包括企业的基本介绍,如组织结构、顾客信息传递需求、项目描述、产品流程、交易信息及电脑系统信息等,也包括企业对采购服务需求的建议和要求,如仓库位置、运输路线、运输规模等。

3. 评估、选择能够满足企业采购需求和目标的物流提供商并签署合同

为了解物流提供商的专长和特性,企业首先应重点调查以下 4 个方面:第三方物流公司是否具有与企业近似的价值观目标,是否具有适时更新的信息技术系统,是否具有稳定可靠的核心竞争力,是否具有建立长期合作关系的共同意愿。然后,企业应通过公开招标及交互选择进一步筛选物流提供商,缩小目标企业范围,并将采购需求建议书递交给这些提供商,要求各提供商提交物流解决方案;最后,企业在比较各解决方案的基础上,选择最合适的第三方物流提供商。

4. 合同执行和控制,实施第三方采购服务

在采购服务实施过程中,企业应和物流提供商联合监督核查合同的执行,物流提供商也应及时反馈采购过程中出现的问题。

5. 对物流提供商进行关系管理和绩效评估

企业应用第三方采购,减轻了企业采购工作的负荷,但企业仍需进行关系管理和绩效评估。企业应设定绩效评估系统来多层次、多渠道和全方位地评估第三方物流提供商的绩效。绩效评估系统一般由定性评估和定量评估两部分组成。定性评估主要包括服务的可靠

性、及时性、便利性，以及订货间隔期、柔性(满足意外需求、较好地应对环境的变化而为企业提供应急服务)、财务稳定性等；定量评估则包括服务的价格、响应时间等。

6.5.4 第三方采购的主要模式

目前，国内从事第三方采购业务的公司有很多，但是具体的运作方式和核心能力却各不相同。依据第三方采购商所属的不同类型，可对第三方采购的主要模式进行划分，依次为招标代理模式、网站模式、采购联盟模式、第三方物流模式、采购公司模式和贸易公司模式。

1. 招标代理模式

招标代理模式指的是招标代理机构主导的一种模式。招标代理机构是接受被代理人的委托、为被代理人办理招标事宜的社会组织。它拥有专业的营业场所和相应的资金，有能够编制招标文件和组织评标的相应专业力量，同时还拥有能作为评标委员会成员人选的技术、经济等方面的专家库。通过招标代理进行采购，可以说是应用程度最深，应用范围最广的一种第三方采购模式。招标代理机构在企业采购的过程中，扮演了采购中介的角色，以第三方的身份为企业解决采购问题。

2. 网站模式

目前，国内外有很多 B2B 网站都运营的非常成功。随着电子商务逐渐成为企业运转的中枢，每一行业中都不断地出现各种各样的 B2B 网站。他们打破了传统的市场、供应和交易模式，通过一个联系供应方和采购方的平台，将不受数目限制的双方联系在一起，允许买卖双方多对多的关系同时存在。目前多数 B2B 网站的建设都停留在通过网络提供大量供需信息，促成买卖交易的层面，也就是电子市场发展的初级阶段。但仍有少数的 B2B 网站走在发展的前列，除了提供常规的供需信息外，还可以提供相应的增值服务，以交易支援来服务用户，同时也接受以用户驱动引发的产品与服务的订制。增值服务也包含了有利于交易的服务内容，如代理采购、下单采购、财务结算、运输保险、第三方担保服务、仓储服务及电子保障等。

主要的在线采购模式有 3 种，它们分别是卖方系统、买方系统和第三方系统，如图 6.8 所示。卖方系统指供应商为增加市场份额，以计算机网络作为销售渠道而实施的电子商务系统；买方系统是指企业自己控制的电子商务系统，它通常连接到企业的内部网络，或企业与其贸易伙伴形成的企业外部网；第三方系统就是上面提到的能够提供相应增值服务的 B2B 采购代理网站系统。它在 Internet 上有两种基本门户：一种是经营专门产品(如钢材、化工、能源等)的垂直门户，主要吸引专项产业中的买主，如 Metalsite 是专门买卖金属(特别是钢材)的垂直门户，CheMatch 是专门经营石油化工和塑料制品的垂直门户；另一种是集中了种类繁多的产品供不同工业的买主采购的水平门户，其主要经营领域包括维修和生产用的零配件、办公用品等，如 Ariba、Conunerceone 和 FreeMarkets 等 B2B 在线采购市场都是水平门户。这样的 B2B 网站利用自身资源的优势，结合增值服务的内容，无疑成为了理想的采购外包承包商。而且，从电子市场的迅猛发展我们可以看到，这种模式必定会在不远的将来得到充分的发展，成为一种主要的第三方采购模式。

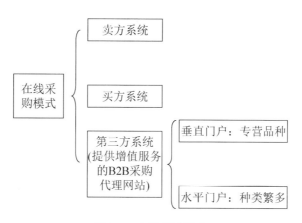

图 6.8　在线采购模式

3. 采购联盟模式

第三方运营的采购联盟作为一个采购服务提供商,通过为其他多家企业做采购,集小订单成大订单,获取采购规模优势。它直接与制造商交易,减少中间层次,大大降低流通成本和保障产品质量。它依靠专业的服务和齐全的品种,为顾客提供便利的采购。第三方作为营利性组织,势必会对企业和供应商的各自利益有所保障,如采购质量、供货时间等。同时,为了拓展市场,提高服务质量,发展和巩固客户,第三方会加强服务质量对供应商所生产的产品质量进行跟踪、监督检查,并对所收集到的信息进行专业化加工并与企业和供应商共享。企业通过参加这样的采购联盟可以获得低价格、高质量等众多的优惠。

4. 第三方物流模式

目前我国大多数物流企业从事的都是传统的物流外包业务。企业只是完成承包的物流服务,不介入企业的生产和销售计划,实际上这种模式比传统的运输、仓储业并没有走多远。根据美智(Mereef)管理顾问公司与中国物流与采购联合会合作进行的中国第三方物流市场调查报告显示:物流服务商收益的 85%来自基础性服务,如运输管理(占 53%)和仓储管理(占 32%),增值服务及物流信息服务与支持物流的财务收益只占 15%,增值服务主要涉及货物拆、拼箱,重新贴签,重新包装、分类、并货,零部件配套,产品退货管理,配件组装,测试和修理。由此可见,增值服务的比例是非常低的。我国第三方物流服务的主要内容及提供服务的比例见表 6-2。

表 6-2　我国第三方物流服务的主要内容

序　号	服　务　项　目	第三方物流提供该服务的比例/%
1	开发物流策略/系统	97.3
2	电子数据交换能力	91.9
3	管理状态报告	89.2
4	货物集运	86.5
5	选择承运人、货代、海关代理等	86.5
6	信息管理	81.1
7	仓储	81.1

续表

序 号	服 务 项 目	第三方物流提供该服务的比例/%
8	咨询	78.4
9	运费支付	75.7
10	运费谈判	75.5

由以上信息我们可以看到，目前我国的第三方物流企业基本上都没有涉足采购业务，但是，随着社会发展和科技的不断进步，追求单一职能的发展必定不能成为物流的发展方向，而追求采购招标、现代运输、信息网络、仓储管理、产品后续加工、营销策划等诸多业务技术门类的全方位发展才是第三方物流的发展之路。

虽然目前国内的第三方物流企业仍处于发展的初期，大多还没有进入采购领域，但是从长远来看，从事采购业务的第三方物流企业必定会成为主要的第三方采购模式，在企业采购外包中扮演重要的角色。

5. 采购公司模式

采购公司模式指的是脱胎于企业采购组织的采购公司。无论是生产商还是零售商，无论是电子业还是纺织业，采购组织几乎存在于各行各业各种类型的企业中。但是采购组织的效率却参差不齐。低效率的采购使企业倍受拖累，甚至面临倒闭的困境；高效率的采购不仅可以满足企业自身所需，还能依托于公司的核心竞争力及产品的优势打造出采购领域特有的优势，从而转化成新的竞争力与其他采购企业抗衡。脱胎于采购组织的采购公司就是指这样一类公司：他们原是某些企业的采购组织，因为采购效率突出，能力优秀，后逐渐发展为独立的子公司，专门为本公司和外部企业从事采购业务。

6. 贸易公司模式

利用贸易公司进行国内外采购是众多企业的首选，这一点对于资源相对缺乏，经营规模不大的中小企业而言更是如此。通常人们对于贸易公司的认识可能都局限于贸易中间人这样一个定位，但这只是贸易公司在初级阶段的发展模式。现在很多贸易公司都已经向具有更高增值的模式转变，或多种模式并存，以满足不同需求的客户。总的来说，贸易公司的业务有如下五种模式：贸易中间人、简单代理商、增值代理商、贸易供货商和虚拟生产商。

在这五种模式下，贸易商管理的供应链长度是不断增加的，程度是不断加深的，贸易商不再是单纯的经纪人，而是提供各种计划和进行协调的供应链管理者，如图6.9所示。

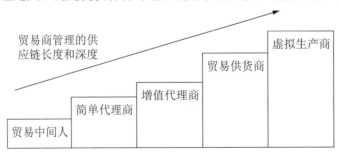

图6.9 贸易公司业务模式

简单代理商为客户提供设计、执行各项采购计划，但具体的合约是由客户与供货商直接签署，贸易公司从中收取佣金，这种模式的风险相对来说较小。作为增值代理和贸易供货商，贸易公司除仍为客户执行采购(部分会涉及生产计划)，也直接与客户签约，将产品直接卖给客户。在这种模式下贸易公司赚的不是佣金，而是产品的利润。虽然承担的风险更为直接，但是利润率也较高。而在虚拟生产商这种模式下，贸易公司会组合供应链上的各个企业，协调和监控采购、生产、运输等活动，甚至外包其中的某些环节，充当一个生产商的角色，完成生产商的职能，如图6.10所示。但这只是为满足个别客户需求而临时组建的在功能上等同于生产商的实体，所以称为虚拟生产商。这样可以使得贸易公司为每一份订单/产品量身定制一条供应链，并使得从产品设计、原材料采购、生产到运输都能取得最佳的效益。

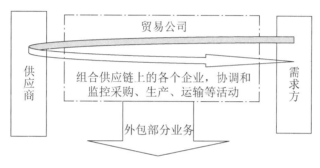

图6.10　虚拟生产商

由此可见，大型贸易公司的工作已经涵盖了整条供应链的上游段落，业务内容涉及了设计、采购、生产等环节。他们的工作流程包括了分析顾客(消费者/客户)需求，设计和开发产品，选择生产商和供货商，制订生产计划，采购原料，监控生产和保证品质。因此只要客户需要，贸易公司不仅可以为客户提供采购服务，还能为其提供整个供应链内各种增值的多元化服务组合，包括市场研究、产品设计及开发、工厂选择、生产安排及管理、品质监控、出口批文的办理、装货付运及融资等，帮助客户降低采购成本，缩短交货时间，提高产品附加值等。

可以说贸易公司作为第三方采购的一种模式为众多企业在解决采购问题上带来了福音，并且贸易公司模式下的虚拟生产商让我们看到了各种第三方采购模式未来的发展方向。

6.5.5　第三方采购的优势与弊端

第三方采购主要是通过为其他企业做采购，集小订单成大订单，获得采购的规模效应。同时，由于直接与制造商交易，减少了中间层次，大大降低了流通成本，保障了产品质量，并依靠专业服务和品种齐全的优势，为顾客提供更便利的采购。第三方采购以采购订单为核心，对采购过程中物流运动的各个环节状态进行严密地监督，并为企业提供及时准确的采购计划和执行路线，通过对多元素的采购计划的编制、分解，将企业的采购需求变为直接的采购任务。同时，第三方物流还为企业进行采购订单管理，以请购单为源头，对从供应商确认订单到发货、到货、检验、入库等采购订单流转的各个环节进行准确的跟踪，实现全过程管理。其优势表现在以下几个方面。

(1) 信息传递方式及时有效。

(2) 有效控制产品质量和交货期。
(3) 稳定的战略合作伙伴关系。
(4) 实现从为库存而采购到为订单而采购的转变。
(5) 防止采购舞弊。

但是,第三方采购也有一定的弊端。

(1) 各个企业通过第三方机构来进行联合采购,只能构成机会型联盟,彼此之间的利益很难长时间维持。

(2) 采购外包很可能泄露企业产品设计重要信息,使企业失去竞争优势。

案例 6-5

第三方物流管理实例分析——宝洁公司

美国宝洁公司是世界最大的日用消费品生产企业。宝洁公司进入中国市场后,在广东地区建立了大型生产基地。对于刚刚进入中国市场的宝洁公司,产品能否及时、快速地运送到全国各地是其能否迅速抢占中国市场的重要环节。宝洁公司为了节省运输成本,在公路运输之外,寻求铁路解决方案,满足运输物流服务需求。

作为日用产品生产商,宝洁公司的物流服务需求对响应时间、服务可靠性及质量保护体系具有很高的要求。根据物流服务需求和服务要求,进入宝洁公司视野的物流企业主要有两类:占据物流行业主导地位的国有企业和民营储运企业。经过调查评估,宝洁公司认为当时国有物流企业业务单一,要么只管仓库储存,要么只负责联系铁路运输,而且储存的仓库设备落后,质量保护体系不完善,运输中信息技术落后,员工缺乏服务意识,响应时间和服务可靠性得不到保证。于是,宝洁公司把目光投向了民营储运企业。在筛选第三方物流企业时,宝洁公司发现宝供承包铁路货运转运站,以"质量第一、顾客至上、24 小时服务"的经营特色,提供"门到门"的服务。于是,宝洁公司将物流需求建议书提交给宝供,对宝供的物流能力和服务水平进行试探性考察。围绕宝洁公司的物流需求,宝供设计了业务流程和发展方向,制定严格的流程管理制度,对宝洁公司产品"呵护备至",达到了宝洁公司的要求,同时宝供长期良好合作的愿望及认真负责的合作态度,受到了宝洁公司的欢迎,使得宝供顺利通过了考察。宝洁公司最终选择了宝供作为自己的合作伙伴,双方签订了铁路运输的总代理合同,开始了正式的合作。

在实施第三方物流服务过程中,宝供针对宝洁公司的物流服务需求,建立遍布全国的物流运作网络,为宝洁公司提供全过程的增值服务,在运输过程中保证货物按照同样的操作方法、模式和标准来操作,将货物运送到目的地后,由受过专门统一培训的宝供储运的员工进行接货、卸货、运货,为宝洁公司提供门到门的"一条龙"服务,并按照严格的 GMP 质量管理标准和 SOP 运作管理程序,将宝洁公司的产品快速、准确、及时地送到全国各地的销售网点。双方的初步合作取得了相当好的成效,宝供帮助宝洁公司在一年内节省成本达 600 万美元,宝洁公司高质量、高标准的物流服务需求也极大提高了宝供的服务水平。

随着宝洁公司在中国业务的增长,仓库存储需求大幅度增加,宝供良好的运作绩效得到了宝洁公司的认同,进一步外包其仓储业务给宝供。针对宝洁公司的物流需求,宝供规划设计和实施物流管理系统,优化业务流程,整合物流供应链,以"量身定做、一体化运作、个性化服务"模式满足宝洁公司的个性化需求,提高物流的可靠性,降低物流总成本。在双方合作关系推动下,宝供建立高水准的信息技术系统以帮助管理和提供全面有效的信息平台,实现仓储、运输等关键物流信息的实时网上跟踪,实现与宝洁公司电子数据的无缝衔接,使宝洁公司和宝供作业流程与信息有效整合,从而使物流更加高效化、合理化、系统化。宝供高质量的物流服务,极大地降低了宝洁公司的物流成本,缩短订单周期和运输时间,提高了宝洁公司的客户服务水平;而宝洁公司促使宝供的物流服务水平不断提升,成为当今国内领先的第三方物流企业。

宝洁公司针对自身需求选择宝供作为第三方物流服务提供商,开展了合作伙伴关系,在这种合作模式下,实现了"双赢"的目标。在物流市场需求日益增长和国际国内激烈的市场竞争环境下,宝洁公司应用第三方物流的成功,将为中国工商企业采购第三方物流服务、选择物流服务提供商树立标杆。

6.6 电子采购

随着信息技术发展和市场需要,已经有很多商业企业开始使用管理信息系统,电子商务的蓬勃发展,更是促进了信息技术在企业管理中的应用,为采购无纸化作业提供了助力。电子采购是由采购方发起的一种采购行为,是一种不见面的网上交易,如网上招标、网上竞标、网上谈判等。人们把企业之间在网络上进行的这种招标、竞价、谈判等活动定义为B2B 电子商务,事实上,这也只是电子采购的一个组成部分。电子采购比一般的电子商务和一般性的采购在本质上有了更多的概念延伸,它不仅仅完成采购行为,而且利用信息和网络技术对采购全程的各个环节进行管理,有效地整合了企业的资源,帮助供求双方降低了成本,提高了企业的核心竞争力。可以说,企业采购电子化是企业运营信息化不可或缺的重要组成部分。电子采购使企业不再采用人工办法购买和销售它们的产品,在这一全新的商业模式下,随着买主和卖主通过电子网络而联结,商业交易开始变得具有无缝性,其自身的优势是十分显著的。

6.6.1 电子采购的兴起

电子采购最先兴起于美国,它的最初形式是一对一的电子数据交换系统,即 EDI,该电子商务系统大幅度地提高了采购效率,但早期的解决方式价格昂贵、耗费庞大,且由于其封闭性仅能为一个买家服务,尤令中小供应商和买家望而却步。为此,联合国制定了商业 EDI 标准,但在具体实施过程中,关于标准问题在行业内及行业间的协调工作举步维艰,因此,真正商业伙伴间 EDI 业务并未广泛开展。

20 世纪 90 年代中期,电子采购目录开始兴起,这是供应商通过将其产品上网,来提高供应商的信息透明度、市场占有率。近年来,全方位综合电子采购平台出现且通过广泛连接买卖双方来进行电子采购服务,其中通过 Internet 构建的采购平台服务已成为电子采购发展的主流。

6.6.2 电子采购的内涵

电子采购是指在网络平台基础上直接进行的采购,利用数字化技术将企业、海关、运输、金融、商检和税务等有关部门有机连接起来,实现从浏览、洽谈、签约、交货到付款等全部或部分业务自动化处理。

6.6.3 电子采购的流程

企业实施电子采购的步骤一般可以从以下几个方面考虑。

(1) 对所有使用者提供充分的培训。
(2) 建立数据源。
(3) 成立正式的项目小组。
(4) 广泛调研，收集意见。
(5) 建立企业内部管理信息系统，实现业务数据的计算机自动化管理。
(6) 应用之前测试所有功能模块。
(7) 培训使用者。
(8) 网站发布。

6.6.4 几种常见的电子采购平台

1. 协同招投标管理系统

协同招投标管理系统是一个协同的、集成的招标采购管理平台，使各种类型的用户(包括组织者、采购业主、投标商、审批机构等)都能在统一且个性化的信息门户中一起协同工作，摆脱时间和地域的限制。协同招投标管理系统，以招投标法为基础，融合了招投标在中国的实践经验，实现了整个招投标过程的电子化管理和运作，可以在线实现招标、投标、开标、评标和决标等整个复杂的招投标流程，使招标的理念和互联网技术完美结合，从时间上、价格上、质量上都突破了传统的招投标方式，可最大限度地实现招标方的利益。

2. 企业竞价招标采购平台

企业竞价采购平台是一个供应商之间及供应商和采购商之间互不见面的网上竞价采购管理平台，使得供应商可以远程地参与采购竞价。竞价采购，又称反向拍卖采购技术(RAT)，是采购招标和网上竞价两部分有机结合在一起的采购方式。它用电子商务取代以往的谈判公关，帮助采购商最大限度地发现卖主，并引发供应商之间的竞争，大幅度降低采购成本，同时有力地变革了采购流程，是对企业具有跨时代意义的采购辅助手段。

3. 电子目录采购系统

电子目录采购系统是把产品目录管理、供应商管理及电子采购整合为一体的综合解决方案。可以帮助采购方快速高效地了解内部采购供应系统的任意商业运作流程及业务规则，搭建符合其自身需求的包括招标采购、竞价采购、商务谈判在内的多种采购方式的在线采购平台，并能有效地管理供应商和产品目录，主要功能模块包括工作流引擎、可视化流程定义工具(即 SIO)、流程监控工具(Wfmonitor)、流程节点定义、信息发布系统、视图定义、综合查询统计定义、文档自动生成、电子文档管理、组织结构管理、权限管理、供应商管理、专家管理、产品目录管理、在线投标、开标大厅、在线评标、竞价大厅、谈判大厅、合同管理、采购效果分析、项目任务管理、日志管理、在线编辑器等。

4. 面向电子商务的谈判支持系统

面向电子商务的谈判支持系统是一种运行于互联网的，能为谈判双方或多方提供谈判建议和谈判过程的支持环境。用户可通过浏览器进行在线谈判，实现交易过程的电子化。

谈判是电子商务过程的一个重要环节。在谈判过程中，面对复杂的冲突因素，谈判者不可能获得所有的判断信息，谈判支持系统能完全正确地对信息进行加工，这就是为什么能为谈判者提供决策建议的谈判支持系统愈来愈为人们所重视。谈判支持系统的作用可归纳为以下几个方面。

(1) 克服谈判人主观认知上的局限性或偏见。

(2) 减少互不信任因素，使协议更易于为各方所接受。

(3) 减少谈判过程中紧张造成的失误。

(4) 减少低估自己和对手的情况发生。

除了网上谈判支持系统以外，近年来，互联网上还出现了拍卖系统。拍卖也是一种谈判，它是通过公共竞价将商品转让给最高应价者的买卖方式。拍卖的应用十分广泛，巨额的经济活动往往通过拍卖方式进行，如住房、旧车、古董、工艺品、工程承包等。

网上拍卖实现自动化相对容易，因为拍卖程序的结构化很好。由于网上拍卖持续时间短则三四天，长可达半个月，所以实现自动化十分符合参与者的需要。

6.6.5 电子采购的优势

电子采购不仅使采购企业大大获益，而且让供应商获益。对于供应商，电子采购可以更及时地掌握市场需求，降低销售成本，增进与采购商之间的关系，获得更多的贸易机会。国内外无数企业实施电子采购的成功经验证明，电子采购在降低成本、提高商业效率方面，比在线零售、企业资源计划更具潜力。电子采购的投资收益远远高于过去10年内已经在企业中占主导地位的任何商业革命，包括企业流程再造、策略性采购等。电子采购的优势主要体现在以下几个方面。

(1) 提高采购效率，缩短了采购周期。

(2) 节约采购成本。

(3) 优化采购流程。

(4) 减少过量的安全库存。

(5) 信息共享。

(6) 帮助采购方改善客户服务和客户满意度，改善与供应商关系。

6.6.6 发展电子采购的对策

(1) 媒体要大力宣传普及电子采购知识。

(2) 企业要突破认识误区，以科学发展观指导电子采购平台的使用。

(3) 平台开发商要加强技术攻坚，更多地为采购业主和供应商服务。

(4) 国家要建立健全相关运行机制。

虽然电子采购有很多优点，但在当前情况下还不能充分发挥。现在只有少数的大企业正在运用电子拍卖、电子市场和电子定购等系统。采用电子采购系统需要大量的准备工作和投入，但常常不能带来大幅度的成本节约。但是，这样的应用仍然被寄予厚望。该类型应用的开发仍继续着，随着这些方案和应用的性价比提高，它们将会变得越来越热门。

案例 6-6

云南锡业电子采购，开启冶金采购管理新模式

云南锡业集团，历经9年探索，2年实践，终于在2010年成功实现了从传统采购向电子化采购的历史跨越。云南锡业电子采购管理平台的成功运营，不仅仅是云锡集团信息化的重要里程，同时，更是开启了西部冶金领域在信息化时代采购管理的全新模式。

2008年，云锡控股公司物资处，先后率物资招标的相关人员，到外地学习调研电子采购技术的相关工作，经过调研考察，2008年11月5日，成功举行"云锡集团电子采购平台"软件开发邀标，经过专家评审员对投标单位的软件系统、建设方案、项目报价、售后服务，以及目标理念、技术方案、实施方案、传输系统、系统安全、人员培训、信息平台、数据采集、电子系统、竞价系统等具体建设方案进行严格评审，北京网达信联科技发展有限公司的一采通[Go8]电子采购管理解决方案，脱颖而出，一举中标，由此，网达信联开始了和云锡集团共同打造云南锡业集团电子采购管理平台的征程。

可喜成效：云锡采购管理平台开启采购管理新模式

"千淘万漉虽辛苦，吹尽黄沙始到金。"云锡集团电子采购管理平台承载着时代的期望，风雨兼程，一路坎坷，在饱尝创业艰辛的同时，三大业绩为云南锡业和网达信联双方都带来了实实在在的成效，这也使得一采通[Go8]电子采购管理系统的价值再一次得到了企业实践的检验。缩短采购周期，提高采购效率。

(1) 电子采购平台，扩大供销渠道：凡是符合云锡控股公司要求的全国各地供应商均可在平台系统正式注册，实现了供应商信息档案化、采购信息网络化、招投标文件电子化、业务沟通平台化。

(2) 可以节约采购成本：通过网上交易，供需双方可节省可观的差旅费、食宿费，供需双方通过网上联系，省掉了供需见面这一环节，大大缩短了采购周期，提高了采购效率。从云锡控股公司在线交易情况看，电子采购都实现了比传统采购节约10%~20%的相应成本，并为异地投标商打开了及时、准确、方便的快速通道，供应商可以不受空间、地域限制，进行足不出户的竞争，只要竞价截止时间一到，就可以知道自己是否中标，大大降低了采购成本，缩短了采购周期，使更多的中小供应商和异地供应商有机会在网上公开参与报价投标，增强了采购项目的竞争性，扩大了云锡采购的选择范围，大大提高了工作效率。

增加采购透明度，杜绝恶意串通。云锡控股公司为防止在采购过程中采购人员与供应商私下互串，公司对供应商进行合格供方认定的透明化管理，并实行供应商资格设定权的最大公开透明化，以制约采购人员对供应商资格条件的设定权力，有效预防供应商行贿现象的发生，建立了有效的廉政防火墙。云锡电子采购管理平台网上竞价的成功运行，进一步提高了采购行为的透明度，规范了采购行为，运作流程以办理的程序化来实现行为的规范化，严把信息发布关、受理准入关、资格审查关、招标文件编制关、专家评委关、公示报告关，最大限度地避免了供应商恶意串标行为。

云锡电子采购管理平台的建立，进一步强化了采购全程监管，按照《云南锡业集团有限责任公司招标采购实施办法》职能定位，对机构进行分层设立，实行"统一受理、分步操作、定岗定责、项目负责、规范透明、全程监管"的管理运作模式，科学合理地设置了监管机构，初步形成了办事的人不管事、管事的人不办事、管理与办理分开、计划与采购分开的工作机制，加之业务办理分段实施，实现了有效的内控运行机制，杜绝了"暗箱操作"，减少了"权力干预"，从源头上预防腐败行为产生，有效铲除了腐败现象的根源。

(3) 对供应商实现了"三化"管理，即监督网络化，供应商一旦注册经审定成为合格供应商后，相关资料就保存在电子采购系统而成为公开的，避免业务人员调走、供应商带走信息的现象；进一步加强了对中标供应商履约情况的跟踪监督，监督供应商的服务质量与价格。管理制度化，对供应商的管理实行黄牌警告、红牌罚出的管理制度，这种考核制度，以一年为一个考核期，如有一次违规或不

履行合同，给予黄牌警告；有两次黄牌又无正当理由解释的，给予红牌罚出，撤销其合格供应商资格。考核数字化，电子采购系统对合格供应商进行量化考核，并纳入下一年度招标资格评审的主要内容，有效防止了其降低服务水平、抬高价格等不良行为，确保物资采购产品好、质量满足需要、服务优，提高采购质量，维护了采购的信誉和形象。

云南锡业集团的电子采购系统，不仅仅是云锡集团信息化的重要里程碑，更是开启了西部冶金领域，在信息化时代，采购管理的全新模式。

（资料来源：http://www.chinawuliu.com.cn/xsyj/201102/22/143997.shtml.）

本章小结

采购方式是采购主体获取资源或物品、工程、服务的途径、形式与方法。本章介绍了基本的采购方式，包括现货采购与远期合同采购，直接采购和间接采购，询比价采购与招投标采购；另外，也描述了新兴的采购方式，包括国际采购、联合采购、绿色采购、第三方采购以及电子采购。针对每种采购方式，介绍了它们的特点、流程、优缺点以及适用，为企业采购实践中选择不同的采购方式，提供了指南。

 关键术语

集中采购 Centralized Procurement
分散采购 Decentralized Procurement
现货采购 Spot Procurement
远期合同采购 Long Term Procurement
直接采购 Direct Procurement
间接采购 Indirect Procurement
国际采购 International Procurement
联合采购 Joint Procurement
绿色采购 Environmental Procurement
第三方采购 Third Party Procurement

习 题

一、判断题

1. 招标采购相对于询比价采购更有公平性。（　）
2. 直接采购是指采购主体自己直接向物品制造厂家采购的方式。（　）
3. 一般国际采购磋商的程序包括4个环节：询盘、发盘、还盘、接受。（　）
4. 现货采购适用于需求量大的商品采购。（　）
5. 电子采购不仅使采购企业大大获益，而且让供应商获益。（　）
6. 联合采购是指一个大集团内部二级单位的统一采购。（　）

二、选择题

1. 询比价采购的优势有(   )。
   A. 询比价采购有助于降低生产成本，提升企业的市场竞争力
   B. 询比价采购不仅可以为企业赢得性价比合理的产品供货商，还可以鞭策供应商提升产品质量、加强售后服务
   C. 询比价采购有助于防止采购工作中的腐败现象
   D. 询比价采购只需要追求更低的价格
2. 国际采购的特点有(   )。
   A. 全球范围内采购   B. 采购价格相对较低
   C. 国际采购的程序比较复杂   D. 国际采购的风险比较大
3. 联合采购的优点有(   )。
   A. 降低购买价格，提高供应商提供的产品质量和服务质量
   B. 降低交易成本
   C. 降低采购成本
   D. 实现资源共享、核心能力互补、知识转移，增加企业竞争优势
4. 第三方采购的优势有(   )。
   A. 信息传递方式及时有效
   B. 有效控制产品质量和交货期
   C. 稳定的战略合作伙伴关系
   D. 实现从为库存而采购到为订单而采购的转变
5. 发展电子采购的方式为(   )。
   A. 媒体要大力宣传普及电子采购知识
   B. 企业要突破认识误区，以科学发展观指导电子采购平台的使用
   C. 平台开发商要加强技术攻坚，更多地为采购业主和供应商服务
   D. 国家要健全和疏导相关运行机制

三、简答题

1. 现货采购与远期合同采购的区别有哪些？
2. 国际采购的基本流程是什么？
3. 我国绿色采购发展存在的问题有哪些？
4. 第三方采购的流程是什么？
5. 电子采购的优点有哪些？

四、讨论题

1. 针对联合采购存在的问题，你认为有哪些改进措施？
2. 电子采购在发展中主要的阻力是什么？

【案例借鉴】

全球采购如何加速小天鹅发展

随着全球采购离中国经营商越来越近，大型跨国公司和国际采购组织的采购网络正在加速向小天鹅开

放,很多国际专业化的家电采购组织和经纪人或国际采购团近年来也纷纷到访小天鹅。早在2000年,通用家电就开始与小天鹅在洗衣机零部件方面展开合作。在小天鹅成功地闯过2002年自我改革的阵痛再次腾飞后,双方的合作又有突破性的进展。小天鹅的全球采购本身就是竞争力。在一些国际性的展览上,国际采购商与小天鹅人广泛接触,寻求与小天鹅的企业合作机会,希望从小天鹅获得可靠、合理、便宜且优质的商品和资源,并将中国企业纳入它们的全球采购网络。

这种国际采购活动无疑给小天鹅等过去以内销为主的企业提供了一个开拓国际市场、建立稳定的销售渠道、带动企业产品出口的机遇。全球采购的迅速发展及其在小天鹅日趋频繁的采购活动,为小天鹅带来了商机和发展的新增长点,也给小天鹅降低单位成本带来许多积极的影响。小天鹅在参与全球采购并与跨国公司或国际企业合作的过程中,不仅能够建立起稳定的供销关系,而且能够按照国际市场的规则进行生产、提供产品,这样可以促进小天鹅加快自身产品结构的调整和技术的创新,提高自己的产品质量和竞争能力。小天鹅目前面临着"走出去"的发展挑战,需要学习和尽快适应全球资源配置方式,使其能够在与国际对手竞争的过程中也建立起全球化的生产和采购网络,真正提高在国际市场的竞争能力。

全球采购进入中国市场,还有效地促进和维持了小天鹅的竞争性市场结构。因为,全球采购让小天鹅学会采取符合国际市场规则的、更加规范的竞争手段来寻求企业的发展,逐步走出以恶意价格竞争、依靠传统的人脉维持市场优势的低层次竞争怪圈,使其逐步进入国际主流市场,参与高端市场的竞争,从而真正发挥市场机制的作用以促进小天鹅的稳健发展。

当然,全球采购活动进入中国,也对小天鹅提出了许多挑战。使其必须尽快学会世界级采购的最佳方法与工具,例如,企业的产品种类、质量与标准能否满足跨国公司的全球生产体系和国际市场的要求,小天鹅如何了解和适应国际采购的规则和方法,是否能够适应国际采购中心运作要求,小天鹅还存在着哪些不利于企业参与全球化竞争的内容等,这也正是当前,小天鹅需要深入进行流程再造、组织再造的原因。目前,小天鹅已采用了国际的第三方物流,使其物流产业融入全球性物流产业跨国化、大型化和经济化的潮流之中,并对小天鹅的贸易和生产布局产生深远的影响。

谈起小天鹅,进化论是业内外都会说,这是一个高速发展、成绩显赫,在国际上有一定竞争力的企业。小天鹅竞争力的取得,首先是有市场需求这个发展动力,但更重要的是有竞争才有竞争力的提高。在与几乎包括了国际上所有家电跨国公司的竞争中,小天鹅并没有垮掉,反而走向了世界,成为了全球家电的重要供应商之一。

小天鹅通过全球采购已经与国际500强中的8家家电企业结成战略联盟,这表明小天鹅的制造能力和全球采购已达到国际先进水准。小天鹅在全球采购、全球家电资源整合中发挥了积极作用,小天鹅之所以成为全球家电市场的主要供应商,不能简单地理解为是一个量的概念。如果没有全球采购,如果没有多品种、多档次。小天鹅也不会有年年翻番的增长。这是因为,小天鹅多年来在充分竞争的市场环境中,一方面靠自身奋斗提高,另一方面,在与跨国公司的合资、合作及同台竞争中,学习了他们先进的全球采购运作经验,在竞争中提升了小天鹅的整体水平,提升了小天鹅的竞争能力。 由于中国是全球的制造基地,十分细化的市场需求和激烈的全球采购竞争,迫使小天鹅有着极高的新产品开发速度,新品产值率达80%~90%。同时,针对全球化市场,小天鹅努力满足不同国家的技术要求,不断跟进国际水平。

为了继续做大、做强洗衣机主业,小天鹅加大了与通用电子合作的力度,打造国际化战略。通过与通用电气的合作,大大加速了小天鹅国际化发展的进程。现在,小天鹅在功能设计、技术研发、产品开发等各方面均拥有了引领全球洗衣机行业发展走向的核心技术,在行业处于领先地位。小天鹅已经向技术先进与国际化品牌迈出了坚实的脚步。

小天鹅的全球采购得到了国际同行的认可,通用电气公司总裁杰夫·伊梅尔特说,"小天鹅是一个很好的例子,可以说明通用电气和中国的企业是能够建立很好合作关系的。小天鹅可以为通用电气生产更好的洗衣机,同时填补了我们产品群中的空缺。他们的产品质量很好、成本低,有较好地创新意识。而我们能做的,是将小天鹅的产品推向国际市场。所以在很多方面,我们双方都很成功。我们都能实现各自的目标,并创造双赢的局面。"

过去,很多国外企业都是把在本国市场上淘汰的产品打进中国。而现在,中国是家电产品的"晴雨表",

很多跨国公司将在本国都没有上市的产品先投进了中国。走进小天鹅，大概都能找到类似波特的涉及《竞争战略》《竞争优势》或科林斯的《基业长青》《从优秀到卓越》内容的书，因为他们知道，不断学习才是真正的竞争力。小天鹅有许多老总在工作之余坚持到国内外知名大学深造，更有老总还登上了国内外知名大学讲坛。

小天鹅在"全球采购"的过程，还积极学习国际市场游戏规则。在争取国际市场时，不是采用"价格战"的手段，为获得订单而竞相压价。目前，小天鹅洗衣机每台的最高出口价超过了300美元。事实证明，好机卖好价。

小天鹅在"全球采购时要认真研究各国的经济状况、市场需求和法律，做好细分产品定位。小天鹅在注意保护自己知识产权的同时，也要新生别人的知识产权。学会国际市场的游戏规则，维护中国产业和产品的信誉。小天鹅要多参加国际大展，在大展中多接触客户、了解市场信息。这样小天鹅才能发展成为亚洲超规模的洗衣机制造商，具有国际竞争力的综合性电器集团。

(资料来源：http://www.51test.net/show/530645.html.)

问题：结合采购方式一章的知识，从战略和采购方式选择方面分析小天鹅集团的发展历程。

第7章 采购风险管理

【教学目标和要求】

- 掌握采购风险的含义及影响因素；
- 了解采购风险的分类；
- 熟悉采购风险的特点和采购风险管理的一般程序；
- 掌握采购风险的防范措施；
- 掌握风险转移方法：套期保值。

【知识架构】

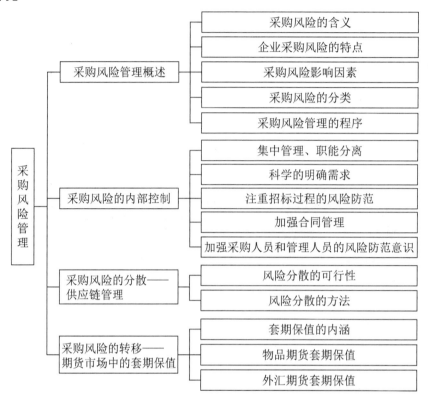

上海石化物资供应公司的采购风险管理

"采购风险管理工作的好坏,直接影响到我们公司的物资供应管理水平,所以我们必须持续推进这项工作,在总结、提炼的基础上深入开展好这项工作,建立一套行之有效的采购风险控制策略。"这是上海石化物资供应公司领导在专题会议上对采购风险管理工作提出的要求。

2011 年,该公司在前几年的基础上,继续深入推进了采购风险管理工作,通过全员参与,广泛收集资料,识别、梳理、调整采购风险项目,制定有效的监控、防范措施,加强风险管理,从而进一步减少和避免采购过程中意外风险所带来的损失,大幅提高了采购绩效,降低了采购成本,确保安全、及时、经济供应。

1. 集思广益,全面识别采购风险

该公司在 2011 年年初组织开展了由相关部门领导、业务主管、关键岗位人员等近 50 人参加的采购风险分析与防范研讨会。目的是为了提升员工的风险管理意识,使员工树立起正确的风险管理理念,保障风险管理目标的实现。会议针对 2011 年新形势下可能造成的采购风险进行了全面的识别,从实际工作角度出发对原风险因素进行梳理、评估,对可能出现的新增风险因素、风险类别、风险等级、风险防范责任主体的落实等问题进行了分析和研讨,最后通过梳理、识别、评估,达成共识,明确了 2011 年公司采购风险管理目标。

2. 收集资料,持续调整采购风险

该公司对 2010 年风险库中的 44 项风险进行了重新梳理,根据从各部门收集上来的采购风险调查表,进行筛选和汇总,结合采购风险管理目标,新增了适应当前形势的采购风险项目,取消了不符合实际状况的采购风险项目,通过识别、筛选、再识别、再筛选的反复论证,确定 43 项风险为相对重要的采购风险,建立了 2011 年的风险库,其中新增风险 16 项。针对已识别的 43 项风险,根据风险发生概率和影响程度进行风险水平评估。确定两项为需紧急注意的重大风险,25 项为需定期检查的重要风险,其他 16 项为需监督的一般风险。

3. 坚持原则,完善风险管理措施

在风险控制管理上,该公司坚持"突出重点,保障实效"的原则。根据风险评估结果,对需要重点防范的风险有针对性地制定控制策略和防范措施,并针对每个风险的改进措施明确了责任人和实施时间,便于日后加强风险管理的监督与改进。该公司在风险库的管理上,每季至少一次对重大、重要风险及相应的控制措施进行跟踪评价。对一般风险及相应的措施不定期地进行抽查,对那些预先制定的策略或措施不见效或随着时间的推延而发生变化的风险及时调整控制策略。于年末对各项风险逐一进行综合评价,并将评价结果作为开展来年风险管理工作的依据,为风险管理工作持续有效并不断深化起到了极大的推动作用。

4. 有效控制,风险管理成效显现

风险管理库对采购过程中各类风险的有效控制和预防,使风险管理工作达到了预期的效果。一是提高了需求计划准确率,有效控制新增积压物资。通过采取对各二级单位的计划准确率、对公司内部采购订单执行率、工单物资采购计划利库情况、6 个月以上未领用新增物资及未利库进行考核等一系列措施使 2011 年需求计划准确率明显提高,至 8 月底达到 94.1%,计划匹配率基本保持在 98%以上,计划执行率基本保持在 99%以上,有效避免新增积压物资的产生。二是优化了供应商结构,保证物资供应渠道畅通。该公司通过资格预审、量化考核、现场考评等方式,进一步加强供应商的评价和考核,优化供应商结构,与主力供应商建立长期合作伙伴关系,从源头上控制因供应商选择不当而引发的价格风险、质量风险及存量风险。三是建立了控制风险的长效机制,提高员工风险管理能力。该公司通过构建日常风险信息搜集、报告和处理机制,强化重大风险监控和预警,逐步形成风险动态管理体系,建立了一套控制风险的长效机制,有效规避了许多可能发生的采购和供应风险,保障了安全供应,持续提升公司的风险管理能力和科学决策水平。与此同时,员工风险意识也在不断增强、风险控制理念不断得到认可,采购风险管理正逐步融入到采购工作的每个环节之中,从而,采购风险和成本的控制能力得到了显著提升。

(资料来源:中国石化新闻网.)

在市场经济条件下,企业的经营风险是客观存在的。特别是在我国加入 WTO 之后,企业所面对的供应市场范围进一步扩大,不确定因素增多,供应风险加大。因此,加强供应环节的风险管理将成为企业供应管理活动中的新课题。本章在阐述风险、供应风险、供应风险的种类及管理程序的基础上,提出加强内部管理控制风险、实施供应链管理分散风险和利用期货市场转移风险等措施,以提高企业的风险防范能力,将供应风险减少到最低限度。

7.1 采购风险管理概述

7.1.1 采购风险的含义

风险是生产目的与劳动成果之间的不确定性。从广义上讲,只要某一事件的发生存在着两种或两种以上的可能性,那么就认为该事件存在着风险。而在《保险理论与实务》中,风险仅指损失的不确定性。这种不确定性包括发生与否的不确定、发生时间的不确定和导致结果的不确定。

风险管理始于第二次世界大战后的美国。人们为了避免意外事件发生的不良后果，减少意外事件造成的各种损失，降低风险成本，借助管理学的原理和方法来规避风险，于是风险管理便应运而生。1931年，美国管理协会保险部开始倡导风险管理，并研究风险管理及保险问题。1953年，通用汽车公司的一场火灾震动了美国企业界和学术界，这场火灾成了风险管理科学发展的契机。1963年，美国学者发表了《企业的风险管理》一文，引起欧美各国的普遍重视。此后，对风险管理的研究逐步趋向于系统化、专门化，使风险管理成为企业管理领域的一门独立学科。企业风险管理是指企业在充分认识所面临的风险的基础上，采用适当的手段和方法，予以防范、控制和处理，以最小成本确保企业经营目标实现的管理过程。

采购风险是指企业在供应环节中受到内外因素影响给企业的成本和利润带来的不确定性。事实上，对于这一基本的概念，在经济学家、统计学家、决策理论家和保险学者中没有一个一致公认的定义。本书中所讲的采购风险主要是指来自企业内部的采购风险，企业作为核心企业所在供应链上的供应链风险，以及由外部宏观环境变动引起的外部环境风险。

采购风险是普遍存在于各类企业中的采购活动中，是需要企业在内部经营和外部合作的过程中都要谨慎对待的重要节点。企业需要针对不同来源的采购风险制定不同的防范措施，例如，对内可以加强采购人员的风险防范意识，健全供应商管理制度；对外注重招投标过程的风险防范，加强合同管理。在合作双赢的供应链思想的时代，企业需要与上游供应商密切配合，共同发挥各自的核心竞争力创造更大的价值。与此同时，通过上游企业间的信息共享，协同发展，企业可以实现在供应链基础上的风险共担和风险的规避，把采购风险的概率降低到最小，保证整条供应链实现利益的最大化。

7.1.2 企业采购风险的特点

1. 客观性

风险的存在是不以人的意志为转移的客观事实，它无处不在、无时不有。只要从事采购活动，发生人、财、物等资源要素的流通和转移，就必定面临风险的威胁。物资采购机构职能运用各种技术方法来防范风险，从而避免或减少风险造成的损失。

2. 相对性

风险相对于任何人都是同样存在的，但是不同的人对于同一风险的会有不同的看法，从而使不同偏好的人对同一不确定现象的风险态度不同，即使是面对同一风险，也有不同的看法；另外，风险又随着环境的变化而变化，环境是处于不断变化之中的，有时甚至是突变的。因此，对于采购来说，风险的内容和风险的程度具有相对性。

3. 可测控性

可测性是指人们可以根据历史的统计数据和分析资料等信息，通过有关方法来计算和测定某种现实风险或未来风险发生的概率及风险可能造成的不利程度。可控性是指在可测度的基础上，通过适当的技术方法来测度风险和控制风险，从而减轻不利影响的程度。

4. 风险和收益的共生性

由于自然状态的不确定性，导致决策后果的不确定性，从而使物资采购常常面对不确定的后果，进而面对各种可能的损失，因此自然状态的不确定性导致了风险的形成。但是，采购部门可以通过科学的分析风险，有效地、科学地管理风险，将风险转化为收益。从某种意义上讲，任何收益都是在克服风险的基础上获得的。风险越大，可能获取的收益就越高。

7.1.3 采购风险影响因素

采购风险客观存在于采购工作的各个环节，采购风险的存在无疑将会对采购活动产生重大影响。在采购管理工作中，只有充分了解采购风险产生的原因，才能采取针对性措施，防范和化解采购风险。因此，对采购风险的成因及其防范进行研究，以期降低风险、提高效益，具有十分重要的意义。产生采购风险的原因很多，不同的采购风险形成的具体原因也不尽相同。

1. 微观因素

影响采购风险的微观因素主要有以下几点。

(1) 采购组织架构设计。采购部门是采取"管办分离"的两部分相互协作监督，还是"管办合一"的集中管理组织设计将会直接影响采购活动所承担的风险。

(2) 采购管理的模式。企业的采购工作是实行按照项目进行管理还是根据流程进行管理，同样将会对采购风险产生影响。

(3) 企业对采购部门的重视程度。企业对采购部门的重视程度，体现在专业人才的配备及对采购部门工作的支持和监督上。企业的重视程度会直接影响采购风险的大小。

(4) 采购人员的职业素养。采购人员是引导和实施采购实践活动的直接参与者，其专业水准与道德修养会直接影响到采购活动的成败。

2. 供应链因素

供应链因素主要是指企业与企业所在供应链的上游供应商之间可能导致采购风险的影响因素，主要包括信息因素、合同因素和供应商的信用因素。

(1) 信息因素：企业与供应商之间的有效、及时、准确的信息传递是实现采购任务顺利完成的重要基础。因此，能否实现两者之间的信息沟通对采购风险具有直接影响。

(2) 合同因素：采购方和供应方在制定合同、履行合同、管理合同的过程中出现的失误或意外都可能导致日后采购风险的出现。

(3) 信用因素：诚信是一切商务活动的基础。供应商的信用等级高低是需要慎重考虑的因素，会影响到全部采购活动。

3. 宏观因素

影响企业采购风险的宏观因素主要有政治因素、经济因素、社会因素、科技因素、自然因素。

(1) 政治因素：政治环境是否稳定，国家政策是否会改变，不可预测的政治变化可能会对企业及供应市场造成巨大的影响，从而给企业的采购活动造成风险。

(2) 经济因素：国际和国内经济发展的形势，以及经济活动中突发的一些变化都会对供应市场造成一定的影响，从而对采购活动造成重大影响。

(3) 社会因素：社会的道德风尚、价值观念、法律意识、消费心理及生活方式的变化等软约束都会普遍影响到与采购活动相关的人的行为，从而影响采购活动。

(4) 科技因素：科技的变革可能会直接影响到产品成本的降低或产品的更新换代，这将会对企业已做出或将要做出的采购决策造成持续的影响，从而带来一定的采购风险。

(5) 自然因素：因自然力的不规则变化产生的现象所导致危害经济活动，物质生产或生命安全的风险，如地震、水灾、火灾、风灾、雹灾，以及各种瘟疫等自然现象。

案例 7-1

日本地震带来的世界供应风险

世界各地的企业在日本地震后，正匆忙重新组织自己的供应链，而许多企业发现，它们在这方面的准备工作可能并不如自己认为的那样充分。

周四在宫城县气仙沼市，日本救援人员在一艘搁浅的巨轮前的废墟中搜寻遗体。官方公布的地震及海啸的死亡和失踪人数一直在不断增加。物流专家们说，对电子和汽车等行业的许多跨国企业来说，日本地震后的局面暴露了它们的一些重要弱点。

通用汽车公司(General Motors Co.)周四成为第一家因日本此次危机而关闭工厂的美国企业。该公司说，它打算让公司在路易斯安那州什里夫波特的一家工厂停产，这家工厂生产小型皮卡。通用汽车将关闭该厂的理由归因于一种日本生产的零部件出现了供应短缺，它没有说是哪种部件，也没有说这家工厂预计何时能恢复生产。世界各地的企业都在放慢生产速度或寻找新的供应商，以避免那些主要依赖日本生产的零部件出现产品断档。据市场研究公司 VLSI Research 说，全球用于生产半导体的硅片大约有五分之一都是由日本生产的，日本还有大量制造商生产一种液晶显示器面板所需的重要材料。这个国家还提供着全球约 90% 的 BT 树脂，这是一种用于生产电路板和手机的化工原料。

咨询企业麦肯锡公司(McKinsey & Co.)的合伙人马利克(Yogesh Malik)说，好的企业是把供应链看作电影而不是相片。一家准备充分的公司不应该用供应商在某一时刻能提供什么为标准来判断其供应链的优劣，它们在判断现有供应链是否应再保持 5 年的时候，应该将不断上涨的油价、环境保护主义及监管风险等因素考虑进去。马利克说，问题不是事情是否会出问题，而是何时会出问题。

更令供应链问题雪上加霜的是，为企业提供零部件的生产商，其本身所需要的原材料或较小零部件往往有赖另一个地区提供，如日本。许多企业目前急于搞清楚它们在这种隐性供应瓶颈方面的风险敞口究竟有多大。

本田汽车公司(Honda Motor Co.)的泰国业务负责人说，它正在就日本产电子系统多大程度上可以保证供应的问题搜寻相关信息。本田泰国业务的负责人 Atsushi Fujimoto 说，公司手中的零部件足以将本田在泰国的汽车生产维持到 4 月中旬，如果本田的日本工厂继续关闭，公司将考虑使用替代供应商。台湾企业南亚电路板公司(Nan Ya Printed Circuit Board Corp.)正在寻找新的 BT 树脂供应商。其主要供应商三菱瓦斯化学株式会社(Mitsubishi Gas Chemical Co.)周三在日本暂停了生产。据一位知情人士说，南亚电路板公司正在加紧测试替代产品的性能，这一过程通常要用三到四个月，这一次应该只需一个月。

有些公司说自己未受日本危机的影响，但它们的措辞也使用了"目前为止""尚未"之类的限定用语。韩国内存芯片制造商海力士半导体公司(Hynix Semiconductor Inc.)说，它的硅晶圆库存可供短期内继续正常运营。但一位发言人说，如果事态进一步延续，影响的或许不只是海力士，而是整个芯片制造产业。

分析师说，通过积累库存、分散供应商，企业可以让自己在很大程度上免于亚洲和其他地区普遍承受的焦虑，哪怕积累应急库存可能会带来更高的成本。

一些物流专业人士曾提醒，零库存(just-in-time)送货体系很容易遭受供应冲击。这种制度在日本首创，常被科技行业和汽车行业采用，只在需要的时候才运送零部件和原材料。全球很多生产商还在近些年减少供应商数量，以便在合作供应商那里获得折扣价。如果供应商群体在规模变小后无法发货，那么这样做就造成了风险。

中东和北非的政局动荡，去年冰岛火山爆发，以及中国去年9月份采取措施限制稀土出口，本应引起公司的注意。弗吉尼亚专长于供应链的咨询公司 Insight Inc.总裁卡伦鲍尔(Jeff Karrenbauer)最近撰文说，更高的风险和直接的中断正以发疯般的速度向我们袭来，各公司准备好详细的应变计划是绝对关键的。

从某种程度上来讲，日本发生的灾难非比寻常。这个国家作为很多先进零部件和先进材料的高端生产国，已经开辟了一个专属市场(niche)，而日本公司在这些行业中常常是处于支配地位。据瑞士信贷(Credit Suisse AG)数据，日本供应的锂离子电池所用电极材料占全球供应量78%，液晶显示器所用偏振光保护膜几乎占全部，其他高科技材料也占很大部分。然而这些产品的供应问题引起越来越强烈的担忧，可以看出灾害可以给全球供应造成怎样的冲击。中国浙江吉利控股(Zhejiang Geely Holding Group Co.)子公司、瑞典沃尔沃汽车(Volvo Cars)公司说，日本零部件的供应大约只够维持一周，如果公司不能迅速采购到更多零部件，生产将会受到明显冲击。

沃尔沃首席执行官雅各布(Stefan Jacoby)和其他高管每天上午都开会，掌握供应动态、评估应变计划。一个可能采取的措施是不完全地生产部分车型，以后再装进现在没有的零部件，不过这样做只是短时间有效。另一个可能就是调整部分产能，集中生产受这次供应短缺影响相对不大的车型。

(资料来源：http://cn.wsj.com/gb/20110318/bas122424.asp?source=rss)

7.1.4 采购风险的分类

1. 从采购关键绩效指标角度分类

采购风险的分类方法是多样的，从不同的角度我们可以对采购风险进行不同的归纳总结。目前使用较为普遍的分类方法是从评价采购关键关键指标的角度，对其质量、价格、交货期、创新方面的风险进行总结。

(1) 质量风险：主要是指企业所采购的物品在质量方面存在安全隐患或不能达到预期的使用效果而给企业带来的风险。质量风险一方面是由于供应商未能按照合同提供符合企业质量需求的物品而造成的；另一方面是由于采购人员主观或客观上未能在验收环节检测出质量方面的问题，而给企业造成的风险。

(2) 价格风险：主要是指企业在招投标环节，以及在合同签订后价格出现下滑给企业带来的风险。一方面企业在采购活动的招投标环节，供应商操纵投标环节，投标前暗自商议以抬高价格；另一方面，企业由于对供应市场的动向把握不准，以至于大量购进物品后供应市场出现的价格下滑。

(3) 交货期风险：主要是指供应商未能按照合同条约规定，定时定量的把货物送至企业指定的地点，而给企业带来的风险。交货期风险一方面要考虑到供应商的生产能力和库存能力，另一方面需要考虑供应商的运输配送能力，这些都会影响到企业的正常生产运营。

(4) 创新风险：主要是指企业已采购的物品在科技创新、更新换代上的进步而给企业造成的风险。创新风险对于需要进行大量储存的企业影响重大，一旦供应市场出现了科技创新产品，在质量和价格上都具备优势的产品，会使企业已采购物品的价值量大打折扣，甚至被淘汰。

2. 从风险的来源分类

本书着重于从采购风险按其形成的来源进行分类，我们可以分为企业内部风险、供应链风险和外部风险。企业内部风险是由于企业内部在需求计划、准备合同、进场验收、库存管理等方面管理不善造成的风险。供应链风险在这里主要是指企业在与上下游企业合作过程中可能产生的关系及绩效上的风险。外部风险主要是由于外部宏观环境，如国家政策、法律规定、经济形势、科技进步和自然环境的变动对产品供应市场造成的各种风险。

1) 企业内部风险

(1) 组织风险：由于组织设计不够合理，使得采购部门的权力过于集中，并且缺少其他部门的共同参与及监督，可能造成采购活动存在计划不科学、腐败舞弊等不良影响。

(2) 制度风险：企业的管理制度不够完善可能会使得采购活动缺乏足够的监督，采购活动的流程无法做到精细化的控制和检验，从而可能导致采购任务的失败。

(3) 技术风险：采购人员的专业程度和技术水平会直接影响到采购活动的结果，一支缺乏专业素养及先进采购理念的团队会影响采购活动的正常开展。

(4) 道德风险：采购人员如果在工作中不遵守职业道德，弄虚作假，收受回扣，必定会使得采购活动存在质量、成本、交期等多方面的隐患。

2) 供应链风险

(1) 信息传递风险：供应链实质上是一种松散的企业联盟，当供应链规模日益扩大，结构日趋复杂时，供应链上发生信息错误的机会也随之增多。信息传递延迟将导致上下游企业之间沟通不充分，对产品的生产及客户的需求在理解上出现分歧，不能真正满足市场的需要。同时会产生牛鞭效应，导致过量的库存。

(2) 合同风险：合同风险的形式多种多样，常见的也有以虚假的合同主体身份与他人订立合同，以伪造、假冒、作废的票据或其他虚假的产权证明作为合同担保；接受对方当事人给付的货款、预付款，担保财产后逃之夭夭；签订空头合同，而供货方本身是"皮包公司"，将骗来的合同转手倒卖，从中谋利，而所需的物资则无法保证；供应商设置的合同陷阱，如供应商无故中止合同，违反合同规定等可能性及造成损失。

(3) 供应商信用风险：评估与初选供应商是采购部门的重要工作，而供应商的信用等级更是评估指标的重中之重。供应商的信用风险会使采购物品的品质、数量、交货期等环节存在隐患，从而使采购活动的各个环节隐藏风险。

3) 外部环境风险

(1) 经济风险：国际和国内经济形势的变动，以及这些变动给企业所在的产业带来的不利影响都会对企业的采购活动造成重大影响。

(2) 政治风险：国家政治局势是否稳定，国家新政策的出台及国与国之间的政治交往活动的友好与否都会对企业及供应市场造成巨大的影响，从而给企业的采购活动造成风险。

(3) 技术进步风险：由于科技的进步和产品的创新造成的企业已采购的原材料或零部件贬值，甚至需要被淘汰，从而造成的采购风险。

(4) 法律风险：我国目前制定了《政府采购法》《国有企业物资采购管理的暂行条例》

《招标投标法》等法律法规，如果企业在采购过程中违规操作，就会给企业带来法律方面的风险。

(5) 自然灾害风险：自然灾害如台风、暴雪、地震、洪水、病毒等不可预测的突发事件可能对企业的采购活动造成巨大的影响。

7.1.5 采购风险管理的程序

企业采购风险管理程序一般分为以下 5 个步骤。

1. 风险识别

风险识别是对企业或供应链可能遭受的供应风险进行预测分析，找出风险所在及引起风险的主要因素，并对其后果做出定性评估的过程。风险识别是风险管理的首要任务和基础工作，主要回答以下三个方面的问题：一是有哪些风险应当考虑，二是引起这些风险的主要因素是什么，三是这些风险所引起的后果的严重程度如何？风险识别是一个反复进行的过程，应尽可能地全面识别企业可能面临的风险。对风险进行分类和归纳是风险识别中常用的方法。风险分类应对反映企业所属行业或应用领域内常见的风险来源。检查表是风险识别中非常有效的工具。根据几类的风险数据和信息，特别是企业在风险管理过程中形成的数据集合风险管理知识库，可以较为完整地开发和编制企业风险检查表，从而提高风险识别过程的速度和力量。

2. 风险评估

风险评估是对已分析识别出来的风险进行定量测绘，确定某一风险发生的后果及其概率的程度。客观事物的复杂性，使我们在供应工作中经常不可能得到所需要的足够信息，但由于决策的需要又要对企业供应风险做出评价，为此，风险评估就有了客观估计和主观估计方法。凡是由大量调查数据计算而获得的风险概率和后果估计的组合便形成了客观事实，但这种客观估计毕竟仍属于预测范畴，并不等于现实。凡是由决策者或专家对事件概率做出的主观估计及对事件的后果做出的主观估计的组合便形成主观估计。主观估计中常用德尔菲法，根据合理的判断、搜集到的信息和长期的经验所做出的估计，再运用先进科学的加工整理方法，使之准确性进一步增强。这种方法适用于调查资料数据较少和事件紧迫的情况。在对企业供应风险评估时，也可采取客观估计与主观估计相结合的方法，既可弥补数据资料的不足，又可减少因主观评估造成的偏差。

3. 选择风险管理技术

根据风险评价的结果，为实现风险管理目标，选择与实施最佳风险管理技术是风险管理的第三步。实际中，通常采用几种管理技术优化组合，使其达到最佳状态。

风险管理技术分为两大类：一类为控制型技术(Control Method)；另一类为财务型技术(Financing Method)。前者是为了避免、消除和减少意外事故发生的机会，采取限制已发生损失继续扩大的一切措施，重点在于改变引起意外事故和扩大损失的各种条件；后者则是在实施控制技术后，对无法控制的风险所做的财务安排。这一技术的核心是将消除和减少风险的成本均匀地分布在一定时期内，以便减少因随机性的巨大损失发生而引起的财务上的波动，通过财务处理，可以把风险成本降低到最小程度。

4. 风险管理效果的评价

风险管理效果评价是指对风险管理技术适用性及其收益性情况的分析、检查、修正与评估。风险管理效益的大小取决于是否能以最小的风险成本取得最大的安全保障。成本的大小等于为采取某项管理技术所支付的各项费用与机会成本之和。而保障程度的高低取决于由于采取了该项管理技术后减少的风险直接损失和间接损失之和,若前者大于后者,说明该项管理技术是不可取的;若后者大于前者,该项技术是可取的,但不一定是最佳的。从经济效益来讲,最佳技术是指各项可供选择的技术中,下述比值最大的风险管理技术:

效益比值＝采取某项技术后减少风险的损失÷采取某项技术所付的费用

5. 风险管理周期

风险管理周期是指风险管理的五个阶段,即风险识别与评估、预防与控制、风险评价、管理技术选择和效果评价周而复始、循环往复的过程。风险管理是一个动态反馈的过程,在这一过程中需要对决策进行定期的评价和修正。随着时间的推移和情况发生变化,风险管理的内容会有所变化,管理这些风险的方法亦要随之而变。

7.2 采购风险的内部控制

采购风险的防范和控制首要从企业内部开始,我们通常会从以下五个方面进行规范管理:统一管理、职能分离,明确需求与规划供应,注重招标过程的风险防范,加强合同管理,加强采购人员和管理人员的风险防范意识。

7.2.1 集中管理、职能分离

采取集中管理、职能分离的方法可有效地控制采购风险。将隐蔽的权利公开化、集中的权利分散化,是企业内部控制采购风险应遵循的指导思想。由企业采购部门集中管理,并将采购人员过于集中的权利按职能分散,从而形成相互制约的监督机制。

1. 建立集中统一的采购管理体制

集中统一的采购管理体制是以集中统一、专业化采购与专业化管理有机结合为主要特征,以"归口管理、集中采购、统一储备、统一结算"为主要内容的采购管理体制。

(1) 归口管理。企业从总部到各直属企业均由一位领导分管物资采购工作、一个部门归口负责采购管理工作,主要包括规章制度建设、体制机制建设、计划管理、质量管理、储备管理、供应商管理、价格管理、绩效管理和队伍建设等内容。

(2) 集中采购。企业可以对生产经营、工程建设、科研开发等所需物资实施统一对外采购。通用重要物资由企业总部采购部门牵头统一对外实施集团化采购,其他物资由各直属企业采购部门集中采购。

(3) 统一储备。企业总部统一储备和各直属企业集中储备相结合的储备体制,通过电子商务系统和ERP系统实现储备资源共享。集团化采购物资由总部物资装备部牵头组织统一储备和统一配送,各直属企业对本单位所需物资实施集中储备和统一配送。

（4）统一结算。采购资金由企业总部和各直属企业采购部门统一使用，财务部门依据采购付款申请统一结算。

2. 实行采购环节职能分离

专业化分工流程化操作，强化物资需求规律分析、供应市场研究、供应商关系管理、过程控制等专业化管理职能，分置供应商选择权、价格确定权、贷款支付权等采购核心权力，建立采购业务流程之中、环节之间既相互配合，又相互制衡，具有系统自动纠偏功能的运行机制。

具体来讲，采购环节中主要的业务活动有确定物品及需求量，寻找合适的供应商和合适的价格，评估供应商及选择价报价，与供应商签订合同，检验收到的物品，台账登记，核准付款等。各项业务活动都应有专人负责，审批人不能同时办理寻求供应商和索价业务；物品的采购人不能同时负责物品的验收工作；审核付款的人不能同时是付款人。通过职能分离可以把集中的权利分散开来，避免人为的采购风险，如贪污腐败。

7.2.2 科学的明确需求

明确需求和规划供应是采购供应过程的起点。如果这一步没有做好，那么后面的所有步骤都将是有缺陷的。所以正确地走出第一步至关重要！在许多组织中普遍存在的问题，是采购供应职能在明确和规划需求的过程中未得到充分的重视。这将给企业带来严重的问题和不必要的成本，例如，不得不实施应急采购，无法应用较好的商业实践，导致效率低下，在对供应商的关系处理上出现问题等。

1. 明确需求阶段的风险

1) 紧急采购

企业经常出现的问题是内部用户不到最后阶段不涉及采购供应部门。只有当需求变得很紧迫时，他们才首次意识到这一需求，向采购部门提出，从而变成紧急采购。而紧急采购将导致质量下降，成本增加，服务水平变差，也表明了企业管理混乱。

2) 忽视好的商业实践

(1) 在特定的已知产品的基础上书写限定性的说明。这将出现一些问题，例如，一个使用者仅仅熟悉给定的供应商的产品并以此作为说明的基础。这种做法阻碍了竞争并为供应商提供了额外的议价力量，因为他们知道购买者除了从他们这里购买别无选择。

(2) 在可以买到标准部件的时候设计定制部件。很明显，定制部件比标准部件更昂贵。采购供应部门是知道标准部件在哪些市场上可以买到的，如果没有标准部件能够恰当地满足设计的要求，那么调整其他方面的设计以适应标准部件仍可具有较高的成本效率。

(3) 对资源的确认将是困难的。若使用者并不十分清楚哪些供应市场是可以利用的，他们就无法或难以明确需求。例如，某一等级的材料可能只有有限的商业应用，因此这是一个非常有限的供应市场。

(4) 过分细化。目前，有过分细化的趋势。使用者往往不管是否确实需要，只追求"使用最佳产品"而不考虑成本因素。由于过分细化，使用者减少了失败的可能性及由此招致的非难。这样，使用者可以无须确定严格的公差，要求专业化的机器设备和较长的生产时间并加大了成本。采购人员在这里应扮演向导和"内部警察"的双重角色,以确保使用者不将过高成本的产品纳入说明。

(5) 不易向供应商解释清楚。当使用者不能完全确定他们需要什么的时候,可能出现另一个问题,即可能导致供应商不能了解到底需要什么。采购供应部门可以复审说明,但这可能产生延误。最糟糕的情况是,不恰当的说明使供应商交付的产品和服务不能满足实际需要。

2. 需求风险的控制

1) 企业在明确需求的早期就要考虑采购供应问题

为了有效果和有效率,采购供应部门应当及时了解需求,以便采购供应部门恰当地规划和管理采购过程。例如,当出现对同种产品的多项需求时,采购供应部门可以将这些采购集中起来,以获得有吸引力的谈判价格,并确保这些需求纳入供应商的生产流程中。如果要采购一种新产品,早期的通知单将给予采购供应部门较充裕的时间,以调查潜在供应市场并在新产品首次需要之前让供应商做好安排。

2) 为明确需求,需要在不同层次上保持互动

使用者可能在开始的时候就需要明确采购说明的某些方面,如采购的数量。而在最终确定其他方面之前需要有关供应商能力的信息。比如,在明确交货期之前就需要有供应商的介入。因此,制定采购说明往往是采购供应部门和供应商之间在各阶段反复互动的过程。采购的产品越复杂,相互作用就越大。

3) 采购供应是一个跨职能的过程

采购说明所需要的信息往往是由大量的企业内部资源提供,每一职能部门扮演一个角色。例如,工程技术部门制定技术规格,而生产部门确定数量和交付要求。财务部门在必须承办采购的前提下,决定财务上的约束。采购供应部门决定将合同中需考虑的问题加入说明,并且要与所期望的供应商关系相一致。所以,准备采购说明往往需要一个跨职能团队的共同努力。

4) 采购供应部门应贡献自己在市场方面的知识

采购供应部门应该利用其对供应市场上各种产品成本的了解作出抉择,在说明的制定过程中发挥作用。采购管理人员通常都与供应商有密切的联系并参与对供应市场的监管,因此他们比使用者更了解当今供应市场的发展,知道什么样的选择是有价值的。所以,市场发展和选择方面的知识应当被吸收到制定说明的团队中。

5) 为供应商的参与提供便利

采购供应部门还可以促使供应商介入说明的制定过程。在准备新的说明时,供应商具有使用者在公司内部无法得到的经验和专有知识,这一点是非常重要的。供应商可能会对某一设计问题提出一种新想法或提供一种新视野,这对提升企业的创造力和创新能力具有积极意义。他们还会提供改进质量、缩短提前期、降低成本等方面的想法。

让供应商了解公司需求的最好的方式,是让他们在适当的时候介入说明的制定过程,操作起来也很方便。

7.2.3 注重招标过程的风险防范

1. 招标采购过程存在的风险

(1) 信息不对称风险。在进行招标采购前,招标方需要对所采购物品及其供应市场的发展状况有个清晰的认识,因此需要进行大量的调查研究。由于招标方在信息技术和专业水平等方面和供应商还是有较大的差距,对市场的信息掌握程度也不如供应商全面,这种限制容易导致招标方在采购过程中处于明显的信息劣势,无法顺利达成有利于招标方的谈判,在具体的操作过程中这种信息劣势还会导致招标方无法及时发现供应商虚报价格、以次充好的问题。

(2) 围标、串标风险。招标法律法规的监督力度目前还不够,而围标、串标具有隐匿性,在实际招标采购过程中,招标人或者评标委员会很难发现投标过程中的围标、串标行为。一旦此类行为没有被发现,那么经评标委员会评审后确定的中标人,将不会是择优选择出来的投标人。

(3) 招标文件编制风险。招标文件是投标人编制投标文件的主要依据,招标文件和中标人的投标文件是招标人和中标人签订合同的主要依据,因此,招标文件对双方签订的合同有一定的影响。招标人在编制招标文件时,如果没有考虑到合同在履行过程中对当事人之间的权利义务关系的决定作用,以及在合同履约过程中对承包商的制约因素,这将导致投标人在编写投标文件时,对于双方权利义务的认识不够透彻,使得承包商在招标项目实施过程中,不能按照招标人的真实想法完成项目,这有可能达不到招标人建设项目的目的。

(4) 投标报价低于项目成本的风险。相关法律规定,投标人的投标报价不能低于项目的成本。若投标人的投标报价低于项目成本,同时,投标人对报价低于项目成本,可以给评标委员会一个可以接受的合理的解释,那么这个投标报价是合理的。但在实际招标采购过程中,由于某种原因,使得评标委员会没有及时发现这一问题,或者评标委员会在投标人没有给出合理解释的情况下,接受了投标人低于成本的报价,此时确定的中标人,将不能满足招标人的要求。

(5) 评标风险。评标阶段是招标投标过程中的关键阶段,评标阶段的工作主要由评标委员会完成,评标结束后,评标委员会推荐1~3名投标人作为中标候选人,招标人从这1~3名中标候选人中择优一个作为中标人。因此,如果评标委员会成员在评标的过程中,接受了个别投标人的贿赂,或者评标委员会成员的专业水平不高,这势必会产生一个不客观、公平和公正的评标结果,评标委员会评选出的中标候选人不是一个最优结果,这将对招标人预期目的产生不良影响,甚至导致招标人最终选择一个完全不合格的投标人作为中标人。

2. 招标风险防范措施

(1) 成立招标风险管理小组。招标过程中经常出现内外勾结的串标行为,为了规避这类风险,在较为重大的招标活动开展之前成立专门项目的招标风险管理小组,邀请研发部门、财务部门、生产部门等共同参与、相互监督、相互补充,降低权力集中程度。同时,为不断完善招标的风险管理工作,招标风险管理小组在人员配备时应尽量做到知识结构合理,吸纳所需要的各方面人才并做到全员全过程风险管理。在招标管理工作中积极听取实际参与工作人员和专家的意见,吸收同行业优秀的招标做法,并根据工作进展和环境变化随时随地完善风险管理规划。

(2) 建立严谨合理的招标规章制度。在项目招标过程中，一方面要严格遵守我国招标投标法及招标投标法实施条例的相关规定，拒绝一切违法违纪的行为；另一方面，在项目招标组织内部还要针对此次招标工作，制定严格合理的规章制度，规范招标流程，对招标管理部门职责、招投标的立项及实施过程(招标文件的编制、队伍选择、发标、回标、开标、评标、定标审批)、审计等管理内容做出原则性的规定，从制度上尽可能杜绝风险发生的机会。

(3) 规范招标文件。招标小组应按照管理精益化要求，加强招标投标基础工作，制定、推行各类招标项目的招标文件范本。招标文件范本应根据不同采购项目的特点分别设定投标人资格条件和合同文本，分类别、分专业制定相对固定、科学的评标办法和评标标准，力求条款完善、内容合法、格式规范、切合实际。编制具体项目招标文件时不能简单套用范本，而是要充分结合招标项目实际和特点，对专业性强的采购项目可邀请专家咨询论证，确保招标文件既能通过使用范本实现规范化，也要有针对性地适应招标项目的个体需求。

(4) 完善组织的信息系统与数据管理。这里的组织是指实施招标的单位或企业。组织的信息系统与数据管理的完善有利于项目招标过程中获取足够的历史资料，包括以前类似项目所发生的风险及与企业有过合作关系的其他组织或潜在投标人的相关情况，以便于对某些风险因素了然于胸。在招标活动中可以根据现状与历史经验的结合，提前制定预警措施以预防应对整个活动过程中的意外情况。

(5) 建立招标反馈机制。招标结果的公开化、透明化对招标活动具有监督作用，被选中的供应商会被参加招标的其他单位企业评估对比，这样可以有效地防止招标单位和投标单位的暗地勾结，弄虚作假。同时，企业还要对其他参与招标的企业单位进行信息反馈，使其对真实情况有所认识，一方面帮助其改进自身短板或不足，另一方面为招标企业树立良好的信誉形象，方便其在今后的招标活动中被广大供应商所信赖。

7.2.4 加强合同管理

1. 合同的签订

物品采购合同的订立，是采购方和出卖方双方当事人在平等自愿的基础上，就合同的主要条款经过协商取得一致意见，最终建立起物品采购合同关系的法律行为。

物品采购合同是物品采购关系的法律形式，对于确立、规范有效的物品采购活动，明确买方与卖方的权利义务关系，保护当事人的合法权益具有重大的意义。要搞好物品采购合同这项工作，首先应订立好物品采购合同，这就需要掌握物品采购合同订立的原则、条款、方式、形式等法律规则和要求；其次，应能够区分有效的、无效的、效力待定的和可撤销的物品采购合同，以便依法判断物品采购合同的效力；再次，还应掌握物品采购合同履行中涉及的标的物权属转移和风险承担及物品采购合同的解除等有关问题；最后，应掌握法律对于违反物品采购合同应承担何种法律责任方面的规定。

2. 合同的审核

加强内部管理主要是为了保证采购物品的质量、交期，并控制价格，防止违法违纪行为的发生。如果说审定供应商是控制供应商风险的第一道防线，那么采购合同的审定则是第二道防线。一旦疏忽，审核不严，合同盖章生效后损失就无法挽回。

为了切实把好这一关，必须建立健全合同审核和责任制度，形成相互监督、层层把关的制约机制。

(1) 审批的权限。例如，亚星公司 5 000 元以下物品由处级负责人审批，5 000～30 000 元物品由分管副总经理审批，30 000 元以上的大型设备和成套设备，必须进行公开招标，经总经理办公会讨论同意后执行。

(2) 经主管领导审查签字后的合同交予合同管理员审核并加盖合同专用章。

(3) 主管领导对其所审查合同的可行性负责，合同管理员对其审核合同的合法性负责。

(4) 合同管理员有权对不符合规定情况的合同拒绝加盖合同专用章。

3. 合同的履行

合同一经签订，即具有法律效力。但由于种种原因，在合同的履行过程中仍会出现不能准时交货或物品质量、数量等差错造成的损失，因此在合同的履行过程中仍要采取催交催运、验收和货款结算等保证措施。

(1) 催交催运。在合同的执行过程中，催交人员要经常与供应商联系，对即将到期的合同要抓紧催交。催交一般采用函电方式，但对于一些重要物品，可派专人对供应厂家监制。

(2) 验收。为保证采购物品的品种、数量、质量符合要求，仓储部门要检验收到物品的品种、数量，填写入库单；质检部门要检查物品的质量，并在入库单上签署意见。

(3) 货款结算。财务部门必须凭生效的合同、书面验收证明、入库单、正规发票和领导签单才能办理支付。

7.2.5　加强采购人员和管理人员的风险防范意识

采购人员是采购项目的责任人，要从提高职业素质、工作技能、加强职业道德约束等方面控制风险。

1. 建立健全采购岗位责任制

明确各个岗位职责，监督采购人员履行岗位职责和义务，遵守有关的法律、法规。加强内部控制管理，让风险意识和质量意识植根到每个员工的脑海中，贯彻落实到日常的每一项工作中。做好采购人员的选拔、聘用，培养和造就一批职业素养较高的采购人员，在人力资源上降低采购风险。

2. 加强职业道德约束

实施采购人员职业道德教育工程，通过多种形式的宣传教育，创造良好的工作氛围，让采购人员时刻意识到，高尚的职业操守是采购人员生存的基本原则。另外，创建浓厚而积极的企业文化，在潜移默化中增强采购人员职业道德情操，减少采购风险。

3. 定期实行采购人员轮岗制度

对采购工作各个岗位进行分析评估，制定量化考核指标。对采购人员的技能素质、心理素质和潜质等进行分析。建立内部劳动力市场，通过轮岗制度，实现采购人员和岗位的最佳配置。从而实现既有利于发掘个人潜能、拓宽知识面，找到自己最适合的岗位，又有利于避免滋生腐败，进一步降低采购人员的采购风险。

4. 加强人员素质培训

企业应当建立正确的风险管理的企业文化，并且通过定期的培训教育，提升员工对风险认识的深化，帮助员工形成一种风险防控的意识。同时，企业可以设计必要的采购人员技能培训课程，帮助企业员工在专业技能和知识上提升进步，吸收同行业同部门的优秀实践做法，定期对采购人员的专业技能进行考核，整体提升采购部门的技术水准。

案例 7-2

招标采购的背后

2004年10月，国家发改委和卫生部委托两家社会采购代理机构(中国远东国际贸易总公司、国信招标有限责任公司)通过公开招标，对国家医疗救治体系项目——血气分析仪进行采购。评标方法为综合打分法：商务15分，价格30分，技术55分。2004年10月，北京现代沃尔参加了其中两包采购血气分析仪的投标，但开标结果却让他们大吃一惊。

2004年11月19日和12月21日，两次竞标结果显示，中标者均为广东开元医疗设备有限公司，而其投标价格是所有供应商中最高的，为8万元。排名第二的北京现代沃尔的投标价格为每台5.68万元。

北京现代沃尔(原告)前后向采购人及两家代理机构提出了同样的书面质疑，主要内容为：①原告的产品品牌、质量、价格都很合理，但未能中标，希望给予不中标的理由；②招标文件中没有写明具体的评标方法、打分标准、计算公式；③评标委员会招标人对投标人文件有异议的情况下，应要求投标人对投标文件有关事项做出解释或澄清，但原告未接到评委会的质询；④公示中标结果应当包括该项目评委会成员名单，以便接收投标人和社会监督；⑤中标供应商同样的产品在其他省份的价格比这次投标价格低得多，让人难以理解(中标商广东开元公司同样的产品在河北省投标价格仅为6.74万元/台，共计22台。而这次的中标数量为586台，价格却是8万/台。原告委托律师查证后发现，开元公司是家新成立的公司，不符合标书中对供应商的基本要求，而且投标文件凌乱不堪)。

令人吃惊的是，几乎如出一辙，两家代理机构在回复中都认为原告的产品在技术上与招标文件中的技术条款有一定的距离，但是并没有详细告知原告所投产品哪些技术指标不满足招标文件的要求，也未公布具体评标方法、打分标准、计算公式和评委会成员名单。原告再次就投标产品技术方面的分析，向国家卫生部、发改委提出质疑，但得到的答复实在不能令人满意。

在向采购人及其代理机构提出二次质疑未果后，2005年1月，北京现代沃尔以书面形式向负责同级政府采购的监督管理部门——财政部提出了投诉，要求财政部对上述采购事实和行为人进行查处。但是4个月过去了，财政部也没有对投诉做出明确答复。因此，北京现代沃尔以"财政部的不作为行政行为直接侵害了投标供应商的合法权益"为由提起行政诉讼，将财政部告上了法庭。

2005年5月20日上午开庭。被告人财政部提供了国务院的相关通知作为证据，并认为：医疗救治项目是国务院批准的重大建设项目，采用公开招标方式，应当适用招标投标法。按照国务院划分的行政监督职责，国家发改委是指导和协调全国招投标工作的主管，对重大项目有监督管理的职责。对于国家重大建设项目的投诉，应由国家发改委处理。

财政部代理人还辩称，接到原告投诉后，财政部并没有行政不作为，而是在2005年2月23日，请国家发改委、卫生部等有关人员召开协调会。会上研究决定，把此投诉移交发改委处理。这样不仅避免了两部门重复处理，而且符合法律规定。财政部也曾多次在电话里和原告公司负责人沟通，因此并不是没有给予企业任何答复意见。

2006年12月，一中院判决财政部败诉，要求其对原告的投诉做出答复。法院认为根据《政府采购法》，财政部应在本案中对招投标履行监督管理职责，而其却将投诉转给发改委，没有履行法定的监督管理职责。

(资料来源：锐思咨询)

7.3 采购风险的分散——供应链管理

7.3.1 风险分散的可行性

在传统的供应管理体制下，风险的分散主要采用选取多个供应商的采购方式。多家采购的确能够分散风险，但由于订单分散，难以形成规模而无法获得批量折扣，从而使采购成本加大。如今，实施供应链管理，可采用供应商管理库存和联合管理库存的方法，将存货的风险分散到供应链上的其他节点企业。不要有误解，实施供应链管理分散供应风险，并不是简单地将风险转移到供应商头上(这不是供应链管理的目的)，而是供应链上的各节点企业共担风险。一条小舢板很难抵御大风大浪，而供应链形成的航空母舰能经受暴风骤雨的考验。但是，供应链中的各节点企业均是具有独立经济利益的法人主体，均有各自独立的经济利益。是否能形成利益共享、风险共担的战略联盟，我们用博弈论来进行分析。

依据博弈理论，交易任何一方的收益不仅取决于他自己的行为，还要取决于与之交易的对方的行为，因此，企业交易中的博弈方式可以分为两类：合作与不合作。合作即博弈双方通过谈判达成协议，然后一致行动。不合作即博弈双方不能达成协议或达成协议后背叛协议，无法一致行动。由于利己主义的本性，交易双方的利益冲突在所难免，不合作的可能性更大。任何一方在他必须做出自己的策略选择时，并不知道另一方将会选择什么策略，但每一方都会对另一方将选择的策略做出预期。纳什均衡就是关于每一方选择的一对预期。这一均衡是建立在个体自身利益最大化基础上的。而囚徒难题则为我们描述了这样一种令人沮丧的事实：当个体都按自身利益行动时，其结果可能对双方都是灾难性的。换句话说，纳什均衡并不一定导致帕累托最优的结果。当这种博弈只进行一次时，当事人所采取的主要策略是不合作(背叛)；而当同样的博弈无限重复地进行下去，则可能采取合作的策略，使纳什均衡与帕累托最优统一起来。

假设甲、乙两个企业均可独立地选择合作与不合作(背叛)，那么用支付矩阵来表示博弈可有四种组合，如图 7.1 所示。

	企业乙	
	合作	背叛
企业甲　合作	(4,4)	(-2,6)
背叛	(6,-2)	(2,2)

图 7.1 支付矩阵

从图 7.1 中可以看出，甲、乙双方在一次性交易中只有策略组合(2,2)即均选择背叛是纳什均衡。当甲选择背叛的策略，乙所能做的最佳选择就是背叛，因为选择背叛得到的收益2大于合作的收益-2。同样，当乙选择背叛的策略，甲所做出的最佳选择也是背叛，因为这样的选择得到的收益是2而非-2。但这一纳什均衡并未达到帕累托最优。从图中我们可以看到，双方均采取合作的策略(4,4)才是帕累托最优的选择，但这种情形在一次性的交易中很难做到。从企业甲的角度看，若乙采取合作策略，则甲采取背叛策略比合作策略的收益大(6>4)；同理，若甲采取合作策略，乙也同样采取背叛策略。甲、乙双方之所以均选择背叛策略，也是因为他们都估计对方将采取背叛的策略。

然而，如果这种交易在甲、乙之间反复进行，则情况大不相同。在重复博弈中，每个当事人都有机会树立合作的信誉，并以此鼓励对方也树立起合作的信誉，使"合作—合作"变为纳什均衡点。为达到这一均衡点，双方可采取"针锋相对"策略。甲可以对乙宣布如下策略：如果你采取合作策略，我将一直采取合作策略；如果你在半途偷换成背叛策略，那么我在下一次也采取背叛策略。只要双方均以长期利益最大化为目标，那么不合作的威胁就足以说服他们采取帕累托最优的策略。

由此我们可以得出结论，只要供应链中的各节点企业预期这种合作关系将长期持续下去，就会为长期共同利益的最大化而共担风险。

7.3.2 风险分散的方法

1. 与供应商共担风险

供应链是一个动态的战略联盟，各节点企业合作共赢的重要性日益凸显。而整个供应链上各个企业间环环相扣，相互依赖，形成一个利益共享、风险共担的共同体。通过与供应商建立合作伙伴关系可以使企业获得更多来自供应商的支持与协调，共同发挥各自的核心竞争力消除或缓冲供应链上的各种风险，从而使企业所承担的采购风险分散到企业所在的供应链上。例如，供应链中"牛鞭效应"会对这条供应链造成极大的负面影响，也使得企业在采购过程中无法科学的明确市场需求，而承担起巨大的库存风险、财务风险，甚至使各节点企业不再相互信任而导致该供应链瓦解。企业与上游供应商、下游分销商紧密合作、信息共享，打破批量订购，缩短订货提前期恰好是解决"牛鞭效应"的方法，也是企业分散采购风险的有效办法。

2. 帮助供应商改进

与合适的供应商建立基于相互信任基础的合作伙伴关系是企业获得供应商核心竞争力的有效方式，是企业创造价值的先进理念。当供应商不能完全发挥自身潜力，不能更为高效地提供企业所需产品或服务时，企业可以采取一系列支持活动来帮助供应商进行绩效的提升，这些活动可能包括分享技术，为供应商改进绩效提供激励，鼓励供应商之间相互竞争，提供资金及员工直接参与供应商的一些活动，如培训等。

帮助供应商改进一般包括以下流程。

(1) 明确企业需要开发的采购关键项物品。供应商的改进是针对采购关键项物品而进行的，由于这些关键项物品对企业十分重要，所以对其供应商的短期及长期绩效考核需要十分重视。

(2) 确定开发的供应商。对于同一项关键物品，其供应商可能不止一家，我们需要筛选出一家或少数几家刚好能够达到最低要求却不能提供较高水平的绩效能力的供应商。

(3) 与供应商管理团队沟通。帮助供应商改进是在双方都认为可以取得积极效果并乐意为此进行尝试的基础上，只有在一个积极的基调上，帮助供应商改进才能为企业带来效率的提升及效益的增加。

(4) 组建跨职能开发团队。在与供应商管理层取得一致意见后，企业需要组建一支跨职能开发团队来开展改进活动，而团队的成员通常是来自工程、质量、采购、财务等多职能部门的人员。

(5) 确定关键度量标准及成本分担机制。接下来要在可行性及潜在的项目投资回报两个方面对发展机会做出评估。双方参与人员需要确定这些改进机会是否现实。此外，采供双方还要就怎样划分或者说如何划分开发项目的成本及利益达成一致。

(6) 监测项目状况，在适当的时候对战略做出调整。在启动一个项目之后需要不断的对所取得的成效进行监测。更为重要的是，采供双方需要实时进行信息交流。

3. 开发新的供应商

当前世界许多大公司在供应商管理方面的理念都是减少供应商数量，维持在一个较低的数量水平。但需要清晰地认识到，减少供应商数量的同时也增加了许多风险因素，开发新的供应商需要根据企业的规模水平及供应商的能力、积极性进行综合的分析。对于当前供应商的能力无法满足企业需求并无法再进行改进的情况，企业需要开发新的供应商以规避供应商可能带来的质量、成本、交货期、产品创新等风险。

(1) 当现有的供应商无法进行改进以更为高效、稳定地满足企业需求，企业需要开发新的供应商以更为安全、及时和经济地供应采购物品。

(2) 尽管当前供应商在生产能力及服务态度方面都能很好的符合企业的日常需求，但为分散市场某一时期需求的大幅变动的风险及企业无法准确预测需求的风险，企业需要开发新的供应商以保证采购物品及时定量的供应。

(3) 供应商可以在任何情况下保证企业所采购物品的正常供应，但企业出于新产品开发战略、技术更新及地区发展战略，企业需要开发新的供应商以帮助企业获得设计、技术及供应商所在地区的市场影响力的优势。

案例 7-3

麦当劳的福喜供应危机

1. 事件回顾

2014年7月20日上海电视台曝光了上海福喜食品有限公司使用过期变质肉类加工为快餐原材料。上海福喜食品有限公司无视鸡肉等产品的保质期，将大量过期的鸡肉、鸡皮等原料重新返工，经过绞碎、裹粉和油炸等工艺后，制成麦乐鸡等产品重新出售。麦当劳的火腿味猪肉饼、麦乐鸡和肯德基香嫩烤肉堡、烟熏肉饼、芝士猪柳蛋堡及必胜客比萨猪肉粒等均在此列。同时，该企业还将霉变、发绿、过期7个多月的牛肉再切片使用。

2. 麦当劳深陷供应危机

7月25日，麦当劳(中国)宣布内地餐厅暂停使用一切来自福喜中国(包括其合资公司)的食品原料。28日的晚餐时间，在上海天钥桥路的麦当劳餐厅，只有麦香鱼、麦辣鸡翅、麦辣鸡腿堡3种主食在供应。大部分餐桌上只摆着饮料或冰淇淋。"所有汉堡中将暂时不含蔬菜"——麦当劳的官网上特意注明。

这意味着，福喜很可能是麦当劳唯一的蔬菜供应商。

这可能是自1990年麦当劳在中国开出第一家餐厅以来经历的最大的一次供应危机了。麦当劳一开始并没意识到事态会发展得如此严重。从宣布停止使用上海福喜的肉制品到停用来自上海福喜的原料，而后决定改换河南福喜的产品，到最后切断了所有和中国福喜工厂的关系，麦当劳称，最后这个决定是在"倾听了大家的声音之后"做出的。

据网易财经了解，相比百胜、德克士等使用福喜产品的企业，麦当劳遭受的"损失"不可同日而语。资料显示，截止到福喜事件之前，福喜是麦当劳在中国长江以北的唯一肉类供应商，供应中国北方地区超过400家麦当劳门店，早在2001年，其对麦当劳的总量就已经超过10 000吨。一位在麦当劳工作超过5年，不愿具名的麦当劳员工向网易财经表示，福喜供应的产品几乎涵盖了麦当劳所有快餐。"福喜供应麦当劳的产品包括鸡块、牛肉饼、猪肉饼，像麦当劳板烧鸡腿堡的鸡排、麦香鱼的鳕鱼排、鸡翅类产品中的鸡翅均是由福喜直接供应给麦当劳"。

随后麦当劳再次发布声明，称由于停用上海福喜供应的所有食品原料。"近期，全国部分餐厅可能出现产品断货的情况，由此给消费者带来的不变，我们深表歉意，恳请广大消费者予以谅解"。

3. 麦当劳业绩下滑

福喜事件之后，麦当劳在华受到的业绩冲击情况，随着第三季财报的"出炉"终于有了一个全貌。美国当地时间10月21日，第三季度成绩单显示麦当劳在全球开业13个月以上的餐厅营收下降了3.3%。营业收入为69.87亿美元，同比下滑5%，净利润10.68亿美元，同比大幅下滑30%，前三季度，营业收入下滑1%，至208.69亿美元，净利润下滑13%，至36.6亿美元。《华尔街日报》引述分析师分析称，如果不计税项等项目，这是麦当劳自2002年以来，表现最差的财季。

其中，受到福喜事件影响，亚太市场成为销售下滑幅度最大的市场，而销售收入下滑9.9%，在麦当劳自营的餐厅中，亚太区的餐厅利润下滑近半，大幅下滑49%，至1.12亿美元。受相关食品丑闻影响，中国业绩需要6~9个月的恢复期。

4. 福喜事件之后

由于更换供应商，麦当劳在国内的原料供应一度受到比较大的影响。因为肉类供应是通过提升现有供货商的产能来弥补，麦当劳中国称，自八月下旬全国所有麦当劳餐厅的肉类供应已经陆续恢复。至于蔬菜的供应，麦当劳预计从九月初开始将陆续恢复供应，预计九月第三周之后，全国的餐厅供应恢复正常。此外记者了解到，目前麦当劳还在对一家潜在的蔬菜供应商金州食品在中国进行审核，将从澳大利亚的金州食品短期进口生菜。

"福喜"事件之后，麦当劳中国公开了现在肉类和蔬菜供货商的名单。据其给南都记者提供的名单，目前国内肉类供应商有铭基、嘉吉、荷美尔、海神叉和圣农5家，这些都是麦当劳现有的供应商。而蔬菜供货商已经由福喜转换成创造食品。

受此次风波重创之后，麦当劳正在着手加强食品安全与质量管理体系。这些措施包括增加对食品供应商生产场所的检查频率；新增食品安全监察职能，直接向中国区首席执行官汇报；开辟食品供应商员工匿名举报热线等。

(资料来源：据新闻报道整理)

7.4 采购风险的转移——期货市场中的套期保值

在采购活动中，价格变化的风险无时不在。因为价格总会随着供求关系的变化而波动，这种波动往往会给生产企业带来意想不到的经济损失。尤其是企业需求量较大并且常年需要进行采购的物品。对于经常采购的原材料，如棉花、木材、铜、铝、化工原材料等，价格波动即使很小，但由于订购量大，造成的损失也会巨大。而期货市场的套期保值交易是一种运用较为普遍的有效方法，可以最大限度地规避这类风险。

7.4.1 套期保值的内涵

"套期保值"译自英文 hedging，又译作"对冲"。传统概念的套期保值是指在期货市场上进行与现货数量相等但交易方向相反的期货合约操作，以期在将来某一时间用一个市场的盈利来弥补另一个市场的亏损，从而有效地规避现货市场价格波动的风险。也就是说，套期保值是通过期货和现货两个市场来共同完成的，不能简单地把两个市场分割开来评价其作用。

许多企业已经意识到，在价格剧烈波动的背景下，不参与套期保值将使企业置于现货市场价格波动的风险之中。现货市场价格出现极端性的波动可能使企业将面临极大的风险。然而，尽管企业有意识参与套期保值，但对期货有各种各样不同的理解：有些企业认为期货是风险很高的投机工具；有些企业则将期货市场当成纯粹的产品购销渠道。

套期保值作为期货市场的最重要的功能之一，是期货市场产生和发展的基础。套期保值理论从其渊源上分析，早期主要来自凯恩斯和希克斯的观点。他们最早从经济学的角度对传统的套期保值理论进行了阐述，认为套期保值者参与期货交易的目的不在于从事期货交易中获得高额利润，而是要用期货交易中的获利来补偿在现货市场上可能发生的损失。早期的套期保值理论一般认为，只要交易者在现货市场和期货市场上进行"数量相等，方向相反"的均衡交易，就可以有效地转移价格风险。继凯恩斯和希克斯之后，朱利叶斯·贝尔(Julius Bell)和奥林·萨克森(Orin Sexon)不仅详细阐述了套期保值的保险功能，同时，明确指出套期保值不是投机。他们认为套期保值的整个目的是转移信用风险和价格风险，而使之最小化。套期保值不是为了盈利，不是投机，也不是出于其他目的，而是为了锁定已有的利润，或是限定已经存在的损失。正是由于这一目的，人们才把套期保值作为价格和信用保险。该理论还强调，套期保值者要避免投机性风险，必须放弃获得投机性利润的机会。

1. 套期保值的原理

套期保值是通过在现货和期货两个市场进行数量相等方向相反的操作来规避现货市场价格波动的风险。套期保值能否防范价格风险，在于套期保值的可能性，即套期保值的实现需要一定的条件。

1) 标准化合约与相关现货商品有可替代性

期货合约都是标准化的，交易所对期货合约交易单位、报价单位、最小变动价位及交割产品的质量、数量和等级都做出了明确的规定。交易双方不会由于对期货合约的不同理解而产生任何争议；合约期满，实际交割时也不会引起任何纠纷，并且合约具有法律效力，具有履约保证性。因此，交易者很自然地将期货合约作为自己未来在现货市场买进、卖出现货商品的临时替代物。

2) 期货价格与现货价格的变动趋势基本一致

作为对于远期现货市场价格的预期，期货市场受到与现货市场影响现货商品价格波动的供求变动因素的影响。当特定的因素变化引起现货市场价格上涨(下降)时，相同商品的期货价格也会受此影响而出现(上涨)下降。尽管现货和期货价格变动的幅度可能会不一致，但变动方向在大部分情况下是一致的。期货和现货市场价格波动趋势的一致性使得套期保值者可能通过期货市场与现货市场上的反向操作来消除现货市场价格波动带来的不利影响，从而达到保值的目的。

3) 随着期货合约到期日的临近，现货价格与期货价格趋向一致

期货合约都有到期日。期货交易规定，合约到期时必须进行实物交割。临近交割日时，如果期货价格与现货价格不同，期货与现货两个市场就会存在一定的套利机会。如果期货价格高于现货价格就会有套利者买入低价现货，卖出高价期货。在期货交割之后，以现货市场上购买的现货进行交割。当期货价格低于现货价格时，则进行相反的操作。这种套利交易最终使期货价格和现货价格趋于一致。

总之，套期之所以能够保值是因为同一种特定商品的期货和现货的主要差异在于交货日期前后不一，而它们的价格则受相同的经济因素和非经济因素的影响和制约。而且，期货合约到期时必须进行实货交割，这使得现货价格与期货价格趋于一致。因此期货价格与现货价格具有高度的正相关性。在具有高度正相关性的两个市场中进行反向操作，必然能够达到对冲的效果。正是上述经济原理的作用，才使生产、加工和流通企业能利用期货市场进行套期保值规避风险。

例如：某一个生产企业的主要原材料为 1#电解铜，现货价 30 000 元/吨，该厂根据生产计划 10 月份需要这种铜 100 吨，由于最近电解铜价格有上涨的趋势，于是该厂在期货市场上以 29 950 元/吨，买入 10 月份交割的期铜 100 吨。到了 10 月份，电解铜价格果然上涨到 35 000 元/吨，期货价格也上涨到 34 945 元/吨，这时该厂以 35 000 元/吨买进 100 吨现货的同时，期货以 34 945 元/吨价格卖出平仓。这样现货市场上因价格上涨而多付的 50 万元，由期货市场的盈利 49.95 万元加以弥补，从而回避了价格波动的风险。

用套期保值的结果完全抵消掉现货价格波动引起的风险是不太可能的。这是由于期货价格和现货价格的变动很难完全一致，同时所需期货合约的数量也很难与企业所需数量完全相等，这里也还存在着基差风险和数量风险。

2. 套期保值交易的特征

从上面的定义和例子中可以看出，套期保值交易具有以下特征。

(1) 交易方向相反。就是指在做套期保值交易时，必须在两个市场上同时采用方向相反的买卖行为，进行相反的操作。也就是说在现货市场买入物品的同时，就需要在期货市场上卖出该物品的期货合约；反之，在现货市场卖出物品时，要在期货市场上买入该物品的期货合约。

(2) 物品种类相同。就是指在做套期保值交易时，所选择的期货合约中的物品与现货交易市场上的物品的种类相同。这是因为只有同一种物品，期货市场和现货市场的价格因素才能基本相同，在两个市场的价格走势才能大致相同，这样才有利于套期保值的顺利进行。

(3) 物品的数量基本相等。就是指要以现货市场上买卖的物品数量为准，在期货市场上买卖的物品数量要与现货市场上买卖的物品数量基本相等。这是因为套期保值交易是利用两个市场之间的相互对冲，互相弥补进行的，是用一定数量的期货物品买卖的盈亏来冲

抵相同数量的现货市场物品买卖的亏盈。

(4) 日期相同或相近。就是指在做套期保值交易时，所选的期货合约的交割日期一定要和将要在现货市场的买卖的日期相同或相近。这是因为期货合约交割期到来时，期货价格和现货价格之间有一定的趋合性。

3. 期货市场的分类

(1) 农产品期货。农产品期货是期货交易的起源品种，也是产生最早的期货品种。芝加哥期货交易所(CBOT)是目前全球最大的农产品期货交易所，交易玉米、大豆、小麦、豆粕、豆油等多种农产品期货合约。

(2) 金属期货。最早的金属期货合约诞生于英国，伦敦金属交易所(LME)开了金属期货交易的先河。目前主要经营品种有铜、锡、铅、锌、铝、镍、白银等。另外，纽约金融交易所(COMEX)和东京工业品交易所(TOCOM)也是较为重要的国际金属交易所。

(3) 能源期货。能源期货始于1978年，包括原油、取暖油、燃料油、汽油、天然气等多个品种，其中，原油期货交易最为活跃。原油期货也是世界上最大的商品期货品种，美国纽约商品交易所(NYMEX)和英国伦敦国际石油交易所是最主要的原油期货交易所。

(4) 金融期货。在金融期货中，率先出现的是外汇期货。1972年5月，芝加哥商业交易所(CME)设立了国际货币市场部分(IMM)，首次推出包括英镑、加拿大元、西德马克、法国法郎、日元和瑞士法郎等在内的外汇期货。之后，伦敦国际金融期货交易所(LIFFE)和新加坡国际金融交易所(SIMEX)等也相继推出外汇期货。

1975年10月，芝加哥期货交易所上市国民抵押协会债券(GNMA)期货合约，从而成为世界上第一个推出利率期货合约的交易所。之后，利率期货迅速发展成为交易量最大的期货品种。芝加哥期货交易所与1977年8月上市的美国长期国债期货合约成为迄今为止国际期货市场上交易量最大的金融期货合约。

1982年，美国堪萨斯城期货交易所(KCBT)开发了价值线综合指数期货合约，标志着股指期货的诞生。

至此，金融期货三大品种外汇期货、利率期货、股指期货均上市交易。

(5) 期货期权。1982年10月1日，美国长期国债期货期权合约在芝加哥期货交易所上市，引发了期货交易的又一场革命，这是20世纪80年代出现的最重要的金融创新之一。期权交易不仅能给现货商提供规避风险和套期保值的工具，对于进行期货交易的期货商也有规避风险的作用。目前国际期货市场的基本态势是商品期货保持稳定，金融期货后来居上，期货期权方兴未艾。

7.4.2 物品期货套期保值

物品期货套期保值，根据套期保值者是预先在期货市场上占据买方位置还是卖方位置来划分，一般有两种类型：一是卖出套期保值或空头套期保值，二是买入套期保值或多头套期保值。

1. 卖出套期保值

卖出套期保值交易是指持有现货的生产商、加工商、出口商、储运商，担心价格下降带来的风险，可先在期货市场卖出与将要在现货市场卖出的现货物品数量相当，交割日相同或相近的该物品的期货合约，即预先在期货市场上卖空，持有空头头寸。然后，在现货市场卖出该现货物品的同时，买进与原先所卖出的期货合约数量相等、交割日期相同的该种物品的期货合约。做了卖出套期保值后，如果价格果然下跌，由于现货市场与期货市场上价格的趋合性，那么现货市场上的亏损可以用期货市场的盈利来弥补，达到保值的目的；反之，如果价格没有下降反而上涨，那么现货市场的盈利就要用来弥补期货市场上的亏损。

【例 7.1】某年 7 月份，大豆的现货价格为 2 010 元/吨，某农场对该价格比较满意，但是大豆 9 月份才能出售，因此，该单位担心到时现货价格可能下跌，从而减少收益。为了避免将来价格下跌带来的风险，该农场决定在大连商品交易所进行大豆期货交易。以 2 050 元/吨的价格卖出 10 手 9 月大豆合约，到了 9 月，大豆现货价格变为了 1 980 元/吨，期货价格变为了 2 020 元/吨，该农场将收获的大豆卖出，同时买入 10 手大豆合约将原有合约对冲。交易情况见表 7-1。

表 7-1 现货与期货市场大豆价格的比较

	现 货 市 场	期 货 市 场
7 月份	大豆价格 2 010 元/吨	卖出 10 手 9 月份大豆合约：价格为 2 050 元/吨
9 月份	卖出 100 吨大豆：价格为 1 980 元/吨	买入 10 手 9 月份大豆合约：价格为 2 010 元/吨
套保结果	亏损 30 元/吨	盈利 30 元/吨
最终结果	净获利 700×100－700×100＝0(元)	

2. 买入套期保值

买入套期保值交易是指那些将要在现货市场上买进现货物品的企业，担心将来买进现货时价格上涨，做买入套期保值以回避价格风险。套期保值者先在期货市场上买入与其将在现货市场上买入的现货商品数量相当且交割日期相同或相近的该商品的期货合约，即预先在期货市场上买空，持有多头头寸；然后，在现货市场上买进现货商品的同时，在期货市场上进行对冲，卖出原先买进的该商品的期货合约，对现货市场上买进的现货商品进行保值。和卖出套期保值交易一样，不论价格如何变化，两个市场上的盈利和亏损相互弥补，达到保值的目的。

【例 7.2】某年 9 月份，某油厂预计 11 月份需要 100 吨大豆作为原料。当时大豆的现货价格为每吨 4 550 元，该油厂对该价格比较满意。据预测 11 月份大豆价格可能上涨，因此该油厂为了避免将来价格上涨，导致原材料成本上升的风险，决定在大连商品交易所进行大豆套期保值交易。交易情况见表 7-2。

表 7-2 现货与期货市场大豆价格的比较

	现 货 市 场	期 货 市 场
9 月份	大豆价格 4 550 元/吨	买入 10 手 11 月份大豆合约：价格为 5 090 元/吨

续表

	现 货 市 场	期 货 市 场
11月份	买入 100 吨大豆：价格为 5 050 元/吨	卖出 10 手 11 月份大豆合约：价格为 5 590 元/吨
套保结果	亏损 500 元/吨	盈利 500 元/吨
最终结果	净获利 500×100－500×100＝0(元)	

3．综合套期保值

综合套期保值交易是指同时运用买入套期保值和卖出套期保值为将要在现货市场上卖出和买进的商品进行保值的综合套期保值交易。在实际生活中，多数经营者往往同时既是买方又是卖方，所以他们既可以单独进行买入套期保值和卖出套期保值，也可以做综合套期保值。

7.4.3 外汇期货套期保值

外汇是指以外币表示的用于国际结算的各种支付手段。外汇国际、国内市场上是需要买卖的，一国货币与另一国货币进行交换时汇率就因之而出现。外汇汇率会受各种因素的影响而不断变化，许多跨国公司、进出口公司，以及外汇管理机构都以期货交易来进行套期保值，规避因汇率变动引起的风险。也就是利用外汇期货交易确保外币资产或外币负债的价值不受或少受汇率变动带来的损失。和物品期货套期保值一样，外汇套期保值也有两种类型：卖出套期保值和买入套期保值。

1．卖出套期保值

企业有暂存于外国银行的外汇存款或外汇贷款，用以采购国外的物品，但往往是拥有某国的货币如日元，却要购买另一国如美国的物品，就需将日元兑换成美元，为规避汇率变动的风险，可先行在外汇期货市场卖出该种货币的期货合约，进行卖出套期保值。

【例 7.3】某企业 5 月份接到通知，4 月份后将有一笔日元 2 500 万元的贷款到位，准备购买德国的设备，但需支付美元。5 月份外汇市场上美元对日元的汇率为\$0.0083/¥1，该企业预计四个月后美元将升值，到时 2 500 万日元可能因汇率变动将遭受损失，于是通过期货市场预先卖出为期四个月的日元期货合约。具体操作见表 7-3。

表 7-3 现货与期货市场期货汇率的比较

月 份	现 货 市 场	期 货 市 场
5月份	外汇现货市场汇率为\$0.0083/¥1，如果现在收到货款 2 500 万日元即可买到 20.75 万美元	卖出为期四个月的日元期货合约 2 份，每份 1 250 万日元，期货市场成交汇率为\$0.0081/¥1，成交价值为 20.25 万美元
9月份	现货市场的汇率为\$0.0080/¥1，该企业收到货款 2 500 万日元后，立即在外汇市场上卖出，得到 20 万美元	买入 9 月份的日元期货合约 2 份，买入的汇率为\$0.0078/¥1，成交价值为 19.5 万美元
	因汇率变动亏损 0.75 万元	对冲后盈利 0.75 万元

该企业由于采取了外汇卖出套期保值，外汇现货市场上因汇率下降造成的亏损就由外汇期货市场上的盈利弥补，回避了汇率变动造成的损失。

2. 买入套期保值

某些进口物品、采购部门将要支付的货款，可先行在外汇期货市场上买入同等数量的外汇期货合约，等到将来在现货市场买入所需外汇时卖出原先购进的外汇期货合约，进行外汇买入套期保值。

【例7.4】某企业采购部门6月份从德国进口一批汽车零件，预计4个月后必须在外汇现货市场买进100万马克以支付货款，为了回避4个月后马克升值带来的风险，该企业采购部门先在期货市场买进100万马克的期货合约，进行外汇套期保值。具体操作见表7-4。

表7-4 现货与期货市场汇率的比较

月 份	现货市场	期货市场
6月份	现货市场德国马克汇率为$0.65/IDM，购买100万德国马克需65万美元	买入10月份德国马克期货合约8份，每份12.5万，汇率为$0.66/IDM，8月份期货合约价值为66万美元
10月份	汇率上升为$0.68/IDM，买入100万德国马克需68万美元	卖出原先购进的德国马克期货合约8份成交汇率为$0.69/IDM，应收69万美元
	因汇率变动亏损3万元	对冲后盈利3万元

在决定做套期保值前，应对价格走势做出分析。分析价格升降的可能性有多大？即价格变动的概率。价格下降的幅度有多大？以计算其损失的大小，即升降可能性的概率升降幅度；再计算总损失是多少，即商品总价值×损失数量；最后计算保值需支付的费用是多少，包括保证金的利息、佣金、基差变量等。如果损失大于保值费用，自己又无力承担这种风险，那就进行套期保值；否则就不进行套期保值。

进行套期保值，还要计算基差。基差是指某一地点的该商品现货价格减去期货价格之差。在下列情况下进行卖出对冲是有利的，见表7-5。

 资料卡

基 差

基差是衡量现货价格与期货价格关系的重要指标，许多研究证明，基差的变动远远小于现货价格或期货价格的单独变动。因此，它具有波动性、相对稳定性和趋零性的特征。

表7-5 进行卖出对冲是有利的

现货市场价格走势	期货市场价格走势	现货市场盈亏	期货市场盈亏	基差	总盈亏
平稳	下降	不盈不亏	盈利	弱变强	盈利
上升	平稳	盈利	不盈不亏	弱变强	盈利
上升	下降	盈利	盈利	弱变强	盈利
大幅上升	上升	盈利大	亏损少	弱变强	盈利

续表

现货市场价格走势	期货市场价格走势	现货市场盈亏	期货市场盈亏	基差	总盈亏
下降	大幅下降	亏损少	盈利多	弱变强	盈利
从现货价格＜期货价格 转到 现货价格＞期货价格				弱变强	盈利

总之，负向基差缩小，说明基差由弱到强，即基差强劲，这时卖出套期保值有利。在下列情况下进行买入对冲才是有利的，见表7-6。

表7-6 进行买入对冲是有利的

现货市场价格走势	期货市场价格走势	现货市场盈亏	期货市场盈亏	基差	总盈亏
平稳	下降	不盈不亏	盈利	强变弱	盈利
下降	平稳	盈利	不盈不亏	强变弱	盈利
下降	上升	盈利	盈利	强变弱	盈利
上升	大幅上升	亏损少	盈利多	强变弱	盈利
大幅下降	下降	盈利多	亏损少	强变弱	盈利
从现货价格＜期货价格 转到 现货价格＞期货价格				强变弱	盈利

总之，正向基差缩小，或负向基差扩大，说明基差由强转弱，即基差趋弱时，买入套期保值有利。

案例 7-4

我国榨油企业的套期保值采购

榨油企业在大豆期货市场上的套期保值应从采购大豆开始。由于榨油企业的经营能力、加工能力、财务安排、仓储能力等方面有局限性，通常在大豆原料有足够库存时，都需要库存有一定消化后才能进行采购。

1. 采购前买入套期保值

当大豆原料库存足够时，大豆原料的采购不会马上进行，这就意味着榨油企业为了避免日后采购大豆原料时价格上涨，需要在大豆采购前及时将采购成本锁定在一定的价格水平。因此，这时榨油企业应采取买入套期保值的做法为后期采购锁定成本。

例如：某榨油企业仓储能力2万吨/月，每日生产消耗大豆原料500吨，以每月20个工作日计算，月消耗1万吨，该榨油企业需要下月初采购大豆原料1万吨补库。但是企业负责人担心一个月后采购大豆时现货价格上涨，一个月后若大豆价格上涨，则他的原料成本就会增加，为了回避价格可能上涨导致成本上升的风险，决定实施买入套期保值策略。如果届时大豆现货价格果然上涨了，根据期货价格和现货价格具有同向性的特点，期货价格也会上涨，他就可以卖出上涨后的期货合约，并从中盈利，因为这时期货价格也上涨了。这样，虽然在现货市场上因采购价较高而遭受了损失，但是这个损失可以用期货上的盈利加以弥补。结果大豆的成本就被控制、锁定在一定范围。

2. 采购价格下跌时卖出套期保值业务

采购价格在下跌趋势中就不用套期保值了，因为价格每日都呈现出一定的下跌幅度，迟一天采购

采购供应管理

就能买到更便宜现货。可是库存就不一样了,因为在价格下跌过程中,库存的价格已被锁定在高位。这时库存的高价位大豆原料用于生产,生产出的产品成本会高于目前低价位采购的原料生产出的产品成本。由于目前原料价格的降低,产品销售价格也会不断地降低,这时同类产品成本高的就不能适应市场的需求,企业竞争力会明显下降。针对这一情况,榨油企业可以通过大豆期货市场开展卖出套期保值业务,为库存降低风险,为后期生产降低成本。

例如:上述的某榨油企业仓储能力2万吨/月,每日生产消耗大豆原料500吨,以每月20个工作日计算,月消耗1万吨。如果在大豆原料消耗了5 000吨,大豆现货、期货就形成了下跌趋势,这时就可以在大豆期货市场上卖出开仓1 500手期货合约,对库存15 000吨现货实施套期保值以降低生产成本。可以根据现货每日的出库情况在期货市场上平掉相应的头寸,也可以等库存消耗结束再全部平仓,或者当套期保值的库存消耗了一部分,但还没有全部消耗,有证据能证明下跌已结束而出现反弹时将套保持仓全部平掉,将在大豆期货市场上的盈利补到库存现货上,这样不仅能达到保值的作用,还可获得额外的利润。

3. 采购上涨时利用库存

但是,当现货价格不断上涨时,库存就不用做套期保值,因为现货价格不断上涨,库存的现货是价格上涨前入库的,用库存的原料生产,成本相对来讲也是比较低的,在市场上的竞争力也会很强。

以上是榨油企业控制生产成本的套期保值过程,生产成本得到有效控制后,生产就会顺利进行。榨油企业参与套期保值是要分阶段的,不同的阶段针对不同的现货品种进行。当然,榨油企业不论是买入套期保值,还是卖出套期保值,介入时机是套保成败的关键,是一项非常专业的工作,需要认真、客观的论证,更需要严谨、科学的套保介入方案。

本 章 小 结

采购风险管理是各企事业单位在进行采购时有效降低风险、提高效益的一种重要手段,也是企业关注的焦点。本章主要介绍了采购风险的概念、分类,企业的采购供应风险的控制程序,最后重点阐述了如何进行采购供风险管理,分别讲了风险共担(供应链管理)和风险转移(套期保值)这两种风险管理方法。

总之,企业的采购风险管理是企业在具有采购风险的环境中,如何最大限度地将采购风险降至最低,在现实情况中,针对这一优化过程的方法策略还有很多,我们应该将多种有效方法进行有机的结合,最终将企业的采购风险降至最低。

 关键术语

供应风险 Supply Risk

套期保值 Hedging

期货 Futures

基差 Basis

分散风险 Diversification of Risk

交割 Complete a Business Transaction

习 题

一、判断题

1. 采购风险是指企业在供应环节受到内外因素的影响给企业的利润带来的不确定性。（   ）
2. 采购风险是客观存在的，只要有采购活动，就必然存在着采购风险。（   ）
3. 期货是一种风险很高的投机工具，但是也可以用来规避采购风险。（   ）
4. 风险的效益比值是指采取某项技术所减少风险的直接损失比采取某项技术所付各项费用和机会成本之和。（   ）
5. 从某种意义上讲，任何收益都是在克服风险的基础上获得的。采购风险越大，可能获取的采购收益就越高。（   ）

二、选择题

1. 企业采购风险的特点有（   ）。
   A．客观性   B．相对性   C．可测控性   D．风险和收益的共生性
2. 采购供应的宏观风险包括（   ）。
   A．政治风险   B．经济风险   C．合同风险   D．自然风险
3. 套期保值交易的特征有（   ）。
   A．交易方向相反   B．物品种类相同
   C．物品的数量基本相等   D．日期相近或接近
4. 属于期货市场分类的是（   ）。
   A．农产品期货   B．金属期货   C．新能源期货   D．金融期货
5. 企业供应风险管理的步骤包括（   ）。
   A．风险的识别   B．风险的评估   C．风险效果评价   D．风险损失处理

三、简答题

1. 供应风险的的含义及影响因素有哪些？
2. 供应风险根据其来源不同可分为几类？
3. 加强内部管理，控制供应风险的难点是什么？
4. 简述供应链管理分散供应风险的可行性。
5. 简述套期保值交易规避价格风险的原理。

四、讨论题

某面粉加工厂年需要 20 万蒲式耳的小麦作原料，为规避价格风险，它进行了套期保值交易。在香港 3 月份小麦的现货市场价为 4.80 美元/蒲式耳，而期货市场价为 6.20 美元/蒲式耳。两个月后，价格显然下跌，现货价降到 3.40 美元/蒲式耳，而期货价降到 4.80 美元/蒲式耳，问：采购部门如何利用期货进行保值交易？

【案例借鉴】

惠普的采购风险管理

随着惠普 PC(个人电脑)和服务器业务不断成熟，其利润已非常微薄，而存储器这类元器件价格在一两个月内就可能翻 2~3 倍，这使得惠普公司面临传统采购流程难以应付的风险。面对剧烈波动的价格、不稳定的供需，以及日趋复杂的产品组合，惠普公司提出了"采购风险管理框架"，旨在建设性地管理定价和可供货水平，降低采购风险和减少利润风险。

1. 一次采购危机

由于迅猛发展的移动电话制造商们大量使用闪存，原本使用于打印机里面的数量就明显不够，惠普公司无法获得充足供应来满足利润颇丰的打印机生产需求。公司无法按计划生产出大约 250 000 台打印机，这意味着高达几千万美元收入将受到损失。为了确保闪存的供应量，惠普公司被迫和供应商签订了为期三年的合同，合同中规定了固定供应数量和恒定价格。而闪存市场可是一个高度动荡的市场，价格差异变化很大，这使得惠普面临着巨大的风险。

2. 采购风险管理框架

这次危机促使了惠普公司建立了评估和管理供应链危机的框架，称之为采购风险管理框架(Procurement Risk Management，PRM)，为此还成立一个研究小组进行框架的研究。供应链风险导致了许多厂商收入损失和股东价值下滑。惠普公司是许多电脑零部件的大型购买方，其中包括储存芯片、硬盘和 LCD 屏幕。购买量巨大，这一方面意味着本公司的采购实力，另一方面也意味着巨大的风险。就成本和可获得性而言，高科技产品一直处于动态变动之中，价格随时间波动的趋势非常明显；同时，高科技产品的生命周期非常短，特别是计算机市场需求变化迅速，难以捉摸。这两者综合起来产生了巨大的风险。小组对许多失败的案例进行了仔细的研究和归纳，问题主要分成以下三种情况：价格风险、需求风险和可获得性风险。可获得性风险主要是指从哪里采购，以及需要时整个市场是否存在可供应量的风险。研究小组也正是从以上三种风险着手工作的。

1) 建立预测模型

研究小组成员以前在金融市场有着丰富的风险管理经验，从而他们将华尔街模式运用到了新的 PRM 身上。华尔街上的许多风险管理原则是可以适用于供应链，但最基本的战略却无法轻而易举地转移到供应链管理上，同时，金融风险管理方法也无法解决需求和可获得性方面不确定性的问题。如今供应链管理实践强调的是通过安全库存战略来控制需求和可获得性风险，但是安全库存在控制产品成本上又束手无策。有人提出将所有风险推向供应商，但供应商可以从中要求风险溢价，即涨价来控制风险，这实际上对购买方而言是隐含的成本，而且达不到双赢的目的。在整个供应链中，成本、需求和可获得性三种风险都需要同等重视，并且三者之间互相关联，这意味着需要同时应对。

在惠普采购的多种元件中，存储器由于在产品中使用广泛而被选为框架的试点。存储器价格极不稳定，尽管长期看来，价格趋于走低，但该元件的价格几乎每周都有很大的变化。传统上，存储器的采购通过预测和采购订单进行，但到底是在现货市场购买、签订短期的、3 个月还是 6 个月的合同使这一流程变得复杂。惠普倾向于按季度做计划，并将预测结果提供给供应商。然而，实际需求可能会高或低相差很多，供应商在数量和价格方面没有具备约束力的承诺。在惠普执行订单时，价格可能发生很大变化。惠普发现，对元器件需求做出更稳定承诺的采购计划将获得更多的折扣价格，如 9 个月或 12 个月计划。但在此之前，惠普必须明白需求预测中存在的问题，着手改进衡量预测准确性的方法，并计算价格不稳定将带来的风险。为解决这些问题，研究小组研发了一种全新的软件 HPHorizon 用于评估和分析 3 种不确定性。该软件通过数学上的预测方法对数据进行分析和总结。通过使用历史的预测数据和现实的需求趋势数据，根据数据分析模型，计算出需求的波峰和波谷情况及进行了相关性检测和显著性分析。这样一来对今后产品的需求性的准确率就大幅提高了。研究小组使用类似的数理统计分析方式对零部件的成本进行了分析,一般是计算出 6 个月后的成本价格。

2) 评估、管理

一旦三种风险都经过了精确的评估和计算,也建立了 PRM,如今的问题就成了如何使用 PRM 进行决策。目前惠普公司在采购方面实施的战略是和供应商共担风险。例如,对于不确定性很低的部分需求,惠普公司就和对方签署固定数量、固定价格合同,在合同中考虑到合理的时间范围。这种做法和以往截然不同,因为以往向供应商提供的是预测数据,这就相当于将全部需求风险都转嫁到供应商那里。通过使用 PRM,惠普能向供应商提出:"我们能完全确定部分需求,并且保证采购这些确认后的需求量"。通常供应商会对这些保证需要量给予部分折扣优惠。确认的需求量能在非高峰时期安排生产,这样就没有了存货风险。此外,对于那些采购数量很大的采购项目,供应商也能随时调整生产线以降低成本。例如,一家打印机部件供应商正是因为惠普提供给的确认订货量而修改了原有的流程,供应商降低了成本,同时公司由于得到数量折扣优惠也相应降低了成本。对于那些不确定性很高的需求量,公司则通过"灵活数量协议"的方式实现了双赢的目的。在计算机行业,灵活供应协议是最普遍的方式。因此,对这类协议提出的创造性修改就很容易集聚起供应商的心。当订单数量上升时,通常供应商所给予的折扣也会上升。如果采购方做出某些承诺,这会减小供应风险,并进一步节省成本。公司许多记忆体产品的订购都是通过灵活性供应协议进行,但与众不同的是这种协议中还附带了一些自我约束型条款。合同执行期通常和产品生命周期以及供应商的生产能力前置期相一致。

对于那些高度不确定性的需求,惠普本身和供应商都不做出承诺,而是通过公开或现货市场采购来满足需求,如果这些市场无货可供,那么公司就寻求二级采购市场,比如,通过中间商采购、拍卖或产品回收利用等。这些方法同时意味着较高的价格,但公司认为这比保有存货要好。这种方式所带来的供应链风险比预期的要小。

3) 优化

PRM 小组迎接的下一个挑战是如何帮助公司内部使用者决定一个最佳的合同内容,以便能够达到特殊的业务目标。小组专门研发了全新的 HPRisk 软件,它能提供合同价值的分析。因为许多合同在任何时候都需要执行到位,HPRisk 必须关注现有的需求、价格和零部件的可获得性,同时也必须关注正在执行中其他合同的特别结构和条款。不同的业务单元有着不同的目标。一些业务单元最重要的目标是削减成本,而另一些业务单元的目标可能是要确保供应。通过使用 HPRisk,公司能够将不同的目标合二为一。PRM 流程是跨职能的。如果风险管理想要发挥作用,那么需要以垂直整合的方式让采购、财务、销售和供应链等业务单元通力合作。每一个参与者都拥有着对整个流程至关重要的信息。目前惠普公司已经建立了一套跨职能的流程,各业务单位定期地评估风险,并时常关注如何管理风险。这种跨职能的流程在结构上非常简单,但在执行上非常严格。

3. PRM 实施的效果

在过去的 5 年中,惠普公司已经在一些战略性的产品,以及在一些特定非直接性材料和服务(如广告宣传)上实施了 PRM 战略。这种广泛的运用已经表明了 PRM 的能力及其通用性。这种益处归纳为以下几个方面。

(1) 节约原材料成本。据惠普公司统计,有关的成本节约额达到了总成本的 5%,同时由于需求量稳定和数量保证还获得了供应商的额外折扣。这降低了供应商的需求风险,并能更有效地规划和安排流程。

(2) 可预测成本。在合同中加入特定的价格条款,其中包括价格的上下限,惠普公司已提前主动地管理成本并且保证了利润。

(3) 确保供应。PRM 的一个关键目标是管理零部件需求和可获得性的不确定性。它已经改善了产品的"确保供应"能力,即使全行业都紧缺该类产品的时候,例如,2004 年整个行业都急需记忆体产品,惠普公司就能够保证它的需求得到了 100%的供应。

(4) 存货成本减少。通过使用 PRM,能精确地衡量不确定的需求量,这让惠普公司能够最优化内外部存货水平。这种优化毫无疑问能削减存货水平,从而进一步降低成本。

实际上，供应商也从中受益匪浅。目前，惠普公司向供应商订购时做出了数量承诺，这让供应商减少了需求风险，因为不再是那些没有任何约束力的预测数据，那些数据有时令供应商无所适从。在一些关键零部件上，供应商和公司达成了一种"锁定"供应的协议。这产生了一种连锁反应，供应商向他们的下级供应商订货时数据更准确，这避免了订单的不确定性，同时避免了供应链中常出现的"牛鞭效应"，即最先出现的需求量信息在整个供应链流转过程中被无限和不正确地放大。

问题：从案例中得到的启示是什么？

参 考 文 献

[1] 徐恺，陈勇明．采购部高效工作手册[M]．广州：广东经济出版社，2009．
[2] 李述容．采购与供应管理[M]．武汉：武汉理工大学出版社，2007．
[3] 陈达强，蒋长兵．采购与供应案例[M]．北京：中国物资出版社，2009．
[4] 王国文，赵海然，佟文立．供应链管理——交付流程与实施[M]．北京：企业管理出版社，2006．
[5] 宋玉卿，沈小静．采购管理[M]．北京：中国物资出版社，2009．
[6] 王忠厚，王淑坤．产品检验质量管理学[M]．沈阳：辽宁大学出版社，2001．
[7] 中央企业管理提升活动领导小组．采购管理辅导手册[M]．北京：北京教育出版社，2012．
[8] 王莉文．浅析招标公司降低风险的途径[J]．当代经济，2012，8．
[9] 伍蓓．采购与供应管理[M]．北京：中国物资出版社，2011．
[10] [美]Robert B. Handfield，Robert M. Monczka，Larry C. Giunipero，James L. Patterson．采购与供应链管理[M]．4版．北京：清华大学出版社，2007．
[11] 伍蓓，胡军．采购与供应战略[M]．北京：中国物资出版社，2009．
[12] [英]伊恩·沃辛顿，克里斯·布里顿．企业环境[M]．4版．徐磊，洪晓丽，译．北京：经济管理出版社，2011．
[13] [英]阿伦·布兰奇．国际采购与管理[M]．王海涛等，译．北京：机械工业出版社，2003．
[14] 董淑强．供应链环境下的采购与库存管理研究[D]．北京：对外经济贸易大学，2010．
[15] 陈积敏，吕柳．中小企业联合采购模型与采购联盟运作模式的探讨[J]．中国林业经济，2008(1)．
[16] 付芳．完善我国绿色采购制度的思考[J]．中国政府采购报，2014．
[17] 陈开庆，谢泗薪．第三方采购流程与第三方采购战略模式[J]．采购与供应链管理，2007(2)．
[18] 林鲁生．电子化采购优势分析及实施电子采购策略[J]．物流与采购研究，2009(2)．
[19] 国际贸易中心．如何认清组织环境[M]．中国物流与采购联合会，译．北京：中国物资出版社，2006．
[20] 国际贸易中心．如何明确需求与规划供应[M]．中国物流与采购联合会，译．北京：中国物资出版社，2005．
[21] 国际贸易中心．如何获取与选择报价[M]．中国物流与采购联合会，译．北京：中国物资出版社，2005．
[22] 国际贸易中心．如何评估与初选供应商[M]．中国物流与采购联合会，译．北京：中国物资出版社，2005．

21世纪全国高等院校物流专业创新型应用人才培养规划教材

序号	书 名	书 号	编著者	定价	序号	书 名	书 号	编著者	定价
1	物流工程	7-301-15045-0	林丽华	30.00	38	企业物流管理	7-301-20818-2	孔继利	45.00
2	现代物流决策技术	7-301-15868-5	王道平	30.00	39	物流项目管理	7-301-20851-9	王道平	30.00
3	物流管理信息系统	7-301-16564-5	杜彦华	33.00	40	供应链管理	7-301-20901-1	王道平	35.00
4	物流信息管理(第2版)	7-301-25632-9	王汉新	48.00	41	现代仓储管理与实务	7-301-21043-7	周兴建	45.00
5	现代物流学	7-301-16662-8	吴 健	42.00	42	物流学概论	7-301-21098-7	李 创	44.00
6	物流英语	7-301-16807-3	阚功俭	28.00	43	航空物流管理	7-301-21118-2	刘元洪	32.00
7	第三方物流	7-301-16663-5	张旭辉	35.00	44	物流管理实验教程	7-301-21094-9	李晓龙	25.00
8	物流运作管理(第2版)	7-301-26271-9	董千里	38.00	45	物流系统仿真案例	7-301-21072-7	赵 宁	25.00
9	采购管理与库存控制	7-301-16921-6	张 浩	30.00	46	物流与供应链金融	7-301-21135-9	李向文	30.00
10	物流管理基础	7-301-16906-3	李蔚田	36.00	47	物流信息系统	7-301-20989-9	王道平	28.00
11	供应链管理	7-301-16714-4	曹翠珍	40.00	48	物料学	7-301-17476-0	肖生苓	44.00
12	物流技术装备	7-301-16808-0	于 英	38.00	49	智能物流	7-301-22036-8	李蔚田	45.00
13	现代物流信息技术(第2版)	7-301-23848-6	王道平	35.00	50	物流项目管理	7-301-21676-7	张旭辉	38.00
14	现代物流仿真技术	7-301-17571-2	王道平	34.00	51	新物流概论	7-301-22114-3	李向文	34.00
15	物流信息系统应用实例教程	7-301-17581-1	徐 琪	32.00	52	物流决策技术	7-301-21965-2	王道平	38.00
16	物流项目招投标管理	7-301-17615-3	孟祥茹	30.00	53	物流系统优化建模与求解	7-301-22115-0	李向文	32.00
17	物流运筹学实用教程	7-301-17610-8	赵丽君	33.00	54	集装箱运输实务	7-301-16644-4	孙家庆	34.00
18	现代物流基础	7-301-17611-5	王 侃	37.00	55	库存管理	7-301-22389-5	张旭凤	25.00
19	现代企业物流管理实用教程	7-301-17612-2	乔志强	40.00	56	运输组织学	7-301-22744-2	王小霞	30.00
20	现代物流管理学	7-301-17672-6	丁小龙	42.00	57	物流金融	7-301-22699-5	李蔚田	39.00
21	物流运筹学	7-301-17674-0	郝 海	36.00	58	物流系统集成技术	7-301-22800-5	杜彦华	40.00
22	供应链库存管理与控制	7-301-17929-1	王道平	28.00	59	商品学	7-301-23067-1	上海刚	30.00
23	物流信息系统	7-301-18500-1	修桂华	32.00	60	项目采购管理	7-301-23100-5	杨 丽	38.00
24	城市物流	7-301-18523-0	张 潜	24.00	61	电子商务与现代物流	7-301-23356-6	吴 健	48.00
25	营销物流管理	7-301-18658-9	李学工	45.00	62	国际海上运输	7-301-23486-0	张良卫	45.00
26	物流信息技术概论	7-301-18670-1	张 磊	28.00	63	物流配送中心规划与设计	7-301-23847-9	孔继利	49.00
27	物流配送中心运作管理	7-301-18671-8	陈 虎	40.00	64	运输组织学	7-301-23885-1	孟祥茹	48.00
28	物流项目管理(第2版)	7-301-26219-1	周晓晖	40.00	65	物流管理	7-301-22161-7	张伦举	49.00
29	物流工程与管理	7-301-18960-3	高举红	39.00	66	物流案例分析	7-301-24757-0	吴 群	29.00
30	交通运输工程学	7-301-19405-8	于 英	43.00	67	现代物流管理	7-301-24627-6	王道平	36.00
31	国际物流管理	7-301-19431-7	柴庆春	40.00	68	配送管理	7-301-24848-5	傅莉萍	48.00
32	商品检验与质量认证	7-301-10563-4	陈红丽	32.00	69	物流管理信息系统	7-301-24940-6	傅莉萍	40.00
33	供应链管理	7-301-19734-9	刘永胜	49.00	70	采购管理	7-301-25207-9	傅莉萍	46.00
34	逆向物流	7-301-19809-4	甘卫华	33.00	71	现代物流管理概论	7-301-25364-9	赵跃华	43.00
35	供应链设计理论与方法	7-301-20018-6	王道平	32.00	72	物联网基础与应用	7-301-25395-3	杨 扬	36.00
36	物流管理概论	7-301-20095-7	李传荣	44.00	73	仓储管理	7-301-25760-9	赵小柠	40.00
37	供应链管理	7-301-20094-0	高举红	38.00	74	采购供应管理	7-301-26924-4	沈小静	35.00

如您需要更多教学资源如电子课件、电子样章、习题答案等,请登录北京大学出版社第六事业部官网 www.pup6.cn 搜索下载。

如您需要浏览更多专业教材,请扫下面的二维码,关注北京大学出版社第六事业部官微信(微信号:pup6book),随时查询专业教材、浏览教材目录、内容简介等信息,并可在线申请纸质样书用于教学。

感谢您使用我们的教材,欢迎您随时与我们联系,我们将及时做好全方位的服务。联系方式:010-62750667,dreamliu3742@163.com,pup_6@163.com,lihu80@163.com,欢迎来电来信。客户服务QQ号:1292552107,欢迎随时咨询。